匡亚明　主编　中国思想家评传丛书

丘濬评传

李焯然　著

南京大学中国思想家研究中心
南京大学出版社

中国思想家评传丛书

香港大学藏清刊本《丘文庄公集》卷前丘濬像

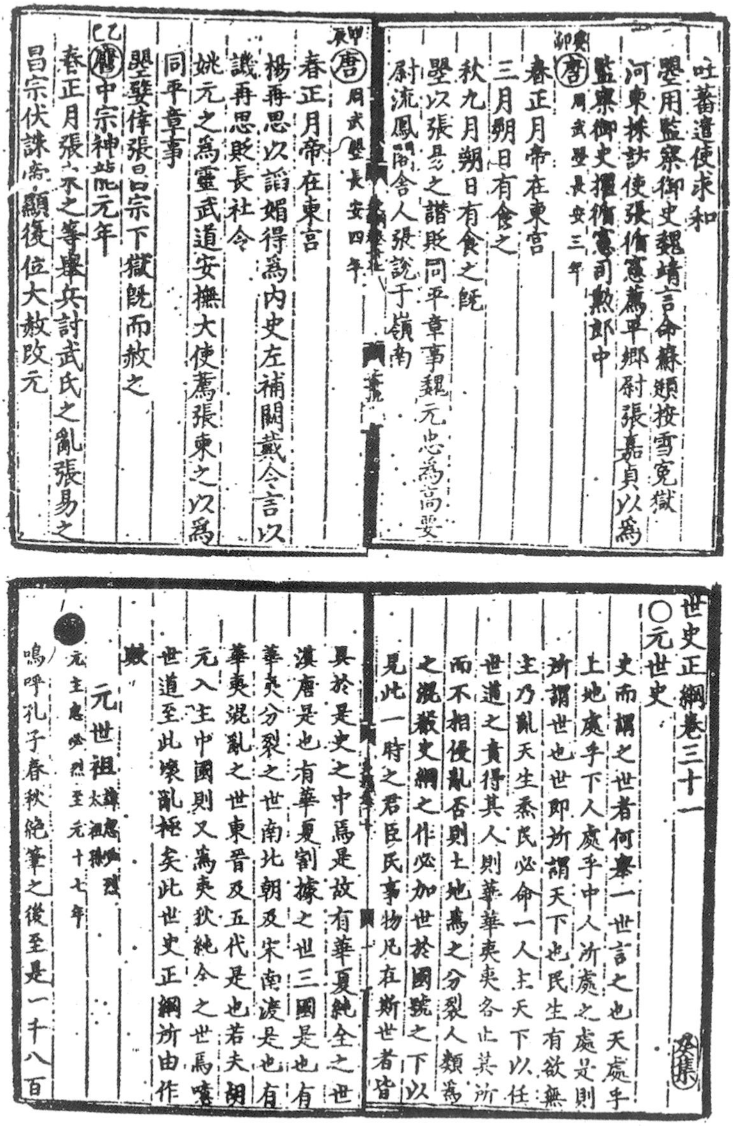

吐蕃遣使求和
塈用監察御史魏靖言命蘇頲按雪冤獄
河東採訪使張循憲薦平鄉尉張嘉貞以為
監察御史擢循憲司勲郎中
癸卯 唐 周武曌長安三年
春正月帝在東宮
三月朔日有食之
秋九月朔日有食之既
塈以張易之譖貶同平章事魏元忠為高要
尉流鳳閣舍人張說于嶺南

甲辰 唐 周武曌長安四年
春正月帝在東宮
楊再思以諂媚得為內史左補闕戴令言以
諷再思貶長社令
姚元之為靈武道安撫大使薦張柬之以為
同平章事
塈嬖倖張昌宗下獄既而赦之
乙巳 唐 中宗神龍元年
春正月張柬之等舉兵討武氏之亂張易之
昌宗伏誅帝復位大赦改元

世史正綱卷三十一
○元世史
史而謂之世者何要一世言之也天處乎
上地處乎下人處乎中人所處之處是則
所謂世也世即所謂天下也民生有欲無
主乃亂天生烝民必命一人主天下以任
世道之責得其人則華華夷夷各止其所
而不相侵亂否則土地為之分裂人類為
之混殽史綱之作必加世於國號之下以
見此一時之君臣民事物凡在斯世者皆

異於是史之中焉是故有華夏純全之世
漢唐是也有華夏割據之世三國是也有
華夷分裂之世南北朝及宋南渡是也有
華夷混亂之世東晉及五代是也若夫胡
元入主中國則又為夷狄純全之世焉噫
世道至此壞亂極矣此世史正綱所由作
歟
元世祖 諱忽必烈
元主忽必烈至元十七年
嗚呼孔子春秋絕筆之後至是一千八百

明弘治元年刊本《世史正纲》内页

《中国思想家评传丛书》序

匡 亚 明

伟大的中华民族在长达五千年连绵不断的曲折发展过程中，像滚滚东流的长江那样，以磅礴之势，冲破了重重险阻，奔腾向前，现在更以崭新面貌，雄姿英发，屹立于世界民族之林。这是人类历史上的一个奇迹。产生这一奇迹有诸多原因，其中十分重要的一点，就是我们勤劳、勇敢、智慧的各族人民，在长期的生产活动、社会活动、思维活动和对外交往以及抗击外来侵略过程中，逐渐创造、积累、发展了具有以生生不息的内在思想活力为核心的优秀传统思想文化。这是一种伟大、坚强的精神支柱，是我们民族凝聚力和生命力之所在，是历史留给我们所有海内外炎黄子孙引以自豪的无价之宝。

当然，和各国各种不同传统思想文化一样，在中华民族的思想文化传统中，也是既有精华，又有糟粕，因而全盘肯定或全盘否定,不对;一知半解、信口开河或裹足不前、漠然置之,也不对。郑重而严肃的态度应该是对它进行实事求是的科学的研究和分析,取其精华,弃其糟粕,继承和弘扬这份瑰宝,振兴中华,造福人类。人类历史发展的连续性,就是在不断去粗取精、继往开来和改革创新过程中实现的。继往是为了开来,开来不能离开继往。民族虚无主义和复古主义,都是违背历史发展的辩证规律的。

现在我们国家正处在一个新的继往开来迈向四化的关键时刻。继往就是继民族优秀传统之往,开来就是开社会主义现代化建设之来。对中国传统思想文化从广度和深度上进行系统研究,实现去粗取精的要求,正是继往开来必须完成的紧迫任务。我认为这是中国各族人民,首先是文化界、学术界、理论界义不容辞的光荣职责。但面对这一时间上长达五千年,内容上涉及人文科学、自然科学等各个领域的传统思想文化,将从何着手呢?毛泽东同志早在1938年就说过:"从孔夫子到孙中山,我们应当给以总结,承继这一份珍贵的遗产。"①这是很有远见而又切合实际的英明建议。从孔子到孙中山这两千余年是中国历史上思想文化最丰富的时期,如果总结了这段历史,也就基本上总结了五千年传统思想文化的主要内容。当然,基本上不等于全部。孔子以前和孙中山以后的情况,可以另行研究。因此,我认为首先最好是在时间上从孔子开始到孙中山为止,方法上采取《中国思想家评传丛书》的形式作为实现这一任务的开端。这就是从这段历史的各个时

① 毛泽东《中国共产党在民族战争中的地位》,《毛泽东选集》第2卷,人民出版社1952年,522页。

期、各个领域和各个学科(包括文、史、哲、经、教、农、工、医、政治等等)有杰出成就的人物中,遴选二百余人作为传主(一般为一人一传,少数为二人或二人以上合传),通过对每个传主的评述,从各个侧面展现那些在不同时期、不同领域中有代表性人物的思想活力和业绩,从而以微见著、由具体到一般地勾勒出这段历史中中国传统思想文化的总体面貌,揭示其积极因素和消极因素的主要内涵,以利于开门见山、引人入胜地批判继承、古为今用,也为进一步全面系统地总结中国传统思想文化打下基础。自从毛泽东同志提出上引建议后,半个世纪以来,不少专家学者已从各个方面做了许多工作,但对全面完成这个任务来说还远远不够,还要在深度和广度上继续努力。作为"抛砖引玉",本《丛书》只是这个继续努力所应完成的工作的一部分。《丛书》凡二百部,约四千万言,自 1990 年开始陆续出版,争取十到十五年全部出齐。

《丛书》所以用"中国思想家评传"命名,主要是考虑到中国传统思想文化中的核心是生生不息的内在思想活力,而历史事实也反复证明,凡是在各个不同时代不同领域和学科中取得成就者,大多是那些在当时历史条件下自觉或不自觉地认识和掌握了该领域事物发展规律的具有敏锐思想的人。他们取得成就的大小,取决于思想上认识和反映这些规律的程度如何。思想并非先验之物,它所以能反映和掌握这些规律,主要是通过社会实践和对前人思想成果的借鉴和继承。思想一旦形成,反过来在一定程度上又对实践起决定性指导作用。

韩愈说的“行成于思，毁于随”[①]，列宁说的“没有革命的理论就不会有革命的运动”[②]，这些话，虽所处时代和所持立场不同，所要解决的问题的性质也不同，但就认识论中思与行、理论（思想的高度概括）与实践的关系而言，确有相通之处，即都强调思想对实践的指导意义和作用。因此我们以“中国思想家评传”命名，就是力图抓住问题的核心，高屋建瓴地从思想角度去评述历史人物，以便对每个传主在他所处时代的具体情况下，如何在他所从事的领域中，克服困难，施展才华，取得成功，做出贡献，从思想深处洞察其底蕴。历史上各个时代富有思想因而能在有关方面取得成就的人，直接阐述自己思想观点的论著虽亦不少，但大量的则是其思想既来自实践（包括对前人、他人实践经验的吸取）、又渗透在自己创造性实践之中，集中凝聚在他自己的业绩和事功上，而没有留下论著。另一些人却只留下著作而无其他功绩，对这些人来说，他那些有价值的著作就理所当然地是他的伟大业绩和事功。如果论述一个人的思想而不联系他的业绩（包括著作），必将流于空洞的抽象；同样，如果只讲一个人的具体业绩而不结合他的思想活动，又必将成为现象的罗列。评价思想和评价业绩，两者不应偏废。而不断在实践中丰富和深化的思想活力则是经常起主导作用的因素，强调这个因素，引起人们的正视和反思，正是我们的主旨和目的。当然，思想和思想家，思想家和实践家，都是既有区别又有联系的不同概念，忽视这一点是不对

① 韩愈《进学解》，中华书局《四部备要》东雅堂本，《韩昌黎全集》卷十二，第3页。

② 列宁《怎么办》，《列宁选集》第1卷，人民出版社1976年，241页。

的。《丛书》的重点则是放在两者的联系和结合上。至于如何使两者很好联系和结合而又着意于剖析其思想活力，各占多少篇幅或以何种方式表达，则自当由作者根据传主的具体情况创造性地作出妥善安排。

自从人类历史上产生了马克思主义，不仅全人类解放和发展有了划时代的明确方向，学术研究也有了更严密的科学方法，即辩证唯物主义和历史唯物主义的世界观和方法论。根据这一科学方法，在研究和总结中国传统思想文化，特别是联系到《丛书》的撰著时，我认为下列几点应特别引起重视。

一、坚持实事求是的原则。实事求是是贯串在马克思实际活动和理论研究中的主线，离开了它也就离开了马克思主义。只有切实掌握了客观情况，才能得出正确的认识和判断。前者为“实事”，后者为“求是”，二者相结合，就叫实事求是。事不实则非夸即诬。为了弄清情况，就必须对情况的本质与现象、整体与局部、真与伪、精与粗，作出区别、梳理和取舍，这样才能掌握情况的实质，达到“实事”的要求；然后进一步加以分析研究，找出事物本身固有的真相而非主观臆测的假象，并验证其是否符合人民利益和人类历史前进方向，是否反映科学、技术、文化、艺术的发展规律，这样才能得出正确的认识和判断，达到“求是”的要求。实事求是是治学的基本功夫，是对每个传主的功、过、是、非作出公正评价的必要前提。不论古今中外，对历史人物过高或过低的不公正评价，大都由于未能认真坚持实事求是原则的缘故。

二、坚持批判继承的原则。马克思主义学说就是批判的学说，而批判是为了继承、发展和创新。这就需要我们在实事求是的基础上，既要继承发扬传主业绩和思想中的积极因素，又要批判清除其消极因素。凡传主业绩和思想中体现了诸如爱国主义、民主意识、科学见解、艺术创造和艰苦奋斗、克己奉公、追求真理的精神，即在符合历史前进要求的“立德”、“立功”、“立言”诸方面有显著成就等积极因素者，必须满腔热情地加以继承和弘扬，并紧密结合当前社会主义建设实际，使之深入人心，蔚然成风；凡反映有诸如封建迷信、专制独裁、愚昧落后、丧失民族尊严和违背科学进步等消极因素者，必须以历史唯物主义的观点加以批判，清除其一定程度上至今尚起作用的消极影响，而消极因素经过彻底批判后可转化为有益的教训；凡积极因素和消极因素相混者，更当加以认真清理和扬弃，既发扬其积极因素又摒弃其消极因素。我们力求一点一滴、切实认真地探索各个传主思想和业绩中珍贵的积极因素，使之成为全国各族人民正在从事的继往开来伟大历史工程的组成部分。

三、坚持“百花齐放”、“百家争鸣”的原则。“百花齐放”和“百家争鸣”，是发扬学术民主、促进学术繁荣的正确原则和巨大动力。前者强调一个“齐”字，后者强调一个“争”字，是表示学术上平等、民主和自由的两种不同状态；前者突出的是统一与和谐，后者突出的是区别与争论；两种状态又统一于不断地相互促进和相互补充、转化的持续发展提高过程之中。“百花齐放”、“百家争鸣”的原则体现在撰著评传时，应从“齐放”和“争鸣”出发，综合中外各个时期对有关传主的不同评价，吸取符合客观存在的对的东西，摒弃其违反客观存在的不实的东西，然后创造性地提出经过自己独立思考的、赶前人或超前人的一家之言。同时，对整个《丛书》而言，也有个共性、个性又统一又区别的问题。这就是一方面作者应把“实事求是”、

"批判继承"和"百花齐放"、"百家争鸣"这几点作为大家的共性(统一与共识);另一方面,对每部评传的立意、结构和行文(文体、文风和文采等),则主要是作者的创造性思维劳动和雅俗共赏的文字表达艺术的成果,是彼此的个性(区别),不宜也不应强求一律。评传作者都有充分自由去发扬这一个性,力求在对每一传主的评述中探索和展示其积极因素,使之和正在变革中国面貌的伟大社会主义建设实践融为一体,丰富其内容,促进其发展,而不是仅仅停留在对传主思想业绩的一般性诠释上。

我认为,以上三点大体上可以表达《丛书》所遵循的主要指导思想,但也不排除用其他思想和方法得出的有价值的研究成果。

感谢所有关心和支持《丛书》工作的单位和个人,特别感谢《丛书》的名誉顾问和学术顾问。他们的热情关心、支持和指教,使《丛书》工作得以顺利进行。更要感谢所有承担评传撰著任务的老中青学者,他们都以严谨的治学态度,作出了或正在作出对学术、对民族、对历史负责的研究成果。没有他们的积极合作,《丛书》工作的开展是不可能的。《丛书》副主编和中国思想家研究中心、南京大学出版社,在制定《丛书》规划,约请和联系国内外学者,审定书稿以及筹划编辑出版等方面,克服重重困难,做了大量工作,他们的辛勤劳动是《丛书》能按预定计划出版的必要前提。

现在《丛书》开始出版了,我作为年逾八旬的老人,看到自己迫于使命感而酝酿已久的设想终于在大家支持合作下实现,心情怡然感奋,好像回到了青年时代一样,体会到"不知老之将至"的愉悦,并以这种愉悦心情等待着《丛书》最后一部的问世;特别盼望看到它在继承中华民族传统思想文化的珍贵遗产方面,在激励人心、提高民族自尊心和爱国主义思想方面,在促进当前建设有中国特色的继往开来的社会主义现代化物质文明和精神文明的历史性伟大事业中,能起到应有的作用。我以一颗耄耋童心,默默地祝愿这一由一批老中青优秀学者经长年累月紧张思维劳动而作出的集体性学术成果能发出无私的熠熠之光,紧紧伴照着全民族、全人类排除前进道路上的各种障碍,走向和平、发展、繁荣、幸福的明天!

热诚欢迎国内外同仁和各界人士不吝赐教,以匡不逮。是为序。

1990 年 10 月 7 日

内容简介

丘濬是明成化、弘治年间的中央重臣，曾担任户部尚书兼武英殿大学士，明代史家称他为"中兴贤辅"、"当代通儒"。虽然他是明代深具影响的学者和政治家，但过去有关他的研究却甚为贫乏，致使他的贡献一直湮没无闻。

本书通过对丘濬的生平、著述和从政经历的探讨，以剖释他在成化、弘治两朝政治改革过程中所做出的贡献。其中特别指出丘濬在弘治初期对孝宗皇帝的辅佐，从而缔造史家所称颂的弘治"治世"。

A Brief Introduction

The book aims to bring into focus the critical problems and the atmosphere of the mid-Ming period through a biographical study of an eminent scholar-official Qiu Jun (1421～1495), a high-ranking official of the Chenghua reign (1465～1487) who held the concurrent posts of Grand Secretary and Chief Minister in the early Hongzhi era (1488～1505) of the Ming dynasty. He was described by his contemporaries and historians of later times as "a virtuous minister of the resurgent era". Undoubtedly one of the most prominent and prolific writers of the Ming period as well as a leading political thinker, his life and carreer in the Ming government has never been thoroughly studied.

The study fills the gap neglected by scholars in the study of mid-Ming history and examines Qiu Jun's contributions to the politics of the Chenghua and Hongzhi eras. The Hongzhi era is commonly acknowledged by historians, both past and present, as a time of peace and prosperity. Emperor Xiaozong was portrait by historians as a sage ruler who conducted himself with restraint and adopted most of the Confucian ethical principles. The book confirmed Qiu Jun's influence to the ruler and the important role he played in shaping the policies of the early Hongzhi government.

目　次

A Critical Biography of Qiu Jun

Table of Contents

前　言

四十多年前，美国哥伦比亚大学在 L. Carrington Goodrich 和房兆楹（Chaoying Fang）的领导之下，召开了规模庞大的明代名人传记编撰计划，并发动了世界各地的明史专家共 125 人参与其事，堪称盛举。当时美国的学者已经感觉到编撰明人传记的需要和迫切，才由美国亚洲研究学会去赞助这项动用庞大的人力和物力的工作。经过十多年的努力，《明代名人传》（*Dictionary of Ming Biography* 1368～1644）终于在 1976 年完成，并由哥伦比亚大学出版社出版。该书搜罗明代重要人物，虽然每个人物都只是三五页的简短传记，但因为每一位撰稿人都是研究该历史人物的专家，书写态度严谨，立论有一定的代表性，成为研究明代历史最重要的参考工具书之一。事隔三十年，到目前为止，仍然没有一部新的著作可以取代它的地位。我对明代人物的研究，受《明代名人传》的启发良多，书中吴缉华、黄仁宇两位先生合撰的《丘濬传》，更是我后来从事丘濬研究的启蒙文章。

人物的研究对了解历史的片断至为重要，因为没有“点”的积累就不可能有“面”的建构。在明代的历史中，明中叶是较少人注意的时代，而明中叶历史人物的研究就更加是凤毛麟角。丘濬虽然被明人誉为“当代通儒”、“中兴贤辅”，是明中叶的重要人物，但过去未见有著作对他进行深入和全面的探讨，这不但影响我们对这位明中叶大臣思想言行的认识，而且对了解明中叶的历史，尤其是孝宗一朝的政治，更是一个颇为严重的决口。

近人对丘濬的著述，最早为 1898 年琼山教谕王国宪的《丘文庄公年谱》，此书到目前为止，仍然是有关丘濬最详细的传记资料。1936 年，陈沅根据田野调查，发表《丘海里墓记》[①]，为丘濬故乡的史迹提供了新的材料。其后，有关丘濬的专题研究逐渐增加。在六十和七十年代，大约有七八篇关于丘濬生平、思想、著述或诗歌的著作发表，其中包括陈恒升的《明儒丘琼台的思想概观》[②]；林光灏的《明代大儒丘琼山幼年趣事》[③]、《丘琼山诗话》；[④]王万福的《丘琼山之著述与思想》[⑤]；杨群的《明代大儒丘文庄公》[⑥]等。1978 年中国丘海学会在台北成立，并出版了《中国丘海学会会刊》、《丘海学术研究汇编》、《丘海季刊》等刊物，这对丘濬的研究具有推动作用。尤

---

① 《丘海里墓记》四卷，见《韵古楼丛书》收。其后亦收入《广州学报》第 1 卷第 2 期，1937 年 4 月，第 1～21 页。

② 《人生》第 31 卷第 5 期，1966 年 9 月，第 22～27 页。

③ 《艺文志》第 6 期，1966 年 3 月，第 10～13 页。

④ 《广东文献》第 7 卷第 2 期，1977 年 6 月，第 66～69 页。

⑤ 《广东文献》第 3 卷第 1 期，1973 年 3 月，第 11～24 页。

⑥ 《华学月刊》第 50 期，1976 年 2 月，第 46～52 页。

其是早在1972年，该学会的一些成员组成辑印委员会出版《丘文庄公丛书》，为研究提供了宝贵的文献材料，对丘濬研究的普及做出了极大的贡献。我对丘濬著述有较深入的认识，就是从获赠的《丘文庄公丛书》开始。

八十年代以后，研究丘濬的著作逐有增加，水平亦较过去提高，发表的文章不下十数篇。但当时中国大陆的研究较受到政治气候和学术潮流的影响，研究的范围还是相当狭隘，学者的注意力多集中于经济的课题上，有关丘濬的整体研究仍是甚为缺乏。其中如赵靖的《丘濬：中国十五世纪经济思想的卓越代表人物》①、文浅父的《被遗忘的经济学家丘濬》②、李普国的《论丘濬的经济思想》③、吴申元的《丘濬经济思想初探》④、黄国强的《略论丘濬的经济思想》⑤等。

西方对丘濬的研究，除了《明代名人传》中有生平介绍外，成果不多。值得一提的是两篇有关丘濬的博士论文：Chu Hung-lam（朱鸿林），"Ch'iu Chün（1421～1495）and the Ta-hsüeh yen-i bu：Statecraft Thought in Fifteenth-century China"（Princeton University，1984）；Lee Cheuk Yin（李焯然），"Ch'iu Chün（1421～1495）and His Views on Government and History"（Australian National University，1984）。此外，朱鸿林先生亦在1986年在美国《明代研究》发表"Ch'iu Chün's Ta-hsüeh yen-i bu and Its Influence in the Sixteenth

① 《北京大学学报》1981年第2期，第47～53页。

② 《羊城晚报》1981年5月14日。

③ 《江淮论坛》1981年第3期，第70～76页。

④ 《内蒙古财经学院学报》1981年第1期，第44～51页。

⑤ 《华南师范大学学报》1983年第3期，第84～90页。

and Seventeenth Centuries"一文。[①]

相对而言,日本学者对丘濬的研究,发表了不少有分量的著作。最早的一篇是1944年西田太一郎的《儒教的财政思想の一类型:大学衍义补制国用を读む》[②],其后有今永清二的《丘濬思想とその界限に关する一考察》[③];荒木见悟的《丘琼山の思想》[④];田村实造的《丘濬と大学衍义补》[⑤],但比较详细和有一定深度的是间野潜龙的《大学衍义补成立にっぃて》[⑥]和《大学衍义补の正朝廷にっぃて》[⑦],后来并收入其专著《明代文化史研究》[⑧]中,作为该书的一个主要部分。可惜间野教授英年早逝,自他1981年去世后,至今未见有日本学者对丘濬进行比较系统和深入的研究。

近十年丘濬的著作开始受到学术界的注意,而丘公的毕生巨著《大学衍义补》亦多次由不同出版社重新排版翻印。就笔者所见,至少有中州古籍出版社[⑨]和京华出版社[⑩]排印的两个版本,为后人研究《大学衍义补》提供了极大的方便。1997

---

① *Ming Studies*, No. 22 (Fall, 1986), pp. 1~32.

② 《东亚人文学报》第3卷第4期,1944年,第95~137页。

③ 《别府大学纪要》第9期,1959年。

④ 《九州中国学会报》第12期,1966年,第1~16页。

⑤ 《东方学论集》第15期,1962年7月,第156~165页。

⑥ 《大谷史学》第10期,1963年11月,第1~18页。

⑦ 《中山八郎教授颂寿明清史论丛》,东京:燎原书屋,1977年,第89~110页。

⑧ 《明代文化史研究》,东京:同朋社,1979年。

⑨ 蓝田玉、王家忠校点《大学衍义补》,五册,郑州:中州古籍出版社,1995年。

⑩ 林冠群、周济夫校点《大学衍义补》,三册,北京:京华出版社,1999年。

年12月,海南省文化历史学会在海南大学举办了"丘濬海瑞学术研讨会",其后并出版《丘濬海瑞学术研讨会论文选集》①,收丘濬的专论共二十八篇,是目前惟一研究丘濬的专集。最令人兴奋的是,1994年中国国家文物局、海南省文体厅、琼山市人民政府共同合作,进行丘濬故居修缮保护工程,历时三年竣工,其后并出版《海南丘濬故居修缮工程报告》②,而丘濬的故居亦同时被列为全国重点文物保护单位。

本书尝试深入了解丘濬的生平、政绩及其思想,取材主要还是通过其著述及后人的研究成果。丘濬一生著作如林,总数超过二十多种、三万多卷。在明清时期,丘氏作品受到广泛重视,一些作品还多次被官方或私人重编、翻刻。部分又经后世学者合编、选辑,使其著述种类更多,这些作品一方面提升了我们对丘濬和他的思想的认识,另一方面也增加了全面研究丘濬的难度。笔者才疏学浅,对丘濬的研究可以说还处在摸索的阶段,是书的出版,纯粹是为了引起更多学者去注意丘濬这位杰出人物,并求证于海内外方家。

---

① 海南省文化历史学会编《丘濬海瑞学术研讨会论文选集》,海口:东西文化事业公司出版,1998年。

② 海南省文物保护管理办公室、海南省琼山市文化体育局、山西省古建筑保护研究所、吴锐、王亦平、黄培平编著《海南丘濬故居修缮工程报告》,北京:文物出版社,2003年。

第一章 早年生平

一、知人论世

丘濬(1421～1495)字仲深,号深菴[①],海南琼山县府城西厢下田村(今海南省琼山市府城镇金花村)人,同辈们尊称他为琼台先生或琼山先生,[②]是明朝成化、弘治年间著名的政治家、史学家和思想家。丘濬生于明成祖永乐十九年(1421),卒

① 有不少人都误解丘濬的号为琼台,不知其实丘濬号深菴。在丘濬弟子蒋冕的文集《湘皋集》中,曾提及"琼山丘君再成,宗伯深菴先生从子也"(见《金台别意图诗序》)。蒋冕为丘濬的入室弟子,其所作的记载应该是相当可靠的,这说明丘濬的号为深菴。

② 《琼台诗稿》蒋冕序中提到:"先生官礼部右侍郎,掌国子监事。天下之士不称其官而称为琼台先生。"见王国宪编《丘文庄公年谱》,1898 年刊本,第 1 页上。

明孝宗弘治八年(1495)。[①] 正统九年(1444)举乡试解元,其后曾两次上京赴试,均下第而回。景泰五年(1454)复试礼部,名在前列,廷试获二甲第一名,赐进士,并选为翰林院庶吉士。丘濬一生,历事景泰(1450~1456)、天顺(1457~1464)、成化(1465~1487)、弘治(1488~1505)四朝,先后出任翰林院编修、侍讲学士、翰林院学士、国子监祭酒、礼部尚书、文渊阁大学士等职,曾参与《寰宇通志》、《英宗实录》、《大明一统志》、《续资治通鉴纲目》、《宪宗实录》的编纂工作,弘治七年(1494)升户部尚书兼武英殿大学士。卒年七十五岁,赠太傅左柱国,谥文庄。[②]

丘濬在明朝宰辅中以"博极群书"著称。史载他自少至老,手不释卷,举凡六经诸史,古今诗文,九流笺疏之书,以至于医卜老释之说,无不深究。[③] 吴伯与(1613 年进士)的

---

① 丘濬的生卒年的讨论,详参本书附录《丘濬生卒年考》。

② 关于丘濬的生平,详参《明史》卷一八一,北京:中华书局,1974 年,第 4808~4810页;黄佐《大学士丘公濬传》,见焦竑《国朝献徵录》卷一四,台湾:学生书局,1965 年重影明刊本,第 29 页上~34 页上;何乔远《丘文庄公传》,见《丘文庄公集》卷首,《海南丛书》本,琼州海口海南书局,1927 年刊印,第 9~20 页;王国宪《丘文庄公年谱》,琾经书院刊木 1898;吴缉华《明史丘濬传补正》,载《大陆杂志》第 35 卷第 9 期,第 7~14 页;L. Carrington Goodrich, ed., *Dictionary of Ming Biography*, New York: Columbia University Press, 1976, Vol. 1, pp. 249~252,吴缉华及黄仁宇所撰传;Lee Cheuk Yin, "Ch'iu Chun(1421~1495) and his Views on Government and History", Unpublished Ph. D. thesis, Australian National University, 1984 年。

③ 见何乔新《椒丘文集》卷三〇,《赠特进左柱国太傅谥文庄丘公墓志铭》,明嘉靖元年(1522)广昌刊本,第 21 页下。

《国朝内阁名臣事略》称之为“当代通儒”。[①] 黄瑜(1425～1497)的《双槐岁钞》认为其好学、介慎、廉静，为时人之不可及。[②] 丘濬的诗文在明朝亦深受推崇，平生作诗几万首，口占信笔，不经持择，但多缘手散去，今尚存者仅千余首[③]。焦竑(1540～1620)《玉堂丛语》记：

> 丘濬文章雄浑壮丽，四方求者沓至。碑铭志序记词赋之作，流布远迩。然非其人，虽以厚币请之不与。公环奇砆荡，限韵命题，即席联句，动辄数百言。豪词警语，如壮涛激浪，飞雪走雷，云触山而电迸发。[④]

虽然丘濬在文学上有很深的造诣，他的诗文时人争相索求，他又是传奇作家，被认为启导了明代文人创作传奇的风气，[⑤]但

---

① 吴伯与《国朝内阁名臣事略》(明崇祯年间刻本)卷首，《内阁名臣事略小识》，第 21 页下。

② 黄瑜《双槐岁钞》卷一〇，《丘文庄公言行》记：“丘公平生不可及者三：自少至老手不释卷，其好学一也；诗文满天下，绝不为中官作，其介慎二也；历官四十年，俸禄所入，惟得指挥张淮一园而已，京师城东私第，始终不易，其廉静三也。”见《岭南遗书》，道光十一年(1831)南海伍氏校刊本，第三册，第 24 页下。

③ 详参钱谦益《列朝诗集小传》，丙集，《丘少保濬》条，上海：古典文学出版社，1957 年，第 252 页。

④ 焦竑《玉堂丛语》卷一，《文学》，明万历四十六年(1618)曼山馆刊本，第 29 页上～下。

⑤ 丘濬所作的传奇有：《五伦全备》、《投笔记》、《举鼎记》、《罗囊记》四种，其地位详参：青木正儿著、王古鲁译《中国近世戏曲史》，长沙：商务印书馆，1938 年，第 118～119 页；罗锦堂《锦堂论曲》，《五伦全备与紫香囊的关系》，台湾：联经出版事业公司，1977 年，第 338～248 页。

他的志向却并不在此。他的学术,以经世致用为依归。他希望通过文字来振肃纲常,改革朝政。《明史》说他"性廉介","立朝常以宽大启上心,忠厚变士习"。又谓当时风气,士子为文多尚险怪,濬主南畿乡试及为国子祭酒期间,"尤谆切告诫,返文体於正"。[①] 唐枢(1497～1574)《国琛集》又说:

> 大学士丘濬……博极群书而欲为适用之学。乃援笔以富著述,如《学的》、《世史正纲》、《大学衍义补》、《家礼仪节》,搜罗古今,斟酌可行,总数十万言。可以广益聪明,而权衡百度。天下人诵其文,家有其书。晚际孝皇召登内阁,凡人才进退、政事举废,惟祖宗旧典是循。其为文务浑厚,深黜微名诡行,亦以宽大启沃上心。[②]

丘濬博览群书,无非为建立适世用的理论找基础。他的志愿是要成为一个成功的政治家,一个"兼济天下"的儒者。丘濬为官四十余年,历事四朝,而真正能够有所发挥的,却在成化及弘治时代,即在他六十岁以后。尤以在弘治初年,他在政治上的贡献最大。成化二十三年(1487)十一月,孝宗朱祐

---

① 《明史》卷一八一,第4808～4809页。关于丘濬对当时文风之批评及于主试期间对士子之告诫,详见丘濬《琼台诗文会稿重编》卷八,《会试策问》,第15页下～21页上;《大学私试策问》,第21页上～24页上。

② 唐枢《国琛集》卷下。见沈节甫编《纪录汇编》卷一〇三,长沙:商务印书馆,1939年,第17页上。

樘(1470～1505)登极,丘濬上《大学衍义补》补宋儒真德秀(1178～1235)[①]《大学衍义》的不足,阐述《大学》中“治国平天下”之义。[②]《大学衍义补》全书一百六十卷,共分为正朝廷、正百官、固邦本、制国用、明礼乐、秩祭祀、崇教化、备规制、慎刑宪、严武备、驭夷狄、成功化等十二大目,以下复细分为一百二十小目,洋洋百余万言。举凡历代典章制度,政教礼俗,刑宪铨选,贡赋漕挽,盐钱历象,武备边情,无不备载。并参酌时宜,附以己见,以为帝王治国的参考,而他的政治思想亦隐然尽在其中。《大学衍义补》对弘治朝的政治有一定的影响。孝宗对是书甚为嘉许,认为“考据精详,论述赅博,有补政治”,特赏银二十两,纻丝二表里,并下旨发福建书坊刊行。[③] 丘濬随之亦升为礼部尚书,开始了他参与朝廷实际行政工作的道路。弘治五年(1492)他上《论厘革时政奏》,疏陈时弊二十二事,请求孝宗修宪以立本,清心以应务,谨好尚,节财贿,公任用,禁私谒,崇儒术,远异端,深为孝宗嘉纳。[④] 丘濬的政治思想,在明朝是具有肯定地位的,他的政治见解,对弘治一朝的政治有深远的贡

---

① 关于真德秀的生平和研究,详参脱脱等编:《宋史》卷四三七,北京:中华书局,1977 年,第 12957～12964 页;刘克庄《后村先生大全集》(《四部丛刊》本),卷一六八,《西山真文忠公行状》,第 1 页上～40 页下;魏了翁《鹤山先生大全集》(《四部丛刊》本),卷六九,《西山真文忠公神道碑》,第 11 页下～22 页上;Herbert Franke, ed., *Sung Biographies*, Wiesbaden: Franz Steiner, 1976, pp. 88～90, biography by Julia Ching。

② 详参丘濬《大学衍义补》卷首,明万历三十三年(1605)内府刊本,《大学衍义补序》,第 1 页上～5 页下。

③ 李东阳、焦芳等修《大明孝宗敬皇帝实录》卷七,成化二十三年十一月丙辰条,台湾:中央研究院重影明钞本,第 10 页下～11 页上。

④ 详参《琼台诗文会稿重编》卷七,第 17 页上～36 页上。

献,而孝宗又是一位虚怀纳谏的君主,在君臣相得之下,奠定了弘治时代的安定局面,史称弘治一朝,“兵革休息,盗贼不作”①,丘濬的功劳,不可抹杀。凌迪知(1556年进士)的《朝国名世类苑》称丘濬为“中兴贤辅”②,可见丘濬在政治上所起的作用。

二、家学启蒙

家族遗传、成长环境和童年生活,会深刻地影响一个人的性格发展③。然而在这三个因素当中,童年又作为其中最重要的一环。童年的经历可改变与生俱来的特质,并对个人未来的发展起着举足轻重的影响。因此,要解读丘濬的一生,了解他的童年是不可或缺的环节。毋庸置疑,丘濬的家庭背景和成长对他的性格塑造,可谓影响深远。

永乐十九年(1421)十一月十日,丘濬在海南琼山市下田村出生。丘濬的先祖是从福建晋江移民到广东,至于这之前的事迹,现已无从查证。据丘濬所留下的记载,他的曾祖父均禄(字朝章,号硕菴)在元朝时任职元帅府,被派往广东,因战乱遂在广东定居下来。④ 丘濬的祖父丘普(字思贻)为丘均禄

① 谷应泰《明史纪事本末》卷四二,《弘治君臣》,台湾:三民书局,1969年,第436页。

② 凌迪知《国朝名世类苑》卷二,明万历间刻本,第18页下。

③ Andre Maurois, “The Ethics of Biography”, in James L. Clifford (ed.), *Biography as an Art: Selected Criticism*, New York, 1962, p. 172.

④ 何乔新《椒丘文集》卷三〇,第20页上;王国宪《丘文庄公年谱》,第1页上。何乔远《丘文庄公传》,收录在《丘文庄公集》《丘海二公合集》刊本,广东:海口书局,1927年,第9页。

独子，任琼州临高县医学训科。丘濬的父亲丘传，也是丘普一脉单传的独子，不幸在丘濬七岁那年病逝，当时丘濬惟一的兄长丘源仅年长丘濬两岁，他俩由祖父和年轻的母亲抚育成人。丘濬母亲李氏守寡时才二十八岁，现存的文献记载中，丘濬很少提及他的父亲，可见父亲留给他的印象和对他的影响不深，可说他的基础教育完全是由祖父和母亲所传授。

丘濬年仅两岁时，祖父丘普就教导他识字和礼仪。[①] 丘普为人乐善好施，深为同乡所称颂。何乔新（1427～1502）在《琼台丛塚记》中记载了丘普的善行：元末兵荒，处处饥馑，琼山亦所难免，陷入动乱之中，并被陈瑚所领导的山贼围困达半年之久，许多居民饿死或被杀。在城的西边，距离丘普家几里的地方有几处乱葬岗。丘普出于好心，请人收尸并安葬，还请来了道士为亡魂超度，又在每逢清明时节，上香祭拜。[②] 焦映汉也曾记载丘普在宣德九年（1434），当时琼山发生严重的饥荒，饿死者数以千计，也是因为丘普的善行，使许多冤魂得以安息。[③] 后来有人认为，丘濬能享高官厚禄，是“善报”的结果。家族良好的品德，为子孙树立了模范，对孙子丘源和丘濬在人格方面的发展，有着深远的影响。[④]

丘濬的父亲三十三岁英年早逝，当时丘普已是五十七岁的高龄。从这时候开始，丘普就将所有的希望寄托在这两个小孙子的身上。乡民在慰问丘普丧子之痛时，丘普写下了一

---

① 王万福《丘文庄公年谱》，收录在《广东文献》，第6期，第4号，1976年12月，第41页。

② 何乔新《椒丘文集》卷一四，第11页上～12页下。

③ 焦映汉《丘文庄公传》（收录在《丘文庄公集》），第25页。

④ 收录在《琼州府志》卷三三，第32页上～32页下。

副对联，挂在寝室外的门柱上，对联写道：

嗟无一子堪供老，喜有双孙可继宗。[①]

之后，丘普也曾提及他对两个孙子的寄望。丘濬在《可继堂记》中，就记载了童年时祖父对他们的一段训话：

一日先祖坐堂上，兄与濬皆侍公。谓兄源曰："尔主宗祀，承吾世业，隐而为良医，以济家乡可也。"谓濬曰："尔立门户，拓吾祖业，达而为良相，以济天下可也。"时吾兄弟俱幼稚愚骇，不知先祖之言为何如，然自是亦知惕厉，自持不敢失坠。[②]

丘濬成年后回忆，无论当时丘普对孙儿俩前途的寄望有多高，恐怕也无法支配年仅七岁的丘濬的未来。但因为如此，他和兄长丘源在激励之下更加地用功。丘濬也认为，早年丧父的经历使他更加积极地进取向上。最终，兄弟俩果然不负祖父对他们的厚望，都能够出人头地。

在丘濬的成长岁月中，另外一位对他影响至深的人，就是他的母亲李氏。丘濬的母亲来自广东澄迈的一户富裕人家。她的父亲李奕周（也作李易周）是国子监贡生。[③] 出自书香门第的李氏，自然是知书达理、贤惠善良的女子。也许因为严格

① 《琼台诗文会稿重编》卷一九，第 34 页下。

② 《琼台诗文会稿重编》卷一九，第 34 页下～35 页上。

③ 王国宪《丘文庄公年谱》，第 1 页下。

的家庭教养，纵然丈夫早年过世，年仅二十八岁的李氏放弃再婚的念头，坚守贞节，决定守寡一生。[①] 对于她的无私奉献，后来的学者皆评价她是一位贤妻良母。丘传被病魔缠身时，李氏不眠不休地守候在他身旁，据说八个月以来从未合眼。丈夫逝世后，李氏秉持孟母之贤，含辛茹苦地抚育两名幼子。[②] 天顺元年(1457)，琼州府知府黄瓒和琼山县知县陈用己一同上奏，力荐李氏为节妇，并得到朝廷的批准。[③] 成化三年(1467)，也是丘母李氏过世前两年，奉旨建坊以表扬她的贞节，大学士彭时特为之写《旌表琼山县李节妇碑铭》，以褒扬丘母的贤良淑德。[④] 丘母在1469年过世，当时丘濬已四十九岁，任翰林院侍讲。1471年，宪宗特遣琼州府知府吴琛谕祭。[⑤] 在当时，翰林院侍讲并不是一个很显要的官职，而得到如此崇高的赐祭，可说是相当难得。[⑥] 丘母的美德对于儿子来说，体现的正是儒家传统的道德楷模。丘濬所拥有的家庭背景和教养，使他在未来的岁月中，秉持着正统的儒家传统。

丘濬的早期教育，得力于祖父和母亲的教诲。母亲出自书香门第，循循善诱的家教，对于丘濬的启蒙，可谓影响至深。童年的丘濬已是聪明过人，记性超强，据说无论是什么书籍，

① 彭时《旌表琼山县李节妇碑铭》，收录于《琼州府志》卷四〇，第36页上。

② 王国宪《丘文庄公年谱》，第1页下；彭时，上引文，第36页上。

③ 王国宪《丘文庄公年谱》，第11页上～下。

④ 《琼州府志》卷四〇，第36页上～37页上。

⑤ 谕祭在成化七年(1471)二月七日颁示。详参《丘母李太夫人谕祭碑》，收李熙等编《琼山县志》卷一四，1911年刊本，第45页下。

⑥ 参考《琼山县志》卷一四，编者案语，第45页下。

他都能过目不忘，铭记心中。[①] 丘濬的诗赋情操，也早在童年时就锋芒毕露，年仅六岁的他，就以家乡五指山的风景作了一系列的诗篇。他的诗笔力刚劲、气魄宏大，故懂得诗词之道的长者在评价丘濬时，都认为这个小孩若假以时日，必成大器。[②] 丘濬的诗作不仅展现了他过人的文采，从中也可看出他的崇高理想。在丘濬的合集《琼台诗文会稿重编》中，有一首题为《五指参天》的七言诗，并附有一段丘濬的题记："少时曾作琼台八景，郡侯程公已刻之梓，今不复存，惟记其首一章，谩录于此。"[③]这首诗相信就是他在六岁时所作的《五指山》诗，深受当时士人学者所推崇：

五峰如指翠相连，撑起炎州半壁天；
夜盥银河摘星斗，朝探碧落弄云烟。
雨余玉笋空中现，月出明珠掌上悬；
岂是巨灵伸一臂，遥从海外数中原。[④]

诗的最后一句："遥从海外数中原"，除了描绘山峦的景观，也隐含弦外之音，暗示作者对仕途的向往及个人的志向。丘濬从政的志向本无任何值得注意的地方，然而若从当时的客观环境来考量，像丘濬这样生活在穷乡僻壤的学生，想要出人头

① 王国宪《丘文庄公年谱》，第2页上。

② 焦映汉《丘文庄公传》，收于《丘文庄公集》，第25页。

③ 《琼台诗文会稿重编》卷五，第2页下。这首诗在琼山一带至今仍是家喻户晓。见曹思彬《海南岛随笔》，广东：广东人民出版社，1957年，第13页。

④ 《琼台诗文会稿重编》卷五，第2页下。也可参考蒋冕编《琼台诗话》，收录于《丘文庄公从书》卷一，台北重刊清手抄本，1972年，第5页下～6页上。

地是很不容易的。年少的丘濬壮志凌云，甚至可以说有些年少气盛。史料记载，他年仅七、八岁时，有一次经过村内的学堂，正逢学堂先生在出题命学生就八哥鸟写一首诗。学堂先生邀丘濬也应题作诗时，丘濬当下立即成诗。诗中最后两句为：

应与凤凰为近侍，敢同鹦鹉斗聪明。[①]

凤凰和鹦鹉分别是高贵出众和睿智聪颖的象征。诗中暗示着他与朝中大臣一样拥有崇高的志向，而他的智慧就有如大儒哲人的敏睿。“应与”、“敢同”所体现的，正是小丘濬洋溢的自信，难怪学堂先生对年幼的丘濬大为赞叹。[②]

当丘濬稍再成长，祖父和母亲已不能满足他旺盛的求知欲。宣德二年(1427)，七岁的丘濬开始接受正统教育。[③] 同年的九月，丘濬的父亲逝世。[④] 当时丘普以临邑医官任满赴京师铨考，闻讯后立即赶回来照顾两个年幼的孙子。虽然继承了祖先留下来的耕地，然而丘濬家境在当时并不算富裕。[⑤]

---

① 此诗并没有收录在丘濬的合集中，只是在蒋冕编的《琼台诗话》中收录了最后两句。见蒋冕《琼台诗话》卷一，第2页下～3页上。

② 蒋冕编《琼台诗话》卷一，第3页上。

③ 《琼台诗文会稿重编》卷一九，《愿丰轩记》，第21页下。

④ 《琼台诗文会稿重编》卷一九，《可继堂记》，第34页上；《琼台诗文会稿重编》卷一九，《藏书石室记》，第23页上。

⑤ 丘濬曾在《学士庄记》提及他的家庭背景：“先世闽人，来居于琼，世数久远，有七世祖学。正公以来，代有禄仕。惟先公早世，虽不仕，而亦有貤赠之命。世业虽以士，而率亦未尝废农。益仕者，其暂而耕者，其常钦予家依城以居，而先世多负郭之，田去所居一里。”见《琼台诗文会稿重编》卷一九，第26页下。

丘濬往后有提到，他们家曾接受外祖母陈氏，也就是李奕周夫人的接济。①

丘濬自小热爱学习，他的童蒙教育可说是非常充实。十三岁时，丘濬已熟读五经②，并多方阅览其他领域的书籍。丘氏弟子蒋冕（1463～1533）在他所写的序言中，曾提及丘濬的一段话：

> 自幼有志于学，凡身之所至，耳目之所见闻，心思之所注想，苟有益于身心，有资于学识，有可用于斯世斯民者，无一而不究诸心焉。③

这或许正是丘濬深厚学问的根基。丘濬的知识面并不局限在儒家经典，焦映汉的《丘文庄公传》说他纵览“三教百家之学”④，在《西园闻见录》中也记载丘濬“博览群籍，每借诸市肆，虽释老技术亦所不废”。⑤ 丘濬本人也曾忆述他年轻时对学习的热爱。在《藏书石室记》中提及，他七岁丧父，家中数百卷的书籍，先后被人取去。当他长大后，求知的欲望逐渐增加，把家中尚存的书籍翻找出来，却发现都是支离破碎的残书。由于无法找到可参考或阅读的书籍，所以他只能专注于手上所拥有的。有时候他在市肆借阅，然而那些书籍大多是

① 《祭外祖母陈氏墓文》，《琼台类稿》卷五三，第13页上～下。

② 苏云峰《丘濬：一位遥从海外数中原的布衣卿相》，收录于《丘海季刊》，1982年9月第5、6期，第11页。

③ 《琼台诗文会稿重编》卷一五，第22页上。

④ 焦映汉《丘文庄公传》，见《丘文庄公集》，第25页。

⑤ 张萱编《西园闻见录》卷八，北平：哈佛燕京学社，1940年，第14页下。

俚俗驳杂，不值得深究研读。因此，丘濬尝试向亲朋戚友借阅任何可读的书。借得以后，他总是小心翼翼地爱护所借阅的书籍，之后必定准时归还。就算借阅的时间短得无法抄写副本，他也会按期归还，希望主人能因为他的准时归还，再把书本借给他。当他打听到附近有藏书之家，必定想尽办法与之结交，甚至卑辞下气，惟恐对方不愿意把书借给他。丘濬也不惜走几百里路，向他人借阅一本书。有时为了一本想要的书，转托十数人、等上三五年，也不稀奇。又或借书时被恶言相讥，他也不会生气，并且希望以不亢不卑的态度让当事者回心转意。① 有些时候，他难免抱怨命运安排他生长在穷乡僻壤的贫困人家，无法在文化资源相对丰富的北方地区成长和学习。每当他在学习上遇到问题时，身边却无学识渊博，或是学有长进的友人可以指点他。在没有其他可行的办法下，丘濬只有到书中去寻找答案。但单靠有限的书籍，并不能彻底地解决棘手的学术问题。② 然而，丘濬的聪明好学，再加上不懈奋发的学习态度，在年少自习的道路上，他的学问仍大有长进。

三、赴京应考

正统元年(1436)，丘普过世，享年六十八岁，留下儿媳妇和两个孙子。当时的丘濬已是十六岁的青年。③ 因为遵循祖父的

---

① 《藏书石室记》，《琼台诗文会稿重编》卷一九，第 23 页上～24 页上。见冼玉清《借书苦读的丘濬》，收于《广东文献丛谈》，香港：中华书局，1965 年，第 30～31 页。

② 《琼台诗文会稿重编》卷一九，第 23 页下～24 页上。

③ 王国宪《丘文庄公年谱》，第 4 页上。

遗训,丘濬开始准备赴京应考。丘濬这时的文笔,已经崭露头角。王国宪《丘文庄公年谱》引康熙年间琼州知府牛天宿修《琼州府志》称丘濬:"公始习举子业,落笔为文数千言立就,敻出伦辈。"[①]正统四年(1439),正值十九岁的丘濬得按察副使童贞的提拔,补郡痒生。[②]三年后,也就是1442年,丘濬参加了郡邑学试,由按察副使王琼佑主持。数十名考生中,只有丘濬和郑崇德、林廷宾三人以优异的表现得到朝廷的补助金"廪饩"。[③]以上种种的事迹,反映出丘濬是一位超众出群的学生。

此外,从一些在学校发生的轶事趣闻,也可略见丘濬其人之一二。1442年八月的一个下午,丘濬的同窗告诉他,一大群灰白色羽毛的候鸟聚在学堂的池塘上。丘濬后来发现这些鸟是雁,他告知其他同窗,雁通常会随着季节的转变,从北方飞往南方过冬。然而他不解的是,为什么这些候鸟竟然会飞到他们所在的僻壤地区,而不飞向更远的南方?难道这之中暗带隐喻?同窗纷纷询问个中的原因。丘濬认为,候鸟既能预先感应气象的变化,或许它们也捎来了一种预兆。他说:"昔者地气自南而北,果有南人以文字乱天下。今也地气自北而南,安知无南人以文字治天下耶?昔既有验,今亦有验矣。"[④]同窗戏言:

---

① 王国宪《丘文庄公年谱》,第4页上。

② 《可继堂记》,《琼台诗文会稿重编》卷一九,第35页上;《藏书石室记》,《琼台诗文会稿重编》卷一九,第24页上。

③ 见《郑崇德墓表》,《琼台诗文会稿重编》卷二三,第32页下;王国宪《丘文庄公年谱》,第5页上。同年另有两名考生郑崇德和林廷宾获得"廪饩"。他们都是来自琼山,之后,郑崇德和丘濬成为好友。他们在1454年一同参加了京试,两人皆通过了考试,获得进士。

④ 《雁集琼庠记》,《琼台诗文会稿重编》卷一九,第19页下。

“安知非子耶?”丘濬则谦卑地回拒了同窗们的赞美。[1] 虽然丘濬没有加以解释,“南人以文字乱天下”,应是指十一世纪的政治家王安石(1021～1086)。[2] 王安石是抚州(现江西)临川府人,在丘濬的编年著作《史世正纲》中,他曾严厉批评王安石废除儒家传统,寻求全面改革的主张。丘濬甚至认为王安石是一位“万世名教之罪人”[3]。然而我们无须追究丘濬文中所指的“南人”是不是宋代的王安石,我们可以肯定的是“以文字治天下”是当时丘濬一直追寻的梦想。纵然他婉拒了同窗对他的赞美,他的内心深处却是热切地希望成为以文字治天下的“南人”。同年,也就是 1442 年,丘濬写了一篇有关许衡(1209～1281)的评论,题为《许文正公论》。文中丘濬批评身为汉人的许衡,一生为元朝异族朝廷服务,明知无力改变其统治政策,却依然留在异族的统治阶层之中。文中说:

> 许子生当有元之初,为姚枢、窦墨所荐,官至祭酒,继二中书,可谓遭遇其时矣。呜呼,圣人作《春秋》,于吴越之国尚诛其心于数百年之前。不惟诛其

---

① 《雁集琼庠记》,《琼台诗文会稿重编》卷一九,第 18 页下～19 页下。

② 有关王安石的研究,可参考 H. R. Williamson, *Wang An-shih: A Chinese Statesman and Educationalist of the Sung Dynasty*, London, 1935; James T. C. Liu, *Reform in Sung China: Wang An-shih (1021～1086) and His New Policies*, Harvard University Press, 1959;萧公权《中国政治思想史》,台北:华岗书局,1971 年,第四期,第 456～460 页;漆侠《王安石变法》,上海:上海人民出版社,1959 年;东一夫《王安石新法の研究》,东京:风间书房,1970 年;邓广铭《王安石:中国十一世纪时的改革家》,北京:人民出版社,1975 年。

③ 《世史正纲》卷二五,第 6 页上。丘濬对王安石的意见,可参阅同卷第 3 页下～4 页上,第 5 页下～6 页上,第 15 页上～15 页下。

人,凡与之盟会者,必深责焉。矧躬于其身,毁冠裂冕,委质尽瘁,稽首鞠躬,屏气肃容,以臣事夫禽兽狗彘于当时者乎,使圣人笔之于书,又不知何如其诛之也。由是观之,许子尚为学圣人之道者乎?客曰:子之言辩矣。当宋南迁,女真据有中原,鞑靼奄而有之,三纲沦而九法斁矣。赖许子以河洛正传起而辅之,中国不纯变为夷狄,人类不尽入于禽兽,未必非许子力也。使当时无许子焉,其不至于荡灭泯没不止矣。然则许子岂可轻訾乎哉?予曰:为一世计,则许子固不为无功矣,为万世计,则许子岂得无罪哉?然一世与万世,熟为轻重,不待较而彰彰矣。以一世之功赎万世之罪,万与一相去辽矣,其能相掩乎?①

在明朝,许衡为明太祖(在位 1368～1398)所推崇,俨然代表着正统儒学的继承者,并得以从祀于孔庙。因此,像丘濬这样对许衡如此尖锐直接的批评,在当时可说是少见。人们知悉后,无不惊讶于他的率直和敢言。②

正统九年(1444),丘濬第一次参加广东乡试。③ 丘濬在五十名通过考试成为举人的考生中,名列翘楚。④ 他所写的五篇

① 丘濬对许衡的看法,见《许文正公论》,《琼台诗文会稿重编》卷八,第 26 页上～33 页上。

② 王国宪《丘文庄公年谱》,第 5 页下。

③ 见《琼台诗文会稿重编》卷一九,第 24 页上,第 35 页上。

④ 参考《甲子科乡试题名录》,见王国宪《丘文庄公年谱》,第 6 页上。

策论，最为人称道，赞不绝口。其中一名主考官王来[①]对丘濬更大为赞赏，写了一首诗来勉励他继续为来临的京试努力：

五十名中第一人，才华惟子独超伦；
经明理乐行文健，策对图书究理真。
春榜英才期角胜，夜窗灯火莫辞频；
从来显达由稽古，事业辉煌在此辰。[②]

丘濬自然不会因为乡试的旗开得胜而自满，毕竟“举人”只是仕途的第一步。自1444年至1447年的三年间，丘濬闭门苦读，为1448年在京城举行的京试披星戴月，发奋研读。正统十年（1445），丘濬奉母之意娶崖州百户金桂的女儿为妻。[③]

① 舒宗辰和王来是那年乡试的考官。乡试的考题记录在黄崇兰编《明贡举考略》，甲子年（1444）考题。有关王来的生平，见《明史》卷一七二，第4583～4585页。

② 这首诗附录于丘濬写给王来之子的一首诗中的一段引言，诗题为《送王侍御赴江西佥宪》，见《琼台诗文会稿重编》卷五，第28页下～29页上。

③ 根据王国宪的《丘文庄公年谱》记载，丘濬在正统十一年（1446）成婚时正值二十六岁（第6页上），然而在王万福的《丘文庄公年谱》中却记载丘濬是在1443年，二十三岁时成婚（第42页）。其实两项记载皆有误。王万福的《丘文庄公年谱》并无提供丘濬成婚的确实日期。王国宪的《丘文庄公年谱》的证据来自丘濬为悼念亡妻金氏所写的一系列诗，题曰《悼亡》。《悼亡》包括十首诗作。王国宪引用了第八首诗的前两句：“结发六星霜，欢会恰半岁。”可是如果审检不同版本，丘濬诗篇中最后二字“半岁”应该是“岁半”，见《琼台诗文会稿重编》卷一，第6页下。此外，第三首诗的前四句这么写道：“我行逾四载，之子苦幽阒；登堂侍老母，灯下事蚕积。知我为功名，不复怀戚戚；一见平安书，喜气动颜色。”见《琼台诗文会稿重编》卷一，第5页下。丘濬是在1451年，第二次京试落榜回京探望母亲时，写下《悼亡》诗篇。我们知道丘濬离开京城的时候是1447年，因此根据第八首诗篇所述，丘濬婚后和妻子仅共度一年半的时间，在1445年，他二十五岁的时候赴京赶考。

1447年，丘濬赴京赶考，同行的还有同县的冯元吉和邢宥(1416～1481)。[①] 然而不幸的是，丘濬并没有高中进士，只屈居乙榜。在明代，京试落榜的举人通常会被任命为地方教谕。丘濬推迟了学堂教谕的任命，决定作第二次尝试。[②] 1448年至1451年，丘濬留京并进入国子监，为第二次的京试作准备。在国子监求学的日子中，当时的国子监祭酒萧镃(卒于1464年)读完丘濬的京试文章后，极表赞扬。[③] 纵然如此，丘濬在1451年的京试中再次落第。屡试不中的丘濬，失意之余，感伤于英雄无用武之地。此时他写下三首题为《一笑》的诗，有副题《辛未岁下第作》。第一首诗的最后两行诉说着“满怀今古事，谁可细评论”的感慨。[④] 第三首诗则流露出他失意的心情：

壮志冷如灰，归心疾似飞；

---

① 王万福的《丘文庄公年谱》中指出，丘濬在1448年离开京城。然而，丘濬在前往京城的路途上，在安徽采石玑写了一首诗纪念唐代诗豪李白。这个地方就是传说中李白溺死的地方。这首诗题为《岁丁卯过来石吊李白》，见《琼台诗文会稿重编》卷二，第11页下～12页上。丁卯是1447年。这首诗证明了丘濬离开京城时是1447年，而不是1448年。当时和丘濬共同赴京应考的邢宥顺利通过京试，及第进士。有关邢宥的生平，见《明史》卷五九，第4341页。冯元吉则失利京试，他留在京城，和丘濬一块进入国子监进修。冯元吉在1451年再次赴考，虽然最终名落孙山，仍入乙榜，但被任命为广西岑溪县的教谕。有关细节，可参考丘濬《送乡友冯元吉教谕序》，见《琼台诗文会稿重编》卷一四，第13页下～14页下。

② 焦映汉《丘文庄公传》，第25页；王国宪《丘文庄公年谱》，第7页上～下。

③ 《尚约先生集序》，《琼台诗文会稿重编》卷九，第8页下。萧镃(尚约居士，卒于1464年)，广西西昌人。他在明朝官至户部尚书，同时兼翰林院学士。有关他的生平，见《明史》卷一六八，第4515页。

④ 见《琼台诗文会稿重编》卷三，第16页下。

白云长在望，清泪欲沾衣。
五月收新稙，三秋采嫩薇；
故乡虽僻远，生计未为微。①

这首诗恰如其分地体现了丘濬当时的心情。诗境虽寓意他希望一笑解千愁，却仍然掩饰不了受挫失望的悲愤。京试放榜后不久，丘濬即回乡探望母亲，希望藉此抚平失意之情。② 然而不幸的事接踵而来。隔年，丘濬的妻子和小舅金鼎相继过世。③

① 见《琼台诗文会稿重编》卷三，第16页下。

② 王国宪《丘文庄公年谱》，第8页上～下。丘濬在他回家的路途上写了很多诗篇，这些诗篇可以反映丘濬失意科场的心情，其中如《辛未岁过扬州怀古》和《辛未下第还至金陵》，见《琼台诗文会稿重编》卷五，第7页上～下；卷五，第8页上。

③ 王万福的《丘文庄公年谱》中记载，丘濬的妻子在1450年过世（第42页）。可是根据《悼亡》这一系列诗篇的描述，丘濬的妻子是在丘濬回乡后不久去世，而不是所谓1450年，在丘濬回乡前的一年多。第四首诗的最后六句是这么写的："万里忽归来，相对如梦寐。移灯频近床，悲喜两交至。叠叠用甘言，慰我不得意。"见《琼台诗文会稿重编》卷一，第6页上。从这首诗，我们可知丘濬的妻子在他从京城回乡时尚且健在。他俩悲伤相见，而妻子更安慰考场失利的丘濬。此外，第五首诗这么写道："久别复良晤，欣幸如再生。有如练丝弦，弦和多妙声。自兹拟百年，资以辅所行。明年还随计，挈之趋神京。云何未及期，一疾不复兴。"见《琼台诗文会稿重编》卷一，第6页上。这首诗的首两句证明，两人在妻子逝世前仍得以相见。在第六首诗中，丘濬说："临终啮我指，与作终天诀。双泪注不流，恋恋不忍别。气促发言迟，奄奄殆垂绝。勉我赴功名，努我立名节。"见《琼台诗文会稿重编》卷一，第6页上。以上种种，证明丘濬的妻子金氏，是在他离京返乡后去世的，而不是王万福所说在丘濬返乡的一年前。丘濬小舅金鼎亦在一个月后，相继离开人间。他的忌日清楚记载在《悼亡》的第九首诗中（《琼台诗文会稿重编》卷一，第6页下）。丘濬也写了《祭妻弟金鼎文》，见《琼台诗文会稿重编》卷二四，第42、43页。

此二人是丘濬的至亲，他们的离去令丘濬伤心不已。[①] 丘濬在家乡待了两年的时间，在 1453 年回到京城，再次埋头苦读，为来年的京试而奋斗。[②] 1454 年，丘濬参加了第三次的京试。这一次丘濬终于高中，主考官商辂（1414～1486）和李绍（1407～1471）极器重丘濬的文章，把他列为榜首。[③] 然而在之后的殿试中，却并不太顺利，屈居二甲第一名[④]，这或许是因为他的策文批判了当时的朝政。[⑤] 然而，这得来不易的进士及第，确实是丘濬生命中重要的里程碑。之后他被选入翰林院任庶吉士，从此开始了他的政治生涯。

---

① 见《琼台诗文会稿重编》卷一，第 7 页上。

② 王万福的《丘文庄公年谱》中记载，丘濬是在 1452 年回京在国子监继续学业（第 42 页）。然而，《琼台诗文会稿重编》中收录了一首诗，题曰《岁癸酉赴京至羊城有感》（卷五，第 9 页下）。此诗是丘濬在回京的路上写的。癸酉是 1453 年，所以丘濬回到京城的时间应再推迟一年左右。此外，丘濬之后是否回到国子监继续学习，还有待探讨。因为在丘濬所有的作品中，并无提及他在 1453 年回京后再入国子监。

③ 焦映汉《丘文庄公传》，第 25 页。

④ 见《琼台诗文会稿重编》卷一九，第 24 页上，第 35 页上。当时的考题可见《明贡举考略》，景泰甲戌年（1454）。那年被录取的考生共有三百四十九名，除了前面三名为一甲，另一百二十九名为二甲，而最后的二百十七名为三甲，丘濬是二甲的第一名。可参考俞宪《皇明进士登科录》卷六，明嘉靖刊本，第 8 页。

⑤ 焦映汉《丘文庄公传》，第 25 页；王国宪《丘文庄公年谱》，第 9 页。何乔远的《丘文庄公传》中说丘濬只获得二甲是因其貌不扬（见何乔远《丘文庄公传》，第 9 页）。然而此说法没有什么根据。

第二章　政治生涯

景泰五年(1454)的礼部试,在三百四十九名中式者中,共有十八位进士被选为翰林院庶吉士,而丘濬就是其中一人。① 翰林院庶吉士通常是由文采秀丽的进士担任,②而提拔进士为翰林院庶吉士,也是明朝政府培养未来执政朝臣的途径之一。新晋的翰林院庶吉士将在翰林院继续深造,这也为他们提供了一个得以博览中央珍藏典籍的良机。丘濬充分利用了这个机会③,因此在翰林院视事的几年光阴,为他的学问奠下了巩固的基础。这一年的下旬,丘濬被任命参与《寰宇通志》的编纂。这是一部明朝国家和邻近区域的地理志书,早在太祖洪武年间就

① 见雷礼《国朝列卿记》卷一一,明刊本,第 59 页下～67 页上。

② 参考《历代官制、兵制、科举列表释》,徐州:徐州师范学院历史系刊本,1980 年,第 383 页。

③ 《琼台诗文会稿重编》卷五,《初读书中秘预修天下志书柬陈宣之》,第 10 页上～下。

已下令编纂,然而当时完成的部分很少。后来在景泰(1450～1456)初年,曾任命文渊阁大学士陈循(1385～1461)和东阁大学士高谷(卒年1460)为编纂[①],继续此书的编辑工作。景泰六年(1455),丘濬被委为史官一职[②],全力投入编纂的工作。《寰宇通志》于1456年完成,依循惯例,所有参与编纂工作的人员都获得皇帝的赏赐与提升,因此丘濬也被擢升为翰林院编修(正七品)。[③] 同年,丘濬娶同乡的吴姓女子为继室,她后来为丘濬生下三男二女。[④]

隔年,丘濬主要是投入编纂的工作。天顺二年(1458),土木堡事变被外族瓦剌俘虏的英宗朱祁镇复位后不久,即下令编纂一部新的地理志,题为《大明一统志》。也许,夺回政权的英宗为了重新建立自己的政权和威望,谴责皇弟代宗篡位的所为,故下令重编地理志。英宗命吏部尚书李贤(1427～1464)为总裁,翰林学士彭时(1416～1475)、吕原(1418～1462)为副总裁,编纂《大明一统志》。丘濬也被任命为纂修。[⑤]《大明一统志》的编纂工作历时四年,于1461年完工,共九十卷。而在书成的前一年,夫人吴氏为丘濬生下丘家的长子,取名敦。1461年至1465年间,丘濬并未被委派参与任何的编纂工作,也因为

---

① Wolfgang Franke, *An Introduction to the Sources of Ming History*, Kuala Lumpur: University of Malaya Press, 1968, p. 237; 李晋华,《明代敕撰书考》,北京:哈佛燕京学社,1932年,第45～46页。

② 《琼台诗文会稿重编》卷九,《尚约先生集序》,第9页上。

③ 雷礼《国朝列卿记》卷一一,明刊本,第59页下～67页上;李贽《续藏书》卷一一,北京:中华书局,1961年,第207页。

④ 王万福《丘文庄公年谱》,第42页。

⑤ Wolfgang Franke, *An Introduction to the Sources of Ming History*,第237页;李晋华,《明代敕撰书考》,第48～49页。

这段难得偷闲的时间，他抓紧机会，埋首阅览明政府丰富的藏书。在京期间，丘濬分配到一所有六十多丈的房子，位于宫廷的东边。在这里丘濬建立了他私人的书斋，名为“槐阴书屋”。在“槐阴书屋”中，丘濬度过了悠悠的读书生活，他后来在《槐阴书屋记》说：“予日居其间，翻阅书史，口诵心惟。凡古圣贤所以用心而著于书，古帝王所以为治而具于经史者，与夫古今儒生骚客所以论理道写清景而寓于编简者，皆得于此乎神交梦接之而肆吾力焉。”[①]丘濬希望从阅读中，一方面可以了解古圣贤的治国之道，另一方面“积学”也是为了个人的“成德”。这几年博览群书的时光，提升了他在经史方面的造诣，为他后来的巨著《大学衍义补》打下了基础。所以《明史》曾提到：“濬既官翰林，见闻益广，尤熟国家典故，以经济自负。”[②]

一、擢升参政之志

明时期，翰林院庶吉士通常要三年任满，才能擢升为编纂或是相等的官职。因编纂《寰宇通志》有功，丘濬两年内就被升为编纂。虽然有不断的擢升机会，丘濬并不因任职编纂而满足，他希望能被委派实际参与朝政的官职，实践其所学。丘濬曾在一篇文章中提到，他自童年时候便对从政有着梦想，国家大事，无论是民生、边防、军事和财政等，丘濬都会特别关心。他希望有一天能成为朝中大臣，一展自己的抱负，实现一直以来的梦想。藉着《寰宇通志》的编纂，丘濬对国家所面对

① 《琼台诗文会稿重编》卷一九，第 20 页上。

② 《明史》卷一八一，第 4808 页。

的问题有更深刻的了解。丘濬曾写道：

> 予少有志用世，于凡天下户口、边塞、兵马、盐铁之事，无不究诸心。意谓一旦出而见售于时，随所任使，庶几有以藉手致用。及登进士第，选读书中秘，即预修《寰宇通志》，又于天下地理远近，山川险易，物产登耗，赋税多少，风俗美恶，一一得以寓目焉。是时年少气锐，谓天下事无不可为者，顾无为之之地耳。既登名仕版，旦暮授官，可以行吾志矣。书成上进，凡同事者，各除给事中御史，独留四人者为编修，予与焉。编修职专史事，本朝不设起居注，遇有纂修，旋设馆席给笔札，惟官长凡例是遵。逐事呈稿，笔削惟命，盖官局修书，从古然也。其中虽有所见，亦不敢尽用己意。入院首尾二十余年，四转官阶，不离乎言语文字之职，凡昔所欲资以为世用者，一切寓之于空言无用之地。①

丘濬不愿自己的从政生涯只局限在笔墨的工作，希望能被分派到不同的职位，以实践他在政事方面的抱负，同时也认为自己的才能不应该只局限在文字方面。然而，这既然是政府的安排，他惟有遵命，期待有擢升和参政的一天。在此期间，丘濬藉写给友人林宗敬的一篇文章《说舟》，寄寓了他对学习和仕途的感慨。林宗敬是广东人，在 1454 年与丘濬一块赴京赶考，却名落孙山。1457 年他再度应试，亦只得乙榜一席。后来林宗敬谢绝地方教谕的职位，买了一艘小舟，准备回家。丘濬在同乡

① 《琼台诗文会稿重编》卷一九，《愿丰轩记》，第 21 页上。

友人临行之际,写了这篇文章以送行,并将学习比喻为造舟,希望藉此安慰林宗敬的失望心情,鼓舞他的斗志。丘濬认为,造舟其实是一件很不容易的事,只有采用山林中的良木才能够造舟,而且,就算材料齐全,没有好的工匠、充裕的时间、精细完善的造工,也无法制造出一艘好船。然而,就算船造好了,没有舵、精良的装配如麻绳桅杆,也不能算是一艘完整的船。就算最后万事俱备,没有正确的下水位置,这艘船也不能够顺利驶进河道海洋。就算是材料完备,有好的工匠去按照正确的方法造船,配备齐全,下水准确无误,若是没有顺风的天时因素,船也是无法航行的。丘濬认为,其实做学问、登仕途,就好比行舟。求学时,苦研经典,探讨古往今来万事之变迁,求证于名师杰儒的教诲,日积月累。但在应试时,却担心自己的学问不足以达到考官的要求。纵然如此,常常以为只要进由其道,用适其时,就理应能达到自己的理想。殊不知由于主观和客观因素的影响,科举的成绩往往不尽如人意。有了正面因素的推波助澜,就好比搭上顺风之舟,就算是日行千里也不是问题。遇到负面因素的阻碍,却像逆风而驶,寸步难行。行舟靠的是风向,绝不是船本身的问题。对于考生来说,除了天时、地利、人和的因素以外,还得看其造化,并不完全是考生本身学问深浅的问题。当然,如果有了一艘好船,那么行船的困难就只能怪风向;没有风向的助航,再好的船也是徒然。丘濬认为:

> 其群试有司也,则有利焉有不利焉。其利也,故若舟之遇风,一日千里,直易易耳。其不利也,夫何以异于舟之阻风而不得行者乎?行不行风也,非舟之罪也;利不利命也,非学之尤也。虽然有舟矣,然

后可以归其咎于风。使吾材之不良，制之不合度，器用之不素具，舣之非其地，行之有所碍，风虽顺也，其能行乎哉？舟譬则学也，风譬则时也。有舟而无风固不可行也，有风而无舟将何以行之哉？[①]

丘濬指出，纵然满腹经纶，才高八斗，在逆境中也不会是一帆风顺。最终的成败，取决于个人的造化。丘濬以此安慰林宗敬，劝他不要随便放弃，应耐心等待蛟龙腾飞的一天。其实，他也道出了自己的心声，他自己也是在等待机会的到来，以便能一展所长，学以致用。

天顺七年(1463)，丘濬完成了生平的第一部专论——《朱子学的》二卷。这本书是这些年来丘濬编辑宋儒朱熹的言论而成。当然，《朱子学的》的编纂有其深刻的目的和意义，同时也反映了丘濬的思想倾向。从《朱子学的》也可以看出，丘濬对明朝官方的正统儒学——程朱理学的支持及关注。《朱子学的》的编纂，在一定程度上，是为了挽救程朱之学所面临的危机和没落。有关《朱子学的》的内容及特色，将在第四章中进一步说明，在此先不赘述。

隔年，天顺八年八月二日，时宪宗朱见濡(1447～1487)[②]

---

① 《琼台诗文会稿重编》卷二一，《说舟赠林宗敬》，第17页上～下。

② 学者一般误以为“见深”是宪宗的名字。事实上，宪宗的名字是“见濡”，不是“见深”。“见深”本是宪宗的原名，但在英宗朱祁镇复辟后，见深重新被立为皇太子，自此，他的名字就从“见深”改为“见濡”。刘吉、徐浦、刘健和丘濬等编纂的《宪宗纯皇帝实录》中有这样的记载：“上为皇太子者，辄被捶韃几死。天顺丁丑，英宗睿皇帝为众所拥戴复辟，废景泰帝仍为郕王，复立上为皇太子。上初名见深，至是更名见濡，诏书失写其故，颁行天下，人皆惊相问曰：此非向所立太子乎，何名之不同也？盖上为天下人心归向久矣。”见《明宪宗实录》卷一，第1页下。

方登基七个月，在文华殿举行了即位后的第一次经筵，经筵官为会昌侯孙继宗和少保吏部尚书兼华盖殿大学士李贤，丘濬有幸亦被任命为讲官。[①] 讲官的职务是暂时性的，在成化年间，经筵每月举行三次，分别是每月的二日、十二日和二十二日。讲官通常是从翰林院挑选出来，并轮流讲课。虽然经筵不可能给予丘濬任何抒发个人政见的机会，但这位新登基的宪宗皇帝仍给了他很大的希望。一般来说，新的君主都乐意接受或咨询朝臣的意见，这对丘濬来说，是一个大好机会。因此，在成化元年(1465)一月，丘濬写了一封详细的意见书，呈给大学士李贤，建议如何抑制岭南地区日渐猖獗的土贼。

二、上谏剿除贼寇

明朝建国以来，朝廷对于广西地区的贼寇并没有明确的应对政策，小规模的骚乱不时发生，而朝廷所持的态度则是“兵来将挡”的被动政策。这绝不是杜绝叛乱的有效方法。正统十四年(1449)，广西土匪被朝廷征募，协助镇压黄萧养的叛乱。因此，这些土匪对于物产富饶而又缺乏防御能力的广东地区了如指掌。从那时候开始，广东这片土地上便不时发生掠夺，战事也从以往每年的几十宗，到后来的几百宗。[②] 天顺末年，广西一个猺族部落在其首领侯大狗带领之下，掠夺广东

① 见《学士四荣》第四首的说明，此诗副题为《经筵进讲》，收录于《琼台诗文会稿重编》卷五，第 32 页下～33 页下。另可参考《明宪宗实录》卷八，第 1 页上。

② 《明宪宗实录》卷一一，第 3 页下。

一带,并进而扰乱江西和湖广地区。[①] 根据《明实录》的记载,当地官兵的数目是“叛匪”的数倍之多,却无法阻挡贼徒的掠夺,甚至闻声而逃。如天顺七年(1463)十一月十三日,“猺贼”从其大本营大藤峡倾巢而出,在官府毫无防备的情况下,夜袭梧州,并洗劫官府仓库,释放狱中囚犯,滥杀士兵平民。他们还俘虏了数百人,包括按察副使周琦。当时总兵官陈泾但求自保,竟不敢反击,甚至纵容“叛匪”放肆劫夺,以作为释放周琦的交换条件。然而,当时的情况是,陈泾拥有的是几千人的部队,而猺贼人数却只有七百人。[②]

由于当地军队的散漫懦弱,危机当前仍缺乏呼应,叛乱的火种在很短的时间内便蔓延到广东十个郡中的六个。[③] 在这段期间,“叛贼”不但包括猺族,还有獞族和当地人。面临如此危机,朝中不少官员上表献议,政府亦增派军队前往岭南协助镇压,然而叛乱并没有缓和的迹象。[④]

成化元年(1465)正月,宪宗朱见濡登基后不久,朝廷采取了强硬的对策,派出大军远征广西以镇压叛乱。经兵部尚书王竑(1413～1488)推荐,宪宗命中军都督同知赵辅(卒1486年)佩征夷将军印充总兵,浙江布政司左参政韩雍(1422～1478)升都察院为左佥都御史赞理军务,太监卢永、陈瑄(卒

---

① Carrington Goodrich & Chaoying Fang, eds., *Dictionary of Ming Biography, 1368 ~ 1644*, New York: Columbia University Press, 1976, Chan Hok-Lam (陈学霖)撰韩雍的传,第499页。

② 《明宪宗实录》卷一,第14页上～下。

③ 《明宪宗实录》卷一,第15页下～16页上。

④ 见《明宪宗实录》卷三,第16页上;卷四,第6页上;卷一一,第3页上～4页下;卷一三,第3页上。另可参考《明史》卷一七七,第4721～4724页。

1475 年)为监军。[①] 丘濬就是在这次远征前提出了他的方案。

成化元年正月初,丘濬将其建议送呈李贤。李贤极为激赏,并于同月二十六日将这份详尽的意见书呈上给皇帝。[②]

---

① 见《明宪宗实录》卷一三,第 4 页上～下;*Dictionary of Ming Biography, 1368～1644*,第 499～500 页。

② 史籍记载丘濬上呈建议给大学士李贤的日期,和后来李贤将奏本转呈宪宗的日期颇有出入。《明史》中的记载,丘濬呈给李贤的建议是在成化元年(1465),可是没有记载确实的日期(《明史》卷一八一,第 4808 页)。吴缉华在《明史丘濬传补正》(收录于《大陆杂志》35:9,1967)中引用雷礼《国朝列卿记》和过庭训《本朝分省人物考》,认为这份奏折是在天顺七年(1463)呈上的。此外,李贽《续藏书》也注明是 1463 年(《续藏书》卷一一,第 207 页)。最能印证 1463 年这个看法的,是丘濬在 1465 年被委任为"翰林院侍讲"。因为大多数文献记载,丘濬将意见呈献给皇上的时候,他正任职"编修",所以必然是在 1465 年之前。王国宪的《丘文庄公年谱》,则是续夏燮《明通鉴》和陈鹤《明纪》之后,坚持丘濬是在 1465 年上呈奏折的文献。王国宪甚至给了明确的日期:"成化元年六月",可是并无提出充足的证据。在 1465 年的记载中,王国宪引用丘濬于 1465 年写的《应天乡试录序》,证明当时他上呈给李贤时,他已经擢升为翰林院侍讲,并指出《明史》、《明通鉴》和《明纪》的记载有误,以为丘濬当时仍然为"编修"(见王国宪《丘文庄公年谱》,第 17 页上～18 页上)。此外,王万福的《丘文庄公年谱》则记载为 1457 年,然而并无任何佐证。若仔细研究这一史事,我们不难查明事情的真相。大多数文献对这件事的记载是:"编修丘濬上书大学士李贤……"(可参考《明史》卷一七八,第 4733 页)。因此当丘濬上书给李贤时,李贤已经是官至大学士。《明英宗实录》中,英宗在天顺八年一月驾崩。李贤当时的官衔是"太子少保吏部尚书兼翰林院学士"(《明英宗实录》卷三六一,第 2 页下)。同年二月,在宪宗朱见濡即位后不久,李贤被擢升为"少保吏部尚书华盖殿大学士"(《明宪宗实录》卷二,第 10 页下)。因此,丘濬呈给"大学士李贤"的建议肯定是在天顺八年(1464)二月以后,那么天顺七年(1463)一说就无法成立了。然而,王国宪《丘文庄公年谱》中认为的 1465 年六月,并指正《明史》误把丘濬当时职衔作"编修"的说法,也无法全面解读这件事情。丘濬是在该年的秋天才擢升为翰林院侍讲,所以说他当时官衔"编修"还不一定是错误的。因此,《明史》、《明通鉴》和《明纪》的记载是可以接受的。而且,此事件《明宪宗实录》有明确记载于"成化元年正月甲戌(二十六日)"条(见《明宪宗实录》卷一三,第 10 页下)。当时,李贤已经擢升为大学士,而丘濬则还是翰林院编修。

李贤在《缴进两广用兵事宜题本》中是这样写的：

> 少保兼吏部尚书、华盖殿大学士臣李贤、吏部左侍郎兼翰林院学士臣陈文、吏部右侍郎兼翰林院学士臣彭时，谨题为征剿两广贼寇事。今有本院编修丘濬，係广东人，深知彼处贼势强弱，民情忧戚。今见朝廷遣将出师前去征剿，且喜且惧，备将彼处用兵事宜，开写揭帖呈示。臣等看得丘濬所言，利害得失，明切详尽，用之必可成功，以此不敢隐蔽，谨录一本缴进。伏乞皇上俯赐睿览。仍发下通行总兵等官知会，是亦平贼之一助也。①

宪宗皇帝对该建议甚为嘉许，下令有司录之以示总兵、巡抚等官，使意见能够施行。② 到底丘濬对镇压贼寇有什么特别的建议呢？丘濬的文集中收录《两广用兵事宜》，大抵就是当时上书李贤的献议。丘濬指出，现今两广用兵的策略不外乎二："逐"和"困"。说得明白一点，就是驱逐广东的贼寇，围困广西的贼寇。驱逐，是把叛匪赶回到他们的寨穴；围困，是限制叛匪的活动范围。如此一来，贼寇只能够束手就擒，等待被剿灭。这样的布局，主要是因为广东原本没有贼寇之乱，所有的贼匪都是来自广西，并在广东当地招募了一些志不在参与叛乱的当地人。如果广西猺贼被驱赶回广西的大本营，那么被

① 《琼台类稿》卷七〇，《缴进两广用兵事宜题本》，明闵珪刊本，第 10 页上～下。

② 《明宪宗实录》卷一三，第 13 页下～14 页上。

孤立的广东叛匪，不久后就会被瓦解。然而，这并不是不要倾力去铲除广西贼寇；广西的贼寇是如此顽固，就算朝廷有百万大军，也不一定能够成功剿灭这群叛匪。这就是为什么需要实行“困”的策略。①

丘濬分析了他的战略步骤：(1)“逐”就是兵分四路进驻广东。一支部队从广州三江口出发至肇庆，途经开建、封川等县，最终到达浔州。一支部队从肇庆的新兴出发，途经阳江至高州，抵达电白、信宜、芩溪，并在浔州集合。一支部队从藤县出发，渡河后经郁林、博白、陆州、石城、雷州，转至廉州的灵山，再往下至横州，前往浔州集合。一支部队从广州的连州出发，途经贺县、平乐，前往浔州集合。丘濬认为，广东十个中有六个郡受到贼寇的滋扰，平均分布一两百里至六七百里，甚至一千里的范围。当朝廷部队追剿到此处，贼寇就往另一处逃窜，当朝廷部队追剿彼处，贼寇又再逃回此处。他们就是到处逃躲官兵的追剿，然而到时候，总会有一支贼寇无法逃过官兵的穷追被擒。如果有四支部队或以上，皆能达致预期的目标，那么官兵就能在所有途经的地区狙击贼寇，使他们在无路可逃的情况下，只能退回大本营，不敢直接迎战官兵。如此一来，“逐”的策略就奏效了。(2)“困”的策略，则意在围剿叛匪的大本营。虽然贼寇在柳庆、修仁和荔浦这三个地区出没，然而他们的大本营是在大藤峡。丘濬认为一旦他们的大本营被围剿，其他地区也会因之而被镇压。大藤峡面向河川，柳庆在其后方，昭梧在其左，邑贵在其右，中央山峦起伏，并不适合耕种。丘濬认为贼寇的存粮有限，主要是依靠所抢夺的物品过

---

① 《琼台诗文会稿重编》卷二一，《两广用兵事宜》，第 39 页下～40 页上。

活，惟一的耕地是在山峡的外围。如果官兵得以全面围困贼寇，策略全方到位，贼寇就无法突围出去掠夺物粮，也无法耕种；不出一两年的时间，贼寇就会不攻自破，而其余龙山和粟山的叛匪就不难次第剪除。[①] 基本上，“逐”和“困”是丘濬议谏中，剿灭广东和广西贼寇的两个主要策略。至于奏议中的其他重点，可转述如下：

一、前一次的讨伐是在霜降之后，而讨伐失败的主要原因，是因为时间安排不对。那个时候贼寇已经收成存粮，准备作长期的抗争。因此，讨伐应该在年中的七月，在收成期之前。如此一来，“困”的策略会更奏效。

二、在行军的长期部署中，应该在梧州、藤县、浔州和桂平招募更多的士兵，免除他们的劳税之役，让他们在贼寇所处的山峡外围耕种，作为官粮的供应。

三、贼寇的与日俱增，其实与为官者的滥杀无辜、滥征赋役有密切的关系。无辜的百姓被贼寇俘虏，迫于无奈才加入贼匪的行列。这些人虽然愿意改邪归正，却不被地方官员所接受。政府应该宽恕他们，赦免这些受害者过往的错失。

四、过去朝廷的军队被派往广东和广西时，所到之处，不受当地人民的欢迎。因为官兵在当地所造成的破坏，远比贼寇来得严重。军队中伴随总兵

① 《琼台诗文会稿重编》卷二一，《两广用兵事宜》，第40页上～41页上。

和监军到前线作战的旗官和牌官，应是严挑细选，并限制人数。但这些官员大多是总兵和监军的亲朋戚友，喜欢夸绩邀功，依赖军中靠山的庇护，作威作福，欺压士兵和百姓。

五、军令如山令，军队中应委任精干御史或给事中一、两名，以肃正纪律和执行正法。

六、以夷制夷是最好的策略。在广西左右两江有土官衙门大小数十所。历来政府官兵处置失宜，致征调多不知至。若能挑选一名精明能干的给事中，前往当地邀请土官加入讨伐之师，重加封赏，自然事半功倍。

七、参与剿贼的官员都应被承诺得到朝廷的封赏，再加上征伐所虏获的物品。如能如此，每一位将士都会被鼓舞，为自身的利益而战。

八、广西地方素不生产盐，两江更为难得，然而因为走私活动猖獗，所以当地的盐价不高。朝廷的贩盐贸易应严格执行，并杜绝官员私下进行贩盐的勾当。盐价逐渐恢复，以盐为贵，当地人自是认为有利可图，而盐亦可作为赐给官兵的奖赏。

九、军队每到一处，可邀乡里长老、退休官员和举人监生等人一块考察贼寇的生活环境和藏匿之处，从详计议。

十、将领士兵或百姓中，任何人的父母妻妾被贼寇杀害而誓言报复者，可组成“义军”，跟随征伐军队出征。

十一、官兵最惧怕的是贼寇的毒箭。下令寻求解药，并将药方分发到各班军队。

十二、为防止供给短缺，确保商品的流通，军队所到之处，如有商贩随行卖货，禁止官军人等强买豪夺，则军中食物不缺。①

丘濬的建议可谓深谋远虑，所提及的办法也是精心部署，考虑到当地独特的地势，以及广东和广西一带百姓的意愿。其中一些看法是针对朝廷军队的纪律和管理问题。简单地说，这些意见是从过往的失败中得到的启示。

同年，参与两广用兵的将领在南京召开部署会议时，这份镇压两广贼寇的建议曾被拿出来讨论。一些官员在那个时候提到丘濬的看法，并建议派出两支军队分别前往岭南镇压贼寇，一支部队前往广东驱逐叛乱势力，另一支部队则前往广西封锁大藤峡主营据点。然而，这些建议都被韩雍全盘否定。韩雍认为镇压贼寇最好的办法，是摧毁大藤峡的叛军主力；一旦剿灭叛军在广西的主营，那么要取下在广东的余孽就不难了。如果朝廷军队分别追逐叛匪，叛匪将四处逃匿。这好比欲灭火却把火势范围扩大。② 鉴于韩雍久历战场，总兵赵辅听取韩雍的意见，依其所见部署作战方针。因此，丘濬所提的意见并没被接纳。大概在同个时候，丘濬再呈上两份建议，分别题为《广东侍御猺寇事宜》和《广东均猺利病》，提出抵御广

① 《琼台诗文会稿重编》卷二一，《两广用兵事宜》，第 41 页下～45 页下。

② 《明史》卷一七八，第 4733 页；*Dictionary of Ming Biography, 1368～1644*, p. 500。

东猺乱的看法。[①] 虽然丘濬的主要意见最终没有得到当局的接纳,《明史》却在丘濬的传中写道:“雍等破贼,虽不尽其策,而濬以此名重公卿间。”[②]

同年的夏天,担任编纂(正七品)九年之久的丘濬,被擢升为翰林院侍讲。[③] 在这之前,天顺八年(1464)八月,宪宗下令编纂先帝英宗的《英宗睿皇帝实录》,命李贤、陈文和彭时监督编纂工作,丘濬也被命为编纂。[④] 史载编纂期间,丘濬曾为于谦(1398～1457)辩护,力主恢复南宫复辟后被英宗朱祁镇处死的于谦的名声。焦竑的《玉堂丛语》中记载,在《英宗睿皇帝实录》的编纂过程中,有些人就认为于谦的死,“当著其不轨”。于谦是土木堡事件发生后出来支撑大局的兵部尚书,在英宗朱祁镇被瓦剌俘虏后,对守卫京师和代宗朱祁钰的临危即位,付出过极大的精力。丘濬辩解道:“乙巳之变,微于公,天下危矣。人挟私诬之,其可信乎!”[⑤]最后其他编纂也认同丘濬的看法。后来于谦事件的发展,证明丘濬的看法是正确的。成化二年(1466),于谦之长子于冕(1422～1500),上书为父亲陈情,要求撤回所定罪名,并恢复其生前的封号。[⑥] 碍于宪宗与英宗的关系,当时的请求没有得到答

① 这两篇文章皆收录在《琼台类稿》卷七〇。

② 《明史》卷一八一,第 4808 页。

③ 《明史》卷一八一,第 4808 页。另参考《明宪宗实录》卷九七,第 1775 页。这一次的擢升和丘濬上书抑制广东、广西猺乱无关。明朝廷的传统,官员任满九年,称为“秩满”,接受评估之后将根据表现获得擢升或遭降职。

④ Wolfgang Franke, *An Introduction to the Sources of Ming History*,第 31 页;王国宪《丘文庄公年谱》,第 17 页上～下。

⑤ 焦竑《玉堂丛语》卷五,第 151 页。

⑥ 袁帙《皇明宪实》卷一九,第 411 页。

复。直至孝宗弘治二年(1489)年,朝廷下谕,在杭州附近的于谦墓旁建一祠堂,并追封"太傅",谥名"忠愍",后来在神宗万历十八年(1590)改为"忠肃"。[①] 成化三年(1467),《英宗睿皇帝实录》编纂完成并上献,丘濬再次获晋级,擢升为翰林院侍讲学士(从五品)。[②]

成化五年(1469)三月,丘濬被委任为京试的读卷官。[③]五个月后,丘濬获知母亲逝世的噩耗。根据礼节,丘濬需要回乡守丧。经过请求,朝廷允许他的申请,[④]使他得以自 1470 至 1473 年的三年多时间,在家守丧。在这期间,丘濬依据朱熹(1130～1200)的《家礼》加以删补,以适合明朝社会的需要,完成了《家礼仪节》八卷。此外,由于琼山家乡较落后,具备的书籍有限,很难满足他个人的知识需求,丘濬便在家乡建立了一个图书室,为当地的学生提供阅读的方便。丘濬写了一篇《藏书石室记》来纪念该图书室的落成,文章中丘濬强调书籍的重要:

---

① 《明史》卷一七〇,第 4551 页。有关于谦的传记,可参考 Wolfgang Franke, *Dictionary of Ming Biography, 1368～1644*, p. 1611;根据《明史》的记载,朝廷在 1489 年追封于谦的谥名为"肃愍"(意即崇敬、悯人),然而根据《明实录》,于谦的谥名为"忠愍"(意即忠心、悯人),见《明孝宗实录》卷三三,第 1 页下～2 页上。有关于谦的研究,可参考赖家度和李光璧著《于谦和北京》,北京:北京出版社,1961 年; Wolfgang Franke, "Yü Ch'ien, Staatsmann und Kriegsminister, 1398～1457", *Monumenta Serica*, No. 11 (1946), p. 87。

② 《明宪宗实录》卷四五,第 9 页下;《明史》卷一八一,第 4808 页;王国宪《丘文庄公年谱》,第 18 页上～下。

③ 《明宪宗实录》卷六五,第 1 页上～下;姚夔等编《成化五年进士登科录》,收录在台湾学生书局编《明代登科录汇编》卷一,据成化年间重刊本影印,1969 年,第二册,第 2 页上。

④ 《明宪宗实录》卷七〇,第 1 页上。

书之功用大矣，由一理之微而可以包六合之大。由一日之近而可以尽千古之久。由一处之狭而可以通四海之广，由一事之约而可以兼万物之众，其惟书乎！呜呼，圣人死也久矣，而道德万世如见；古人往也多矣，而事业终古常新。合千万世之心术，聚千万世之治迹，传千万世之语言，演千万世之道理，皆于书乎是赖。士也生乎千年之后，而知乎千年之前；具乎一物之形，而悉乎万物之理；处乎一室之间，而周乎万里之势，非书曷以致之哉？①

虽然文章所体现的，主要是建造图书室的意义，书籍对学习的重要性，以及劝勉当地学子要勤奋苦读，然而字里行间，更反映了丘濬对书籍的爱惜和痴迷。

居乡期间，丘濬又完成《家礼仪节》八卷。书中参考司马光（1019～1086）的《书仪》、二程和张载（1020～1077）的著述，在每一则之下附以己见。丘濬在序中认为朱熹的《家礼》是历久不衰的经典，但一般人难以理解其中深奥的道理，影响此书的普及，然而“礼之在天下，不可一日无也。中国所以光于四表，人类所以灵于万物，以其有礼也”。所以才对《家礼》进行释订，以期达到正风俗、正人心的目的。

---

① 《琼台诗文会稿重编》卷一九，第24页下～25页上。

三、整顿险怪文风

成化十年(1474)六月,丘濬重回京城的工作岗位。[①] 回京后不久,丘濬在尚书彭时的推荐下,参与《续资治通鉴纲目》的编纂。[②] 该书编纂历时三年之久,于成化十三年四月书成并奉表上呈,宪宗亲自为之写序。由于编纂有功,丘濬被擢升为翰林院学士(正五品)。[③] 与此同时,国子监祭酒一职正物色适当人选,同年八月,也就是擢升为翰林院学士的四个月后,丘濬晋升为国子监祭酒(从四品)。[④] 三年后,丘濬获加礼部侍郎(从三品)职衔,仍担任国子监祭酒的职务。[⑤]

自1477至1487年的十年间,身为国子监祭酒的丘濬,致力于整顿当时的写作风气。事实上,早在从政的初期,丘濬就立意有朝一日,整顿当时的文风。国子监祭酒一职,为他提供了一个施展抱负的极好机会。虽然国子监充其量只是京师文坛的一部分,然而丘濬所作的努力,不只是针对国子监的监生。《明史》丘濬传记载:"时经生文尚险怪,濬主南畿乡试,分考会试,皆痛抑之。及是课国学生尤谆切告诫,返文体

---

① 《明宪宗实录》卷一二九,第6页上。

② 《明宪宗实录》卷一二二,第5页上。

③ 《明宪宗实录》卷一六五,第4页上~下;《明史》卷一八一,第4808页。

④ 《明宪宗实录》卷一六九,第7页下。《雷礼》,前引书,卷一一,第60页上~下;《过庭训》,前引书,卷一一二,第39页下~40页上。

⑤ 《明宪宗实录》卷二〇六,第1页上。

于正。”①

丘濬试图以其京试读卷官和国子监祭酒的影响力来整顿当时的文风。在四十年的从政生涯中，丘濬主考及参与的大小考试无数，其中有：

天顺四年(1460)：会试
天顺八年(1464)：太学生试
成化元年(1465)：应天府(南京)乡试
成化四年(1468)：顺天府(北京)乡试
成化十一年(1475)：会试
弘治三年(1490)：殿试
弘治六年(1493)：殿试

究竟丘濬倡导的是怎样的文风？怎样的文章才算是好文章？丘濬认为，文章的大旨是取决的关键，而文藻措辞则不是首要的考量。与丘濬同时期的程敏政(1445～1499)，在《书琼台吟稿后》说：

> 礼部尚书琼台丘公以学识才气闻天下，天下之人当公意者，指不多屈，然独心进予为可语。予盖茫然不知何以得此于公也。公每谓作文必主于经，为学必见于用，考古必证于今。鄙意适然，遂为知己。②

丘濬认为，文章应是依时而作，并遵循古书经典的真理来

① 《明史》卷一八一，第4808页。
② 《琼台吟稿》后序，弘治五年(1492)蒋云汉刊本，第1页上。

阐发。写文章绝非是哗众取宠以愉悦他人，或尽是无谓之论。另一方面，对于那些负面的潮流，丘濬也归结于科举制度的不良影响。丘濬也批评当时科举考试的考官，他认为明朝初年的试题不外是古书经典的哲理，以人际关系和经世为主。因而学生所关注的课题，是中央政府和时事，其学习过程是循序渐进的。此外，学子尚有余暇阅读其他的古代经典和历史论著。在鉴定学生的程度方面，考官也有明确的准则。在科举的三个部分中若无正常发挥，表现不一者，则不会被选上。[①] 丘濬指出这是以往的情况。他质疑当今的出题官和考官是刻意为难学生，他们尽出一些考生不熟悉的题目，以凸现自己高深的学问。在第一场的考试中，问题通常是解释经书，但往往"深求隐僻，强裁句读，破碎经文，于所不当连而连，不当断而断，遂使学者无所依据，施功于所不必施之地"。[②] 考生因此得将全副精力和时间放在第一场的准备上，从而忽略策论一场所针对的政体与当今课题。一些科举高中的人，甚至连史册名目、朝代前后、字画偏旁都不清楚。盖文风影响士风，士风影响国运，所以对于当时的情况，丘濬甚为担忧。[③]

明时期，无论是乡试还是会试，都共分成三场，每场各相隔三天。[④] 第一场考的是对经典和四书的理解和诠释。第二

① 这些意见收录在《西园闻见录》卷四四，第5页上～下。

② 《西园闻见录》卷四四，第5页下。

③ 《西园闻见录》卷四四。有关明代教育体系对于朝廷政治的影响，可参考 Albert Chan, *The Glory and Fall of the Ming Dynasty*, Norman: University of Oklahoma Press, 1982, pp. 155～157。

④ 《明史》卷七〇，第1694页。

场则测试考生对草拟政令的能力。第三场策论，要求考生发表对前朝历史和政体的理解，与他们对当今时事的看法。[①]丘濬认为在这三场中，最重要的是第三场，因为这部分考验的是考生的政见和行政能力。如果欠缺这个环节，科举所录用的新晋官员，将是不折不扣的书呆子。丘濬进一步认为，近年来朝廷欠缺博学的人才，实归咎于科举制度的日渐僵化。如今惟一的补救方法，就是将考试的重点放在第三场。

因为如此，每当丘濬主持科举考试时，第三场所包括的五个问题往往被视为最重要。所以在丘濬所监考的1475年的京试，五道问题当中，就有三道是着重在当今时事。三道问题包括讨论理财与用人问题：为何当今人才缺乏？与以往相比，为何近年国家的财政收入递减？[②] 也有探讨国防军队和运河管理问题。这类课题，后来在丘濬的《大学衍义补》中有较大篇幅的讨论，可见他本人对此类问题的重视。[③]其中当然也有针对当时的文风的题目。丘濬要求考生解释古今道德风俗的差异，及其对治道的影响。当年的其中一道会试策问题问：

> 古道德一、风俗同，历世虽久，而所守者惟一说。是以当是之时，学无异道，人无异论，百家无殊言。孔子没而异说纷起，道德遂为天下裂。自

① 见《科举通例》，收录于《明会要》卷七七，第9页下～18页下。

② 《琼台诗文会稿重编》卷八，《大学私试策问》，第16页下～17页下。

③ 《琼台诗文会稿重编》卷八，《大学私试策问》，第19页上～21页上。

是国异政家殊俗，岁异而月不同矣。秦汉而下，自武帝表章六经之后，世之所谓儒者，咸知尊孔氏黜百家，及其见于立论行事之间，则又有不同焉者。其大略有三：工文辞者则有司马迁之徒，论政事者则有刘向之辈，谈理道者则有董生之流，是三者皆世所谓儒者之事也。然则儒者之道果止是而已乎？其后精于文辞者有韩愈氏，有欧阳修氏；达于治者有陆贽氏，范仲淹氏；深于道者有二程朱子焉。之数子者，其于前诸子果若是班乎？其于孔子之道亦有所合乎？①

这虽然是一道问古今道德文章的题目，但丘濬的最终目的，并不是要知道古今的异同。这个问题还是归结到当今的政事方面，要求学生对治理国家的问题发表意见。丘濬的策问进一步说：

我朝崇儒重道，太祖高皇帝大明儒学，教人取士，一惟经术是用。太宗文皇帝又取圣经贤传，订正归一，使天下学者说诵而持守之，不惑于异端驳杂之说，道德可谓一矣。然至于今，风俗犹有未尽同者，何也？曩时文章之士固多浑厚和平之作，近或厌其浅易而肆为艰深奇怪之辞，韩、欧之文，果若是乎？议政之臣固多救时济世之策，近或厌其循常而过为闳阔矫激之论，陆、范之见，果若是乎？至若讲学明

① 《琼台诗文会稿重编》卷八，《会试策问》，第19页上～下。

道，学者分内事也，近或大言阔视，以求独异于一世之人，程朱之学，果若是乎？伊欲操觚染翰者，主于明理而不专于聘辞；封章投匦者，志于匡时而不在于立名；讲学明道者，有此实功而不立此门户，不厌常而喜新。各矫偏而归正，必使风俗同而道德一，以复古昔之盛，果若何而可？①

丘濬以韩愈（768～824）、欧阳修（754～805）、陆贽（754～805）、范仲淹（989～1052），程颐（1043～1107）、程颢（1032～1085）和朱熹（1130～1200）作为大儒和杰出政治家的典范，他们都是后人应该追从的楷模。丘濬的出题直截了当，要求的答案在于如何矫正目前的歪风、恢复古代道德风俗归一的局面。至于那些对大前提就有不同意见的考生，就会被淘汰。只有那些“不惑于异端驳杂之说”和不会“肆为艰深奇怪之辞”，“过为闳阔矫激之论”，或追求独异于一世的人，才能够得到通过和授职。

在担任国子监祭酒期间，丘濬从未放弃矫治不正文风的责任。《琼台会稿》收录了当时丘濬在国子监内部考试时所出的题目，题为《大学私试策问》。从这些试题可以看出，丘濬为矫正文风所付出的努力。在其中一道个试题中，丘濬直截了当地阐明了他的想法：“文章关乎气运之盛衰。”他指出一个人如果要了解一个国家或时代，不需要去看它的吏治或行政管理，只要观察当时的文风就可以略知一二。

① 《琼台诗文会稿重编》卷八，《会试策问》，第 18 页下～19 页上。

为了进一步论证他的看法，丘濬征引唐虞三代作为例子。他又借朱熹的话来支持自己的论点："朱子谓有治世之文，有衰世之文，有乱世之文，则文之关系乎世道非虚语也。"①丘濬认为，歪风的出现，暗示着一个朝代的逐渐衰亡，同时也是对天子和朝廷百官的一个警戒。丘濬向考生提出的问题：

> 近年以来，书肆无故刻出晚宋《论范》等书，学者靡然效之，科举之文遂为一变。说者谓宋南渡以后无文章，气势因之不振，殆谓此等文字欤？伊欲正人心作士气，以复祖宗之旧，使明经者潜心玩理，无穿冗空疏之失；修辞者顺理达意，无险怪新奇之作；命题者随文取义，无偏主立异之非；二三子试策之，其转移之机安在？②

目前我们对《论范》这类书并不了解，或许是科举范文一类的著作。丘濬相信，这样的作品和当时宋朝的没落有密切关系。丘濬要求考生提议，如何去防范和矫正现今文风逐渐没落的情况。他在国子监的出题方向与会试的考题可谓一致，都是针对当时的文风和政治。虽然我们无法肯定丘濬对于扭转文风所作出的影响有多深远，然而，他的设题方式肯定会影响当时科举和国子监的甄选标准。

---

① 《琼台诗文会稿重编》卷八，《大学私试策问》，第 21 页下～22 页上。

② 《琼台诗文会稿重编》卷八，《大学私试策问》，第 22 页上。

成化十九年(1483),在"推思"①的制度下,丘濬的先祖获追封为通议大夫礼部侍郎。② 在此之前,大约在1478年左右,丘濬开始撰写他的毕生巨著《大学衍义补》。成化二十二年(1486),在英国公张懋(1441～1515)的要求下,丘濬记述了有关明朝在永乐四年(1406)至十四年(1416)的十年期间在安南的军事活动,题为《平定交南录》。③ 该书是至今对这次明朝对外用兵的最详尽的记录。

成化二十三年(1487)九月二十二日,孝宗朱祐樘(1470～1505)登基,年号弘治(1488～1506)。两个月后,也就是同年的十一月,丘濬被擢升为礼部尚书(正二品),负责詹事府事务。④ 同一个月,丘濬将新近完成的《大学衍义补》呈献给孝宗,希望新皇帝能将书中的诸多建议付诸于行。孝宗甚为赞赏,并下圣谕:

> 上曰:览卿所纂书,考据精详,论述赅博,有补政治,朕甚嘉之。已升职尚书,仍赏银二十两,纻丝二

---

① 见《文官封赠》,收录于《明会要》卷六,第8页上～12页上。

② 《琼台诗文会稿重编》卷一九,第35页上～下;王国宪《丘文庄公年谱》,第34页上。

③ 《琼台诗文会稿重编》卷二〇,《定兴忠烈王平定安南录》,第51页下～52页上。

④ 《明孝宗实录》卷七,第10页下。

表里，其誊副本下福建书坊刊行。①

---

① 《明孝宗实录》卷七，第11页上。大多数的学者都认为丘濬擢升为礼部尚书是因《大学衍义补》的上呈。例如，王万福《丘文庄公年谱》，第44页；王国宪《丘文庄公年谱》，第37页上；苏云峰《丘濬：一位遥从海外数中原的布衣卿相》，第13页；焦映汉《丘文庄公传》，第26页；何乔远《丘文庄公传》，第12页；焦竑《皇明人物考》卷三，第4页下。在《明史》的记载中，有关丘濬擢升为礼部尚书一事不甚清楚。《明史》中有关丘濬的描述："濬以真德秀《大学衍义补》于治国平天下条目未具，乃补采群书补之。孝宗嗣位，表上其书，帝称善，赉金币，命所司刊行。特进礼部尚书，掌詹事府事。"（《明史》卷一八一，第4808～4809页）根据此记载，丘濬是在呈献此书后获擢升。这两件事情发生在1487年的同一个月份，而且大部分的历史记录对此二事都没有详细的记载，因而造成混淆。也因为如此，大部分的学者都误以为，丘濬的擢升是由于《大学衍义补》而获孝宗的赞赏。这两件事情皆记载在《明实录》成化二十三年十一月二十一日（丙辰）的同一条。然而，丘濬获擢升为礼部尚书一事，是在《大学衍义补》呈奏之前就已颁布（《明实录》，《明孝宗实录》卷七，第10页下～11页上）。丘濬获擢升的谕旨，是同其他官员的擢升同时颁布的，"升国子监掌监事礼部右侍郎丘濬为本部尚书，掌詹事府"，却未提及擢升的原因。在宣谕刘宣的擢升后，《明实录》简略地提及丘濬编纂《大学衍义补》的目的，并注"至是具表上进"。考察丘濬的文集可发现，《进大学衍义补表》的日期是"成化二十三年十一月十八日"，也就是御旨颁布的前三天。这也许进一步说明丘濬之擢升和《大学衍义补》的上呈有关。可是，在《明实录》，孝宗皇帝对收到该书的回应是："已升职尚书，仍赏银二十两……"（《明孝宗实录》，卷七，第11页上）。这证明虽然擢升的谕旨和对书的批示是同一天，然而这两件事并无直接的关联。因此，丘濬的擢升和《大学衍义补》的上呈是两件事。丘濬已担任国子监祭酒达十年之久，"秩满"而获擢升，也是顺理成章。况且，新君即位，官员获得擢升，是很寻常的事情。另一方面，在明初期和中叶，因为著书而获擢升的情形并不普遍。无论是丘濬自己的记载，还是同时期的作品中，都不曾提及丘濬之擢升和《大学衍义补》的呈献有关。不过，在《入阁辞任第三奏》中，丘濬回忆说："皇上嗣登宝位之初，未经两月，即超陛为礼部尚书掌詹事府。臣进所纂《大学衍义补》，仰尘睿览，厚加赐赉，又有考据精详，论述该博，有补政治之褒，命下书坊刊行天下。"（《琼台诗文会稿重编》，卷七，第7页下～8页上）因此，可见就算是丘濬本人也认为这是两件独立发生的事件。综上所述，我们不能认为丘濬擢升为礼部尚书一职与《大学衍义补》的呈献有关。

虽然丘濬被擢升为礼部尚书,他的论著也得到皇上的嘉许,然而他并不因此而感到满足。礼部尚书的工作没有给丘濬实际的治理国家大事的机会,更不用说将他穷一生精力的《大学衍义补》中的建议付诸实践。丘濬作为礼部尚书,他的主要工作是掌管詹事府的事务。在明朝,詹事府负责皇储的教育和日常事务。① 所以,实际上丘濬还是从事文字的工作。丘濬虽然获得擢升到尚书职位,地位崇高,但他对于这份工作的性质似乎并不太感兴趣。他向孝宗请辞呈,但不被批准。② 无法在职责上实践个人的理想是苦闷的,然而丘濬仍得去肩挑重任。

这里值得一提的是,在丘濬的《琼台会稿重编》中,收录了丘濬多首诗作,均题《青宫勉学》。③ "青宫"也可作"东宫",为太子宫邸,也可直谕为太子。然而这些诗并不是丘濬掌管詹事府时所写的。孝宗长子朱厚照,也是明朝的第十任皇帝,生于孝宗弘治四年(1491),弘治五年受册封为皇太子。因此丘濬在 1488 年至 1491 年被委任为礼部尚书掌詹事府时,并未负责太子的教育。这些诗该是在孝宗即位之前,丘濬劝勉孝宗勤奋好学之作。从其内容,也可以窥探丘濬对太子的厚望及他的治国理念。其中如:

---

① 有关詹事府的事务和体制,见李东阳编《大明会典》卷一一六,台北:东南书报社,据明 1587 年刊本重印,1964 年,第 1 页上～5 页上;龙文彬《明会要》卷三五,北京:中华书局,1956 年,第 612～615 页。

② 《明宪宗实录》卷七,第 13 页上。也可参考《琼台诗文会稿重编》卷四二,《辞升礼部尚书掌詹事府事奏》,第 4 页上。

③ 见《琼台诗文会稿重编》卷三,第 1 页下～3 页上,第 11 页上～下;卷四,第 6 页上～下;卷五,第 1 页上～2 页上。

《青宫劝学》其一：

祖宗功德大，创业苦艰难；
欲永千年祚，常祈万姓安。

《青宫劝学》其四：

祖业起艰辛，皆由俭与勤；
每当温饱处，常念冻饥人。

《青宫劝学》其五：

光阴驹过隙，一刻值千金；
白日休虚度，经书好用心。

《青宫劝学》其六：

治必期尧舜，学须宗孔朱；
百家皆小道，不是圣贤书。

《青宫劝学》其十：

用贤须信任，闻善要推行；
立志功方就，心清理自明。①

弘治元年(1488)，孝宗诏修先帝宪宗的实录。命英国公张懋为监修，吏部尚书兼谨身殿大学士刘吉、吏部尚书兼文渊阁大学士徐溥(1428～1499)、礼部右侍郎兼翰林院学士刘健(1433～1526)为总裁，丘濬则被任命为副总裁。② 丘濬接下来的三年时间都贡献在该书的编纂工作上。在这段期间，丘

① 见《琼台诗文会稿重编》，卷三，第2页上～3页上。

② 《明孝宗实录》卷一〇，第2页上。有关《明宪宗实录》的编纂，见 *Wolfgang Franke*，前引书，p. 31；李晋华，前引书，第51页；间野潜就，《明实录の研究》，收录在田村实造编《明代满蒙史研究》，京都：京都大学文学部，1963年，第1～72页。

濬两次上书,以老迈多病为理由,请求致仕,他的辞呈均被拒绝。[①] 弘治三年(1490)九月,三年任满,获赏赐宝钞酒食,并在吏部的推荐下,丘濬的父亲和祖父获追封为"资政大夫礼部尚书"。丘濬的母亲和祖母则被追封为"二品夫人"。丘濬的亡妻金氏亦追赠"夫人"。[②] 弘治四年(1491)四月,丘濬被委任暂掌礼部事务,取代涉及礼部火灾而被弹劾的礼部尚书耿裕(1430～1496)之职务。[③] 四个月后,也就是同年的八月,《宪宗统皇帝实录》二九三卷成书,并上孝宗。依循惯例,所有参与编纂工作的官员都会获得赐封。丘濬获赐白金八十两,文绮四表里,罗衣一袭。[④] 隔天,丘濬更荣升"太子太保",仍兼礼部尚书[⑤]。同年十月,丘濬在任礼部尚书职内,擢升为文渊阁大学士[⑥],得以参与国家事务的决策。丘濬真正的政治生涯,可以说是从大学士开始,然而,可惜的是丘濬的政治生涯并不长久,他在被任命为大学士后的第四年(弘治八年,1495)便与世长辞了。

---

① 《明孝宗实录》卷四〇,第6页上。
② 《琼台类稿》卷五三,《受尚书诏命令侄陶祭先文》,第21页下。
③ 《明孝宗实录》卷五〇,第2页上。
④ 《明孝宗实录》卷五四,第7页上。
⑤ 《明孝宗实录》卷五四,第8页上。
⑥ 《明孝宗实录》卷五六,第5页下。

第三章 晚年政见与弘治新政

明成化二十三年(1487)八月,宪宗朱见濡去世,九月太子朱祐樘登极,明年改元弘治。孝宗弘治皇帝虽然登位时只有十八岁,但史家认为孝宗能够励精图治,以致弘治年间朝政清明,故历史上有“弘治中兴”的说法。明人陈洪谟(1474~1555)的《治世余闻》更认为弘治一朝可以“比隆三代”,所以称之为“治世”。

历史上任何一个治世,都不是君主一人可以缔造,往往是圣君明臣的互相配合,而有贤能的辅臣相助,更为重要。考弘治年间先后任内阁大学士的有刘吉、徐溥、刘健、丘濬、李东阳、谢迁等。刘吉乃成化旧臣,为当时“纸糊三阁老”之一,在弘治初年的表现只可以说中规中矩,乏善可陈。谢迁、李东阳均迟至弘治八年(1495)才入阁,属弘治后期阁臣。而在弘治初年的阁臣中,一般较注重徐溥和刘健,甚少提及丘濬。近人论述弘治朝历史的著作，甚至认为丘濬"心胸狭隘"，属于弘治初年"素行不谨、不协人望"的一类大臣。考其原因，后世研究丘濬的人并不太多，其政论建树鲜为人知，以至一些研究只根据明人笔记的三数条负面记录，而抹煞其贡献。

其实明人著作中推崇丘濬，认为其在弘治初年对孝宗的新政有一定贡献者，并不难见。明人吴伯与列丘濬为"内阁名臣"，其《国朝内阁名臣事略》更称许丘濬为"当代通儒"；嘉靖年间的凌迪知在其《国朝名世类苑》中称丘濬为"中兴贤辅"。凡此，皆可见丘濬对弘治朝的影响，实为后人所忽略、甚至误解。

一、进与退的抉择

当丘濬被委任入内阁时[①]，他已经是七十一岁高龄，以这个年龄，其实已经很难对政治抱有任何热忱。丘濬是在弘治四年(1491)十月被擢升入内阁，然而在同年的八月二十九日，丘濬已经上书请求孝宗批准他告老还乡。在《琼台类稿》中收录了丘濬的《辛亥乞休致第一奏》，充分流露了丘濬的感伤：

> 臣家居岭表，隔涉海洋，去京师万里，道行半载，始克抵家。今年七十一岁，残生无几，死期已近。久离乡土，左右无可倚仗之人，壮子先亡，仅

① 参考 Charles O. Hucker, " Governmental Organization of the Ming Dynasty", *Harvard Journal of Asiatic Studies*, No. 21, 1958, pp. 28～31；杜乃济《明代内阁制度》，台北：商务印书馆，1967 年，第 24～27 页。

余孤孙，方才幼稚，长才六岁幼四岁，妻不在侧，无人哺养。垂老之年，不幸一旦谥先朝露，身后之事，深为可虑。[①]

但丘濬的请辞并没获准。同年九月，丘濬两次上奏，请求孝宗准他辞官。[②] 在其中的一篇奏章中，丘濬表达了他的悲痛：若是有一天他死在京城，将无亲人把他的棺木运送回家。[③] 纵然如此，孝宗还是拒绝了他的请求，并认为："卿年德老成，已升重职，当勉就任，不允所辞。"[④]同年的十月二十五日，就在孝宗委任他为大学士的第二天，丘濬上书，以老弱为理由，婉拒这个重要的职位。[⑤]当然，他的请辞同样没有被接受。当年的年底，他再次上奏，推辞大学士一职。[⑥]在《入阁辞任第三奏》中，丘濬感谢孝宗的信任和厚爱，认为只要孝宗参阅他的《大学衍义补》，就无异于亲自向他咨询一样。他说："臣平生精力，尽在是书，苟有所见，皆不外此。万一或为圣明所取，每因一事，辄检一类，采于十百之中用其一二之见，则虽不用臣身而用臣言，有胜于臣身见用而赐以高爵厚禄万万

① 《琼台类稿》卷四二，《辛亥乞休致第一奏》，第 6 页下。

② 见《琼台类稿》卷四二，《辛亥乞休致第二奏》和《辛亥乞休致第三奏》，第 9 页上～10 页上，第 10 页上～11 页上。

③ 《琼台类稿》卷四二，第 10 页下。

④ 《明孝宗实录》卷五五，第 1 页上。

⑤ 见《琼台诗文会稿重编》卷七，《入阁辞任第一奏》，第 3 页下～4 页下。

⑥ 见《琼台诗文会稿重编》卷七，《入阁辞任第二奏》和《入阁辞任第三奏》，第 4 页下～7 页上，第 7 页上～10 页上。

也。”[①]丘濬的请辞最终还是不被批准。[②] 丘濬没有别的办法，只能接受钦命。在内阁的一年里，丘濬提出了许多宝贵的政见。

弘治五年(1492)，丘濬再次请辞。同年之内，丘濬先后呈上了二份奏章，以健康问题为理由，恳请孝宗批准他的请辞。[③]其中《壬子乞休致奏》，丘濬表示自己年衰体弱，且有丧子之痛，哀伤过度，加以冒暑修书，致视力逐渐衰退，大不如前。最终，右眼遂成白内障，视力全失，而左眼只能近视，五月间白睛变红如血，无法承受刺眼的亮光和阳光，视物茫茫，辨认不真，所以希望在视力未完全丧失之前能引退。[④]他甚至说，如果孝宗能够钦准他的请求，让他晚年不至于完全失明，图个全尸之躯，死后在阴间不致做无目之鬼，则感戴天恩。[⑤]丘濬的奏文诚恳感人，然而孝宗仍是无动于衷，孝宗的回复说：“朕以卿文学老成，方隆委任，既有疾，宜善调理，不允休致。”[⑥]孝宗促请丘濬保重身子，并命御医替他看病。丘濬再上《壬子再乞休致奏》，孝宗还是没有改变初衷，认为不可以目疾求退，因为考虑到他的健康状况，特别准许他凡是遇到大风

---

① 《琼台诗文会稿重编》卷七，《入阁辞任第二奏》和《入阁辞任第三奏》，第9页上～下。

② 有关孝宗皇帝对丘濬三次奏疏的回复，见《明孝宗实录》卷五六，第5页下～6页上；卷五七，第1页上～2页上；卷五八，第3页下～4页上。

③ 见《琼台类稿》卷四四，《壬子乞休致奏》，第1页上～2页下；《壬子再乞休致奏》，第2页下～3页下。

④ 《琼台类稿》卷四四，第1页上～下。

⑤ 《琼台类稿》卷四四，第2页下。

⑥ 《琼台类稿》卷四四，第2页下。

雨雪的日子,俱免早朝。①

虽然丘濬屡次请求告老还乡,孝宗都拒绝了他的请辞,并再三挽留。其实,丘濬应该很满足于他的职位,毕竟他已经身居朝廷要职,并深获皇帝的信任,而这些都是他多年以来的愿望。然而,是什么因素促使丘濬多次请辞引退呢?其实原因不难理解。年过古稀的丘濬,健康情况已大不如前,而客观环境的因素也减低了他对政治的热忱。他心爱的长子丘敦于一年多前(1490 年)去世,当时只有三十九岁,可谓英年早逝,这更叫丘濬悲伤不已,倍感孤独和思乡。在这之前,三子丘仑和二子丘昆皆因患疾,在 1475 年和 1478 年先后夭折。② 丘濬惟一的兄长,也在 1476 年离开了他,享年五十八岁。丘濬的至亲中,只有两个孙子和他同住在京城,而妻子和最小的儿子丘京则远在琼山老家。他最小的儿子丘京为侧室唐氏所生,当时只是年仅四岁的小童。③ 这些年来,丘濬盼望的是故乡的天伦之乐,他总是希望能够回到家乡,安享晚年。丘濬也想过在琼山老家盖个学堂,让乡里的年轻人有一个较好的读书环境。《琼台类稿》收录了丘濬被任命为尚书后的一篇奏文,

① 见《琼台类稿》卷四四,《壬子乞休致奏》,第 1 页上～2 页下;《壬子再乞休致奏》,第 5 页上。也可参考《调理目疾奏》,《琼台类稿》卷四四,第 5 页上～下。

② 见王万福《丘文庄公年谱》,第 43 页;王国宪《丘文庄公年谱》,第 26 页下～27 页上。

③ 根据王万福《丘文庄公年谱》,丘濬最小的儿子丘京是在 1479 年出生的。可是根据王国宪《丘文庄公年谱》,丘京是在 1488 年出生的。(第 42 页上)在这个分歧上,丘濬于 1488 年所作诗篇《戊申岁次韵》印证了王国宪的说法是正确的。丘濬在诗中这样写道:“谁料白头又添丁。”见《琼台诗文会稿重编》卷五,第 46 页下。

题为《拟致仕后请立奇甸书院奏》。文中丘濬表示希望退休后,能在故乡的书院担任老师,并建议在琼山创立奇甸书院,由他献捐善款和一处两百亩的土地作为院址。此外,他也要求孝宗为书院题字,及委派地方官员来管理书院。[①] 这些年来,因为年事已高和健康的问题,丘濬思乡之情尤甚。他曾经写了不少诗来抒发他的心情,其中一首题为《春兴》,诗曰:

百计思归未得归,梦魂夜夜到庭闱。
愁心苦似丸和胆,泪点多如线在衣。[②]

另外,在一组题为《岁暮偶书》的诗中,其中一首可以看出丘濬难掩的悲伤:

大半交游登鬼录,一生功业付空谈。
不堪老去思归切,清梦时时到海南。[③]

诗篇细致地表达了丘濬的思乡情怀,也体现了他对远在海南的家人的思念。另外一首诗的最后两句更是这样写道:"肠断老妻当此际,灯前含泪想孤婴。"[④]丘濬认为,以他的年龄,"自知日暮当求退"[⑤],告老还乡是理所当然的事,思乡心切更使他心急如焚。丘濬的诗中曾提到:"客里非秋亦自悲,可堪

① 《琼台类稿》卷四五,第 20 页下～24 页下。
② 《琼台诗文会稿重编》卷五,第 25 页上。
③ 《琼台诗文会稿重编》卷五,第 42 页下。
④ 《琼台诗文会稿重编》卷五,《除夜感怀》,第 50 页上。
⑤ 《琼台诗文会稿重编》卷五,《内阁晚归口号》,第 50 页下。

临老苦思归。”[1]健康衰退，对丘濬的政治生命可谓一大障碍，在一次早朝后丘濬写了一首诗，题为《朝退偶书》，他说：“强曳病躯循壁走，老来无复旧精神。”[2]在另外一首诗中丘濬甚至说：“肩弱岂胜衣重坠？”[3]

在古代社会中，忠孝不两全是许多人所面对的难题。为官者精忠报国，却往往背弃了个人的家庭责任和义务。一旦踏上仕途，职位越高，责任越大，就更容易丧失个人生活的自主权，失去选择去留的权利。在《明实录》中官员提出辞呈的要求而被皇帝拒绝的例子，俯拾皆是。无论辞呈的原因是何等重要，皇帝所给予的回复不外是“卿来尽心辅理，即同孝道，不许固辞”之类的答复。[4]孝宗对他的器重和信任，多少影响了丘濬告老还乡的决心。可是，许许多多无法完成的事情，却让他失去了从政的热忱。一方面，他希望自己能辞官回到琼山安享晚年；另一方面，他又希望能够鞠躬尽瘁，将理想付诸实践。丘濬的内心充满着矛盾和困惑。在一首题为《壬子二月偶成》的诗中，丘濬这样写道：

心志时时思报国，神魂夜夜梦归田。[5]

---

① 《琼台诗文会稿重编》卷五，《己酉秋思》，第 47 页上。

② 《琼台诗文会稿重编》卷五，《己酉秋思》第 54 页上。

③ 《琼台诗文会稿重编》卷五，《偶书》，第 52 页下。

④ 例如余子俊的例子，收录于《明宪宗实录》卷一三一，第 1 页上；刘吉的例子，见《明宪宗实录》卷二二三，第 3 页下～4 页上，第 4 页下～5 页上。

⑤ 《琼台诗文会稿重编》卷五，第 50 页下。这首诗中的“归田”意指辞任退休。

短短的两行诗就体现了丘濬当时的矛盾心情。毋庸置疑，丘濬是忠君爱国的，他愿意为国家献出自己的生命。如果需要对国家和家庭作出取舍，国家必然是优先于家庭。可是，位居显要，但年迈多病和心力交瘁的他，已经无法负荷繁重的朝政。丘濬在一篇奏章中曾提及，在古代社会，朝廷官员必须在古稀之年卸下职务。年迈的官员能够识时务、毅然放下权势，可谓是一种美德。毕竟老弱的身躯将会影响处理朝政的能力，如果再继续执政，就是贪图高官厚禄。[①] 丘濬在朝廷的最后几年，陆陆续续呈上了十三份奏章请辞还乡。[②] 事实上，丘濬对无法报答孝宗对他的器重和信任，深感愧歉。被任命为大学士后，丘濬曾写下这样一首诗，诗中最后两句说：

圣恩深重无由报，仰面看天但泪垂。[③]

几番请辞，加剧了丘濬内心的矛盾。丘濬认为，年事渐高且健康欠佳的他，应退位让贤，更何况他是如此思念家乡的亲人。但同时，他又希望能够回报圣上隆恩。当他的个人要求无法取代国家的需要时，丘濬只有全心全意地为朝廷服务，并慨叹："此身已属皇家有。"[④]

我们知道，丘濬是在政治生涯的最后几年才攀上事业的高峰，得以参与国家的重要事务。正因为如此，虽不获准引

---

① 《琼台类稿》卷四四，第 6 页上。丘濬认为，根据《礼记》记载，大臣应在古稀之年告老退休。见《礼记集释》卷一，台北：世界书局，1969 年，第 3 页。

② 《琼州府志》卷三三，第 28 页下。

③ 《琼台诗文会稿重编》卷五，第 50 页下。

④ 《琼台诗文会稿重编》卷五，第 49 页上。

退，丘濬并没有因此而放弃自己的职责，反而更尽心尽力地为朝廷服务。有些学者认为丘濬在内阁中的表现平平无奇，[①]这显然不尽事实。遗憾的是，丘濬在内阁的时间并不长，就算他每篇奏议都是针砭时弊，对重要决策都提出他的宝贵意见，但往往还是被后人所忽略。

二、对政治要务的建议

弘治四年(1491)12 月，丘濬上《欲择大学衍义补要务上献奏》，希望对孝宗的新政有所贡献。文中丘濬提到，虽然《大学衍义补》以历史事件为例，然而全书却是针对当前的重要课题而写。他恳请孝宗选取书中相关内容，送交内阁进行深入的讨论。若书中任何建议有利于时事，就应该付诸于行。[②]丘濬进入内阁后的第一份奏折并不是很深刻，他的意见显得有点抽象。《大学衍义补》的卷数庞大，共一百六十卷，内容精深广泛，孝宗一时也不知从何开始。孝宗给丘濬的回复非常直接，他让丘濬有意见的话就直述详列。弘治五年三月，丘濬再次上奏，提出有关严禁自宫人一事。

丘濬所呈奏折《乞严禁自宫人犯奏》是针对同月二十三日发生的一起事件。当天有一千多名自宫的人，包括一名姓康的自宫者，手持棍棒砖块等，闯入长安门左侧，聚集在礼部后门外闹事。他们围堵所有礼部的通道，并围困礼部尚书耿裕

---

① 参考 Wu Chi-hua and Ray Huang 合撰《丘濬传》，见 *Dictionary of Ming Biography*，*1368～1644*，第 250 页。

② 《琼台诗文会稿重编》卷七，第 16 页下～17 页上。

和追打其他官员。孝宗下令锦衣卫逮捕肇事者，听候发落。[①]丘濬认为事态严重，针对此事上奏发表他的意见，吁请孝宗立即严惩肇事者，并颁布法令严防类似的事情再次发生。丘濬希望孝宗考虑到事件的严重性：大批自宫者竟敢非法聚集，并威迫朝廷命官，这样的行为绝不可以掉以轻心，必须认真看待和严厉惩办。

事件的起因由于这些自宫者无法在皇宫找到工作，因而生事。明朝与以前的其他朝代一样，宫中的大小事务都是由女人和太监处理。在皇室服务的太监通常是"自宫"或"奄人"。然而，并不是所有自宫的人都是太监。其实，宫中的太监通常是自幼已被阉割，送往宫中训练，或从自小就失去繁衍和性能力的小童之中挑选出来的。然而一些自宫的人也能以其他非正式的管道来谋生，如进入王府工作。[②] 在明朝，太监有各种豁免，并且在朝廷中享有特权，如此诱人的回报，让许多人甘愿放弃自己的性能力，来换取进宫的机会。有些父母甚至在孩子年幼时，就替孩子"净身"，希望孩子来日能成为宫里太监，为家族带来舒适的生活。[③] 然而另一方面，僧多粥少，宫中也未必有这么多空缺来容纳所有自宫者，而朝廷也无

---

① 《琼台诗文会稿重编》卷七，第 50 页下。

② 有关明朝太监的记载，见《明史》卷七四，第 1819～1827 页；卷三〇四、三〇五，第 7765～7832 页；《明会要》卷三九，第 697～701 页；刘若愚《酌中志》，见《海山仙馆丛书》；丁易《明代特务政治》，北京：中外出版社 1950 年；赵令扬《论明代之宦祸》，《联合书院学报》，1964 年第 3 期，第 1～23 页；周龙，《明代之宦官》，国立台湾大学硕士论文，1960 年。

③ 见清水泰次《自宫宦官の研究》，《史学杂志》，第 18 卷第 1 期，1932 年，第 83～128 页。

义务为他们安排工作。因此，这些投机的自宫者常常为寻求工作而肇事，历年来对政府构成不小的滋扰。

仁宗(1425～1426 在位)和宣宗(1426～1436 在位)期间，朝廷就已注意到这个现象。朝廷曾颁布法令严禁自宫的行为，违令者一律放逐边远地区。[①] 然而这项立法的成效似乎不大。成化年间(1465～1488)的情形更为严重，自宫者聚集在京城寻求工作，人数从几百人上升到一千人左右。这些人频频滋扰肇事，虽然朝廷于成化十一年(1475)十二月颁布法令，自宫者将被判处死刑，然而还是起不了阻吓作用。[②] 因此，1492 年发生的事件，只不过是长久以来同一个问题的延续。丘濬认为朝廷不应纵容这些人的妄为，他更强烈反对朝廷怜悯这些人，甚至考虑安置工作给他们。丘濬作了三点分析：首先，除了聚集在京城和礼部的千余人，全国各地还有数百甚至数千名阉人。如果这些奄人都在隆恩下被接纳，那么在全国各地的阉人也会提出同样的诉求。此外，尚未自宫者将会漠视禁令而自行自宫，情形必然进一步恶化。其次，某人一旦入宫成为太监，家人就能享有免税免役的待遇，加以裙带关系，所以问题不单纯是损失一人的徭役，而是丧失了数十甚至上百人的税役。朝廷怎能一方面加重普通老百姓的负担，却另一方面允许这些人坐享其成？第三，古代刑罚中，如刺脸、刖刑、宫刑和斩首等皆惨无人道。在《皇明祖训》中，太祖

---

① 《明仁宗实录》卷二，第 3 页上，卷八，第 7 页下；《明宣宗实录》卷二九，第 9 页上。

② 见《明宪宗实录》卷七六，第 4 页下；卷一三五，第 4 页下；卷一三八，第 2 页下；卷一四八，第 5 页上；卷一六四，第 2 页下；卷二〇五，第 6 页上；卷二七二，第 6 页上～下。

曾下令废除宫刑等残酷的刑罚，有官员敢提出恢复酷刑一事，则严加处置。因此，后来的皇帝和百官大臣，无人敢提出恢复酷刑一事。由此类推，自宫者可谓藐视太祖遗训。[①] 为了防止问题的加重，丘濬恳请孝宗皇帝加重惩罚。他的建议如下：

> 自今有自宫其子弟，罪其父母及其户首，全家戍遣。邻保知情，重加罚赎。其用力下手之人，许诸人首告得实者给赏，以死罪人枭首示众。被害之人，果年十五以下无知识者，量留备用。十五以上，分送藩府。如有不服使令，私自逃回者，罪坐引诱窝藏之人。[②]

丘濬所提呈的建议被孝宗接受。虽然奏折中所建议的惩罚方法是否颁布，现在已无法考知。然而，奏议是基于当时的实际情形，内容主要针对惩罚自宫者的行为和惩罚的方式，而奏议所发挥的作用却超出此事件的范畴。严禁自宫一事，间接限制宫中太监的数目，舒缓这一日益严重的现象。毕竟，这一现象是明朝政府长久以来的隐忧之一。

三、从征兆到君主的操守

作为朝廷的辅宰，丘濬从未疏忽己责，劝谏君主辨别是非、拒绝异端的思想。同年四月十日，丘濬再次上书，题为《论

① 《琼台诗文会稿重编》卷七，第50页下～53页上。

② 《琼台诗文会稿重编》卷七，第53页上～下。

厘革时政奏》。奏议长六千八百多字，后来的学者对此奏议给予高度的评价，肯定了丘濬对当时政治环境的看法。[①] 奏文内容精简明晰，丘濬并没有使用隐晦的词句，或是儒者一般常用的引喻方式，全文内容针对时局，直截了当地指出当时政治上亟待改善的课题。奏文的开端，丘濬就指出最近发生的征兆。根据宋代(960～1279)大儒邵雍(1011～1077)《皇极经世》[②]的记载，国祚以九千六百年为一元。[③] 然而为什么从未有一个朝代能顺利完成九千六百年的气数？丘濬认为，这取决于一个朝代的政策、礼乐、法令。前朝如汉、唐和宋的国势在一百五六十年后就开始走下坡，在丘濬看来，这是因为皇朝中期的君主沉浸在太平盛世之中，日渐自满而疏忽了自己对国家社稷的责任。他们生于安乐，享受太平盛世，从未经历过任何危机和困难。身为君主，他们从未同情颠沛流离的百姓，抑或礼贤下士、慎重看待大臣的进谏。这些自命过高的君主，也从未在意上天的预兆，倘若他们能意识到天象的变化，预先

① 这份奏折后收录在《琼台诗文会稿重编》卷七，第 17 页上～36 页上。除此以外，不少明清史家也将这份奏折收录在他们编辑的名臣奏折选集中。如陈子壮(1596～1647)的《明代经济言》节选部分内容，另题《献言图报数略》，见卷四，《丛书集成初编》，第 57 页。另见陈子龙等合编的《明经世文编》卷七一，北京：中华书局，据晚明刊本重印，1962 年，第 594～596 页。

② 有关邵雍的生平，见脱脱等编《宋史》卷四二七，北京：中华书局，1977 年，第 12726～12728 页；另可参考 Herbert Franke, ed., *Sung Biographies*, Wiesbaden: Steiner, 1976, pp. 848～855。

③ 邵雍的《皇极经世》中提出了历史发展的循环观。书中探讨了朝代兴亡或人事变迁的运程。内容详见《皇极经世》，《道藏》刊本，上海：商务印书馆，1923～1926 年。

察觉问题并及时矫正，那么这些朝代的寿命也不会这么短了。[①]

虽然丘濬指责的是造成唐、宋走向灭亡的昏君，然而实际上，奏谏是为儆戒当今的孝宗皇帝。明朝建国于1368年，而丘濬上书时是1492年，已经是建国一百二十四年，按丘濬对前朝历史经验的分析，明朝正处于政治的分水岭，介于太平盛世和乱世之间。为了进一步证实和阐明他的观点，丘濬提出了近年来的天象预兆。在宪宗成化年间，全国各地发生了多次异常的天象。在三垣就有三次彗星划过的天文景象[②]，十三个省份发生了不下五、六百次的地震，发生之际更有巨响震耳，造成了严重的损失。这样频繁且强烈的天象在以往并不多见。弘治初年，孝宗即位后，这些异常的天象并无停止的迹象。彗星划过天津区域[③]，地震等天灾和之前一样频繁，怪鸟三次出没于宫廷范围之内。根据典籍和历史的说法，丘濬认为彗星的出现是上天最严厉的警告，更何况是出现在三垣区域；地震则是地变最严厉的警示，尤其是出现在京城和附近区域。飞禽走兽能预先感应到万物的转变，行为相应地有异，可

① 《琼台诗文会稿重编》卷七，第17页下～18页上。

② 中国古代的天文学家将天空分为三垣，二十八宿，三十一天区。每一天区被一垣或一宿所管辖，此外还包括了其他古代传统星官。三垣指的是太微、天市和紫微，以天区和星官命名。有关这些天文现象与现代星座位置的探讨，可参考 Joseph Needham, *Science and Civilization in China*, London: Cambridge University Press, 1959, Vol. 3, pp. 171～458; Ho Peng-yoke & Ang Tian-se, "Chinese Astronomical Records on Comets and 'Guest Stars'", *Oriens Extremus*, Jahrgang 17, 1970, pp. 63～99。

③ "天津"是一星官的名字，也称为天汉和天潢，属于女宿，是现代天文星座中的天鹅座。

见情形是何等严重。而且根据记载，在二百四十年的春秋时期(公元前 722～前 481 年)，彗星只出现过三次，而地震仅发生过五次，关系到天象变化的怪鸟现象不过两次。然而如今，在短短二十六年的时间内，异常的天象陆续涌现，而天象所预示的变化即将分晓。[①]丘濬所提及的异常天象，是直接对当时的朝政提出警告。其实在中国历史上，尤以汉朝为例，百官常以天象来警惕君主，甚至以异象的发生来儆戒君主或显示即将面临的危险。丘濬的奏议可说是这方面的例子。[②]

就奏折中所分析的现象，丘濬提醒孝宗当下就是决定国家命运的关键时刻。明朝接下的命运是太平抑或是衰亡、是稳健抑或是动荡，这全都取决于孝宗的施政和态度。他恳请孝宗把握现今的关键时刻，否则一切将为时已晚。丘濬吁请孝宗在处理国家事务时，要深思熟虑：施政是否合乎国家发展的利益？大臣提呈的意见是否和天意一致？是否符合整体人民的利益？是否适合时宜？是否和经典、大儒所倡导的有异？是否违背了先帝的遗训？是否能造福人民和国家？考虑了以上种种对国家的利弊，如果这些意见仍是可行，那么就应立即处理。[③] 从内容来看，丘濬明显是针对当时的时事而议。

---

① 《琼台诗文会稿重编》卷七，第 18 页下～19 页下。

② 汉朝时期，有关天象对统治者的预示，可参考 Hans Bielenstein，“An Interpretation of the Portents in the *Ts'in-Han-shu*”，in *Bulletin of the Museum of Far Eastern Antiquities*，No. 22，1950，pp. 127～143；Wolfram Eberhard，“The Political Function of Astronomy and Astronomers in Han China”，in J. K. Fairbank，ed.，*Chinese Thought and Institutions*，pp. 33～70；Rafe de Crespigny，*Portents of Protest in the Later Han Dynasty*，Canberra：Australian National University，1976，pp. 1～46。

③ 《琼台诗文会稿重编》卷七，第 21 页下～22 页上。

孝宗十七岁登基，丘濬上此谏时，孝宗也不过二十三岁。当时不少人觊觎机遇，希望乘幼主年少，欲谋取私利。丘濬恳请孝宗，谨慎批阅各项谏议奏折，斟酌施政的方案和措施。丘濬也在奏议中痛斥朝中的投机分子：

> 虽然人君一心，而攻之者众，一日万几而应之不暇。人人各有所见而欲效其所见，人人各有所能而欲售其所能，人人各有所求而欲遂其所求。揣摩窥伺，觇吾意气之所响。引诱激发，逢吾心志之所欲。投间抵隙，觊吾机便之可乘。上才略露其微机，众即据以为幸会而入其说，献其计，引其人，植党与，排异己，求差遣，乞恩泽，希爵赏，觅田宅，无非欲攘货贿以肥家，结亲倖以固宠，冒爵禄以贻后。是皆为其身谋，为其家谋，为其亲识及所交私之人谋，岂有毫发谋国之心哉？[①]

面对小人所提出的各样索求，丘濬规劝孝宗作出这样的回应："上之所好尚者，在乎仁义而不在功利也，在乎儒教而不在佛老也。所用度者，在乎俭朴而不在奢靡也，在乎省节而不在浪费也。所任用者，在乎贤良而不在嬖幸也，在乎正直而不在谀佞也。"[②]如此一来，朝廷中意欲投机取巧的奸人就会知难而退，不敢再乞奏奢求。朝中贤士敢于进献谏言，使政教清明，制度严谨，国家昌盛，那么明朝的江山就会永续无疆。

---

① 《琼台诗文会稿重编》卷七，第 22 页上～下。

② 《琼台诗文会稿重编》卷七，第 23 页上～下。

四、宗教信仰的谨慎

丘濬的《论厘革时政奏》可分为两个部分。在第一部分，他提出了异常天象所蕴含的隐喻，提醒执政者关注国家未来的命运。他也警戒孝宗在这关键时刻，把持好身为君主应有的操守，尤其小心应付朝中的奸臣小人的各样要求，因为这些人往往就是颠覆皇朝的罪魁祸首。在第二部分中，丘濬提出了许多假设的情形，并建议孝宗，如果奸臣小人有类似的奏请，应该如何应对处理。针对不同的状况，丘濬预设了相应的二十二种应对方法。奏议中以预设的方式陈述，虽说在明朝是屡见不鲜的做法，然而却从未有人胆敢直言批评。二十二项预设中，有九项是针对宗教事宜。兹转述其要义如下：

一、从现在开始，若有任何朝臣认为，佛、道能保佑皇朝长久、社稷太平，我恳请皇上驳斥他们：历史上有很多君主沉迷佛教，如梁武帝（502～549年在位），有些则是崇信道教，如宋徽宗（1101～1125年在位）。然而从历史的经验中我们看到的是，梁武帝饿死台城，后代子孙互相残杀，直到陈霸先建立陈朝而亡。宋徽宗被女真俘虏，死在五国城，宋室的亲王公主同时被掳而死在北方者四十余人。难道虔诚信奉佛、道就是这般的下场？

二、若有人认为，通过修炼金丹能达到长寿永生，我恳请皇上纠正他们：后汉魏伯阳的《参同契》和宋代张平叔（伯端，约1076～1155）的《悟真篇》，都教人们如何通过炼金丹来达致长寿。他们应该是得道之人，能享长生不死，然而他们现在人在哪里？是否健在？如果他们已不在人世，这等伎俩只能说是招摇撞骗。这些宣扬炼丹术者，自身尚且不保，难逃死劫，更别说那些跟随他们的论著去修炼的人了。

三、若有人认为，建佛寺和修道观可积福积德，我恳请皇上指正他们：大明两京有众多雄伟的佛寺如天界寺、大报恩寺、大兴隆寺，及道教宫庙如朝天宫、大德宫、灵济宫等。而且，还有前朝所建的无数寺院宫庙。因此，对于佛、道二教来说，是完全足够的了，那又何必再建造更多的寺庙？更何况现今的国家经费比过去多出百倍，大兴土木只会加重老百姓的负担。如果世尊菩萨[①]有知，也绝对无法宽恕如此奢侈的做法。

四、若有人建议刊印经忏以求利益，我恳请皇上指正他们：本朝藏佛藏十二部五千四十八卷；道藏七部四千四百三十一卷，并有版本刊行。除此以外，还有经厂刊印和各地书肆自行刊印的版本，为什么我们还要再耗费翻印？翻印一部佛经相当于十户中等家庭的收入，世尊菩萨有慈悲心怀，必然于心不忍。要是菩萨对民间疾苦毫无任何慈悲怜悯，信徒又何必去遵循其教条？

五、若有人认为斋醮必须丰盛，我恳请皇上回

① 丘濬在文中误将“世尊”称为“佛天尊”。天尊是道教中最为崇高的神明，而世尊则是释迦牟尼的尊号。

复他们：古时候的人祭天享帝，以匏陶为祭祀器皿，以清水为莫。古人祭祀讲求的是诚敬，而不着重祭品是否丰富美观。此外，佛道主张清静慈悲，如果世尊菩萨只关心信徒的祭品以满足私欲，漠视百姓疾苦，那根本就不配为救世佛陀。

六、若有人认为，诵经持咒可以禳度，我恳请皇上纠正他们：古人著书垂教，让后人诵读学习，以为身心家国之用。然而，古人从未认为念诵经卷多少遍便能够得功果，就连佛祖和老子的传世经文也没有这样的记载。这都是后人的伪造，假世尊菩萨之名，宣称诵经念佛就能祈福消灾，他们甚至谎称可以雇用他人为自己诵经，这种徒事口舌，无益身心的事，真的能够消灾解难吗？

七、若有人认为，我们应该崇敬西僧以求秘术，我请皇上指正他们：自唐宋开始，西番常是边境大患，元朝利用番僧来解决边境的纷争。我朝依循元人习惯，封他们的首长为王，这样的做法是为了边境的安宁，不是仰慕他们的秘术。册封番僧是耗费的举动，朝廷既已按旧例封其领袖为王，就再无册封更多番僧的必要。

八、若有人建议祀神以祈求福祐，我恳请皇上指正他们：《周礼》八则之一记："祭祀以驭鬼神"，则人君非特驾驭臣民，鬼神在冥冥之中亦在所驭。人君为神的主人，那有反而向下属求福的道理？

九、若有人认为宴飨物祭品必须丰侈，我恳请皇上指正他们：古人宴飨是为了表达慈惠和恭俭，祭牲和贡品都有特定的数目，不为排场和饮食观美。后来人们的祭品却是愈来愈奢侈和浪费，甚至一日的宴飨等于一户普通百姓的十年支出。这只是暴殄天物，靡耗民财，不是为了惜福。①

从以上的九项预设中，可以看出丘濬对佛教和道教的看法。多项建议中可以说有两个重点：第一，孝宗不应对佛教和道教过分迷信；第二，朝廷对宗教活动，应该尽量节约，绝不能奢华。如果我们将丘濬的意见配合明朝的历史背景来看，不难看出他是有感而发的。明朝历代的君主都对佛、道二教颇有好感②，虽然朝臣不时奏请，要求遏制对佛、道的迷信，佛、道的宗教活动却丝毫未受影响，而且日见鼎盛。佛、道二教从明初就广受欢迎，若要削弱或动摇它们的影响，绝非易事。成化年间，丘濬曾目睹宪宗沉迷于佛、道信仰的祸害，僧人和道士被册封为“传奉官”的不计其数。据《明史》李俊(1469 年进士)传的记载，仅在一年之内，就有上千名僧侣和道士得到政府赏赐。③而《明实录》也记载了成化年间三百多

① 《琼台诗文会稿重编》卷七，第 24 页上～27 页下。

② 关于明代皇帝信奉佛教和道教的讨论，见杨启樵《明代诸帝之崇尚方术及其影响》，《新亚学报》，1962 年，第 6 期，第 40～60 页；柳存仁《明儒与道教》，收柳著《和风堂文集》，香港：龙门书店，1977 年，第 1 册，第 233～259 页；“The Penetration of Taoism into the Ming Neo-Confucianist elite”, in *Selected Papers from the Hall of Harmonious Wind*, Leiden: E. J. Brill, 1976，第 76～148 页；间野潜龙《明代文化史研究》，京都：同朋社，1979 年，第三章和第四章，第 243～394 页。

③ 《明史》卷一八〇，第 4779 页。

起"传奉官"被册封的例子。[①] 在这些册封中，除了有道士、僧侣，还包括那些抄写经文和进献丹药有功的人。礼部尚书周洪谟(1419～1491)的奏疏中有这样的记载：

> 成化十七年以前，京城内外敕赠寺观至六百三十九所，后复增建，以至西山等处相望不绝，自古佛寺之多，未有过于此时哉！[②]

明朝时期，佛、道之盛可见一斑。对于无力劝谏陷于沉迷深渊的宪宗皇帝，丘濬深以为憾。有些人更认为宪宗是因为长期服用道士李孜省(卒于 1488 年)和佛僧继晓(卒于 1488 年)等人所献丹药而致死的。[③] 弘治初年孝宗登位不久，便将部分臭名昭著的大臣和传奉官罢免。[④] 所以，丘濬对孝宗寄以厚望，希望能杜绝孝宗对宗教的好感。可是没有几年的光景，孝宗就开始对宗教产生兴趣，对道教尤其崇拜。[⑤] 丘濬选

---

① 杨启樵，《明代诸帝之崇尚方术及其影响》。另可参考包遵彭编《明代宗教》，台北：学生书局，1968 年，第 236 页。

② 《明宪宗实录》卷二六〇，第 3 页上～下。

③ Liu Ts'un-yan, "The Penetration of Taoism into the Ming Neo-Confucianist elite", p. 77. 有关李孜省和佛僧继晓的记载，见《明史》卷三〇七，第 7881～7885 页。

④ 孝宗皇帝是在成化二十三年(1487)九月即位，一个月后，李孜省、梁芳、万喜等人被韩重弹劾而受处罚。同年十一月，继晓被处死。见《明孝宗实录》卷二，第 9 页下～11 页上；卷七，第 12 页下～13 页上。有关孝宗遣散僧、道和传奉官的记载，见《明孝宗实录》卷四，第 1 页上～2 页上。

⑤ 根据《明实录》记载，在弘治三年、四年、五年这三年间，朝臣最少有六次上奏，批评政府举行的道教科仪的奢侈和浪费。有关讨论，可参考杨启樵，上引文，第 244～248 页。

择在这个时候提出个人的意见，一方面是劝戒孝宗远离迷信，另一方面则斥责那些希望从中取利的投机分子。

五、削减政府超额开销

丘濬的《论厘革时政奏》中，有五项关于削减政府的超额开销。其重点和论调，与前面所论可谓互相呼应。兹述其大意如下：

一、若有人认为，朝廷的赏赐应该追随旧例，我恳请皇上回复他们：古代所册封的官爵和赏赐的数目都有规制，赏赐的目的也是为了激励人心，不是为了厚私或迎合个人利益。现在的人动不动就以前例作为要求，然而他们都不知道，从前国库充实，绝非今日所能比拟的。更何况以往的朝廷官员数目较少，如今国家的财政开支是以往的几倍，公共或是私人的资源都很缺乏，上至君主，下至朝廷百官，都应以社稷为重，尽可能缩减开支。

二、若有人认为应该重新修缮皇宫陵殿，我恳请皇上指正他们：前人所留下的建筑简朴坚固，后人轻易改动，常常大兴土木，却反而不及前人。如果不是有塌陷的危险，无需大事整修，任何的维修也应针对个别的破损部分。如果有人认为，现在的宫殿面积太小而需要扩建，那么前人为什么没有这个问题？除非迫不得已，朝廷不应让百姓承担更多的负担和劳役。

三、如果有人建议折粮来购买颜料，我恳请皇上指正他们：国库的收入有限，每年国库收到的收入恰恰足够一年的支出。若有剩余，则应该保留作为救灾和军费。工部所需要的颜料，纯属装饰宫殿器服之用，没有食物果腹的人会饿死，没有储备防范不测的国家会尽失民心。另一方面，旧的宫殿尚可居住，旧的器服尚可补缀，我们又怎能轻耗户部的经费，仅仅只为宫殿的浮夸堂皇，如果有非常之灾，我们如何去应付？

四、若有人认为，宝石可作为装饰玩赏之物，我恳请皇上驳斥他们：早在成化末年，朝廷向民间收买宝石，民间所有已经尽入内府，何必去找更多宝石呢？自古以来，古人所看重的是金银珠玉，皆是有用之物。直到金、元时期，宝石玩物开始传入，这些石头色不如玉，质不如金，只是一些带有光泽的细沙碎石，并不是古人所看重的珍宝。倘若朝廷看重这些石头，它们的价值就会相应而跃升百倍。反之，倘若朝廷不屑收藏，那么这些石头自是黯淡无光，毫无价值可言。这些赘物是财政中最不必要的浪费，有些小人想以此来欺骗国库，中饱私囊，我们难道还要重蹈覆辙吗？

五、若有人呈上稀奇的器物，希望籍此得到赏赐，我恳请皇上驳斥他们：器物的本质就是为了适用，别无他途。因此，如果仅为了制造一个器物而花费百个器物的材料，用一个工匠就抵过聘用百个工匠，我们又何必浪费金钱和劳力在无用无益的事情上？人们收蓄奇巧华美的东西，只为了炫耀，身为一国之君，尊居九重，富有四海，无人能比，而且皇宫又严禁外人进入，这些玩意摆设又向谁夸耀？[①]

这五项建议明显是针对朝中意图通过不同途径争宠求利的官员，丘濬恳请孝宗皇帝开源节流，减少朝政的支出，以阻止他们得逞。丘濬也劝戒孝宗切忌纵情奢华享乐，或肆意修缮宫殿和采购奇珍异石。历史上，皇帝身边总有一些贪官污吏之辈，怂恿皇帝随意挥霍。实际上，他们的目的是为了从中牟利。在《明孝宗实录》的弘治元年(1488)闰正月，有一段记载：

初，太监梁芳、韦兴、张轩、莫英、陈喜先后以献珍珠得宠，一时后宫器用，以珍宝相尚，京师上下亦然。芳等益搜访于民间，物价腾涌，一珠至数十金，市者皆乘以取富。[②]

这段记载，正好成为丘濬在奏议中提出的问题的旁证。弘治年间，梁芳等人把玩物引入宫中，当时被看作是一种新颖稀奇的潮流。《明实录》亦记载弘治元年，锦衣卫张旭和任义等人被指连同宫廷侍从，试图将一些小玩意呈献给孝宗，希望从中得到赏赐。[③] 虽然他们最终受到惩罚而遭驱逐，然而这只不过是无数阿谀献媚中的一起例子，在孝宗皇帝的身边仍然是

① 《琼台诗文会稿重编》卷七，第 27 页下～28 页下，第 29 页下～30 页下。
② 《明孝宗实录》卷十，第 1 页下。
③ 《明孝宗实录》卷十，第 1 页下～2 页上。

围绕着许多谋求私利的小人。

根据《明实录》的另一记载，成化年间那些把宝石奇器呈给宪宗的人，往往获得比原价高出十倍的报酬，甚至获赏无数银子和绸缎。① 孝宗皇帝即位后，锐意改革，其中一项重要的政策就是开源节流。纵然如此，丘濬所呈上的奏折却印证了朝廷中这类腐败现象仍然存在。

六、远离小人与奉承之人

丘濬的《论厘革时政奏》对于明朝当前的政治问题的分析，可说是详尽而审慎。他一方面不希望指名道姓，避免引起政治风波，但另一方面，他又大胆直言，人物都呼之欲出。奏中有五处是针对朝廷中图谋高官显职而阿谀奉承的人。丘濬给孝宗的忠告如下：

> 一、若有人认为，工匠辛勤工作而应该得到升赏，我恳请皇上指正他们：国家对于百工技艺，有官职的各有俸禄，没有官职的亦有粮给。所以，这是他们的职分，不应另加赏赐。而且，他们任满以后亦会根据表现得到升用，如果每一次都有赏赉，国家哪有这样多官职和钱粮？
>
> 二、若有人认为，其部门人手不足，企望朝廷能够允许额外增加人手，我恳请皇上驳斥他们：每个

① 刑部尚书张蓥在成化二十一年(1485)正月所上之奏折，见《明宪宗实录》卷二六〇，第5页上～下。

衙门都有相应的事务，有相应的事务就有相应的人手。如今各部门的人员有详细的记录，只有户绝者才可以被替补。在现今的困难时刻，我们应尽量避免不必要的开销。这无非是近几年来管事监工的人数明显增加，而他们只为利己，想有跟随的人可以占用。

三、当有人举荐工巧的人希望得到官职，我恳请皇上这么指正他们：《礼记》说："毋作淫巧以荡上心。"人君的一心为万化之本，天下的安危、人民的休戚都决定于君主一人的好恶。倘若人君的心常常注重礼法，他必不肯轻费民财、轻劳民力，天下亦太平安定。相反的，倘若人君的心荡出礼法之外，就会为天下带来祸害。这些制作淫邪精巧之物的人，不但不应该引用，更要加以杜绝。

四、若有技艺杂流的人，希望得到文武要职，我恳请皇上纠正他们：朝廷百官之所以令人敬仰，就是因为其职位得来不易。从古至今，君主以爵禄来鼓舞贤能之士，这不仅仅是珍惜名器，也在于别品流。如此，则得到的人会认为是荣誉，没有获得的人不敢萌侥幸之心。技艺之流，各有自身的职衔，根据他们的职业来授予便可。

五、若有无出身的人，要求在文武官员的常规人数外特别增聘，我恳请皇上指正他们：朝廷百官的职位和国家的开销的数目，自始都是固定的。每一份官职都需要俸禄，如果无缘无故地要求增加官职的数目，国库所支付的俸禄自然也会增加。既然国家开销固定，增加国家开销就会造成国库拮据。再者，任意增加官位的要求，只会破坏功庸的次序和诠选的资格。①

成化末年，朝廷中普遍存在着闲官冗员的现象。成化十九年(1438)十一月，御史张稷上表朝廷，认为当今朝廷的任官制度混乱，一天之内就有数十人受任命，各府受俸者多达数十人。② 虽然在孝宗皇帝即位初期得到很大的改善，可是政权日渐稳固后，问题有死灰复燃的迹象。因此，丘濬的奏议正是重新督促孝宗精厉朝政，让意图谋取私利的人无机可乘。

丘濬另外的三项意见，着重保障公家的财富和避免国家与民争利。他恳请孝宗万不能批准任何将“闲田以为已业”的要求，抑或是实行“于街市和买以应用而取直于官府”的做法，且禁止“差官于外织造措办”。③ 丘濬认为，这样做只会夺民之利，祸及百姓，让贪官污吏得以中饱私囊。

针对二十二项的提议，丘濬期望孝宗能谨记在心，多加注意，并随时面对类似情况的发生。他说：“万一臣下有所建白求请，偶与所料者合，即乞皇上运恩以发挥之，加意以删润之，推类以扩充之。发以确断，形于诏旨，以正之、折之、谕之，使腾利口以售其奸者气馁而失其便，骋私意而求所欲者心服而知其非。”④这样一来，内而皇宫朝廷的官员，外而郡国边区的

① 《琼台诗文会稿重编》卷七，第30页下～32页下。
② 见谈迁《国榷》卷三九，北京：北京古籍出版社，1958年，第2495页。
③ 《琼台诗文会稿重编》卷七，第28页下～29页下。
④ 《琼台诗文会稿重编》卷七，第34页上。

百姓，无不闻风知警，革心向善。丘濬在文中对孝宗皇帝的最后劝告，是绝不能姑息看似微不足道的小问题，因为任何问题皆起于细微浅近。倘若孝宗对问题掉以轻心，以为是无关重要的事情，因循守旧，久而久之，形成一种习惯，后果是不堪设想的。丘濬作了一个比喻：

> 诚以天下之事，何尝不起于细微，何尝不起于浅近？惟其以之为细微浅近也，谓其无能为，谓其不足畏，谓其所关系者非急，谓其所费用者不多，姑且听之，姑且行之。积力久而见闻熟，遂认之以为固有，循之以为当然，而不以为非。殊不知片云蔽日，天地为之晦冥；蚁穴溃堤，湖海因之干涸。其终也遂至于损朝廷之大体，坏祖宗之家法，空国家之帑藏，失天下之人心。宗社因之而危，国脉因之而促，未必不起于斯也。①

换句话说，丘濬认为敷衍一件小事，可以引致一个朝代的衰亡。小人的一个小小妄求，也可以倾覆国库，致使朝廷丧失民心，动摇皇室的统治地位。

《论厘革时政奏》反映了丘濬对改革明朝积习、引导孝宗从事新政所付出的心血和贡献。二十二项建议涵盖了对于赏赐谋职、宗教活动、兴建采购等各类请求的处理和政府应有的立场和态度。另一方面，丘濬劝谏孝宗远离迷信，避免奢华铺张，并警惕小人的阴谋诡计。丘濬也在奏议中斥责朝中的奸

① 《琼台诗文会稿重编》卷七，第 33 页上～下。

臣和小人为了个人的利益而试图迷惑刚登位的新君，阻止他们进一步推销他们的诡计。这份奏议和当时的其他奏议不同的地方在于，其意见不只是针砭时弊，而且预示可能发生的问题。奏议中生动地描绘了贪图私利的人的诡计，而所针对的对象更是呼之欲出。他在奏议的结尾部分提到："万一臣下有所建白，求请偶与所料者合……"，因此我们更肯定奏议中每一项所提及的"某人"是确有其人。然而，丘濬含沙射影的"某人"又可能是谁呢？王国宪在其《丘文庄公年谱》中提供了线索，书中提到：

> 四月十日，因太监李广渐进左道，亲近用事。公上《论厘革时政奏》其略云……盖广所欲请于上，而公先发者。[①]

李广（卒于 1498 年）是孝宗在位时期最恶名昭彰的太监，以鼓吹道术而深得孝宗宠信。从历史记载中得知，李广及其随从当时垄断国家的盐市，擅自没收私产，甚至修建个人官邸。[②]虽然孝宗对丘濬所上的奏折甚为赞赏，然而所提及的意见并没有立即付诸实践，这主要是因为当时李广仍然在朝中拥有

---

① 王国宪《丘文庄公年谱》，第 45 页上～46 页上。

② 有关李广的记载，可参考《明史》卷三〇四，第 7784 页；另可参考 *Dictionary of Ming Biography, 1368～1644*，赵令扬撰写的《李广传》，第 837～838 页；赵令扬《论明代之宦祸》，第 8～13 页。李广在宪宗在位期间的所作所为，可参考《明宪宗实录》卷一〇三，第 7 页上～下；卷一二四，第 4 页下～6 页上；卷一三一，第 5 页上；卷一四二，第 6 页下～7 页上；卷一四二，第 9 页下～10 页下；卷一四三，第 12 页上～下，卷一四五，第 3 页上。

一定的势力，直至弘治十一年(1498)他自尽身亡，政治上才出现了转机。纵然如此，若从当时的政策和措施来判断，此奏折确实阻止了李广进一步揽权干政、营私舞弊的机会。

七、访求与保存遗书

弘治五年(1492)五月十二日，也就是上《论厘革时政奏》的一个月后，丘濬再上《请访求遗书奏》。[①] 这份奏议中的一些观点可以在他的《大学衍义补》中找到[②]，奏议大抵是回应孝宗对《欲择大学衍义补要务上献奏》的答复，从而选择了书中的个别重要课题上奏。丘濬认为现今的当务之急，是访求遗书。他说："有云：人君为治之道非止一端，然皆一世一时之事。惟夫所谓经籍图书者，乃万年百世之事焉。"[③]丘濬在奏议中提到，致力保存古籍在于延续古圣贤人的精神心术，书籍让我们能够追本溯源，后人可以依赖它们来了解历史。丘濬警告：古籍历经千百年而传世至今，如果朝廷不善加保存和修辑，致使在今日而遗失损坏，后人也会将责任归咎到我们身上。所以，保存遗籍也是自古以来帝王任万世世道的责任和急务。为了保存古籍，丘濬建议以下的方案：

第一，任命两京内外守备大臣，会同礼部和翰林

---

① 见《明孝宗实录》卷六三，第2页上～7页下。这份奏折后收录于《琼台诗文会稿重编》卷七，第36页上～47页上。

② 《大学衍义补》卷九四，第22页上～26页上。

③ 《琼台诗文会稿重编》卷七，第36页下。

院官员,审查内府及国子监藏书,确认其多寡全欠,详细列明书目。如果有余本则分藏两京,只有一本无副余的典籍,则发下国子监祭酒,令监生抄录,务求誊写端正,校对无误,然后送交两监典籍掌管。如此,“则一书而有数本,藏贮而又有异所,永无疏失之虞矣”。①

第二,太祖高皇帝著作丰富,且多不是假手臣下,“存之足以范百王,垂之足以鉴万代”,但被刊行而臣民能够看到的甚少。丘濬建议任命一位内阁大臣督领翰林院官员将秘阁所藏谨慎校对,逐一刊印。若卷数浩大,可以仿效唐人《贞观政要》②,撮其指要,举其宏纲。

第三,丘濬认为朝廷应学习前朝的做法,敕内阁考校现有书籍,详列细目,分发到两都和十三布政司、学校官员,榜示他们所管辖地方的官吏军民之家,以至官府、学校、寺观、并书坊书铺,凡是他们所收藏的古今经史子集,下至阴阳、艺术、稗官小说等

---

① 《琼台诗文会稿重编》卷七,第38页下~39页下。

② 《贞观政要》十卷是唐代吴兢(670~749)所编,记载贞观年间(627~649)唐太宗和大臣房玄龄、杜如晦、魏徵等人的对话,以反映贞观时期辉煌的政治成就。有关《贞观政要》和贞观年间的政治,可参考原田种成《贞观政要の成立》,《斯文》第22期,1958年,第18~30页;马起华《贞观政论》,《国力政治大学学报》,1960年第1期,第243~293页;1960年第2期,第359~399页;1961年第3期,第373~400页;陈成真《魏徵和贞观之治》,台湾:中国文化大学硕士论文,1967年;Howard J. Wechsler, *Mirror to the Son of Heaven: Wei Cheng at the Court of T'ang T'ai-tsung*, Yale University Press, 1974;社会科学出版社编《唐太宗与贞观之治论集》,北京:社会科学出版社,1982年。

类文书，不管是旧版新版或抄本，只要是内阁书目所没有的，立即告知官府，设法搜采。如果无法购得，则向有关人士商借，由有司分发当地儒学生员抄录，装成卷帙送京。各地官员在抄录完毕后，必须校正无误，并归还物主，不许损坏不还。

第四，为了完善地保管典籍，丘濬建议仿效前人以"金匮石室"来收藏重要文献的做法，在文渊阁附近盖一栋全由砖石修建的楼房，类似民间所谓的土库，以收藏国家紧要的文书，以防意外。同时，历朝实录及关系国家大事的文书如玉牒、诏册制诰等类，都应有副本，藏在铜匮之中，置于大楼上层。至于礼仪诗文、遗文旧事之类，应收藏在铁匮之中，置于楼的下层。

第五，丘濬最后建议所有书籍应该分别收藏在三处，两份在京城，一份在南京。换句话说，每一种书应该有三份抄本，藏于三处不同的地方。任何一处或有灾盗事故，则还有其他两处的藏书可供依据。除此以外，藏于两京国子监的全部书籍都应妥善存放于橱柜之中，由典籍掌管及祭酒监承等官员负责保管。其次，所有书籍应该在翰林院的监督下，于每年的三伏日①取出晒晾。②

① 三伏是一年中最热的时候，分为初伏、中伏、末伏。有关解释，可见徐坚等编《初学记》卷六，台北：艺文印书馆据宋刊本影印，1976年，第7页下～8页上。

② 《琼台诗文会稿重编》卷七，第36页下～46页下。丘濬奏议中的一些看法后来亦被清代的学者引用，见康熙《御批资治通鉴纲目》卷一六，上海：同文书局，1887年，第21页上～下。

从以上意见中，我们不难看出丘濬对保存前朝典籍和当今文献的重视。从这一点来看，丘濬是具有远见卓识的。丘濬是明朝官员中，第一个上书请求政府誊抄前朝文献诏诰，并把这些资料妥善储存在专门设计的藏书库匮中的人。[①] 丘濬补充说：世间万物，无论是多么稀奇罕有，遗失了还可以再寻获。贯穿文明发展、记载古往今来的文献记录，却绝不能失而复得。没有历史经验的引导，人们就只有愚昧地活在黑暗之中。[②] 丘濬认为，保存文献和寻找遗书的目的，不只是前车之鉴，也是当务之急。根据记载，前代藏书有三十七万卷之多，而当今内阁所藏不及其十分之一。而这些年来，朝廷再也没有积极去保存文献，或寻找失遗的书籍。

丘濬对访求遗书的呼吁，是否乃杞人忧天的行为？参考其他文献的记载，我们知道丘濬并无夸大其辞。与丘濬同时期的何乔新，在其《书国学群书残编后》的文章中曾提到：

> 元有天下垂百年，颇崇儒雅，经籍之版藏于国子监者甚富。天兵入燕，百司安堵，经籍存置如故，无毁弃者。宣德以来，典守者不以为意，虫鼠蛀齧之余，膳奴监隶或窃以宿火，残脱摩灭，百仅一二者存焉。然其存者，字画既妙，刻手亦精，非今书坊鲁莽之比，虽残章断简，使人把玩，不忍释手。[③]

---

① Wolfgang Franke, *Introduction to the Sources of Ming History*, "Introduction", pp. 20～21.

② 《大学衍义补》卷九四，第16页下～17页上；《琼台诗文会稿重编》卷七，第36页下。

③ 何乔新《椒丘文集》卷一八，第10页上～下。

这是孝宗时期情形的真实写照。因此，丘濬的奏议并不是远虑，而是亟须关注的当务之急。孝宗虽然没有完全接纳丘濬的意见，然而亦深受启迪，并下圣旨："太祖御制书籍，着翰林院官打点，见数收贮。南京书籍，查照目录开写，缺少的去着守备同南京礼部翰林点检送来。天下遗书，礼部行移南北直隶并十三布政司访求，其余罢。"①

丘濬对于文献保存的努力，深受后代学者的推崇。丘濬的奏议让朝廷意识到保存文献的重要性，而更重要的，是他促使孝宗对问题的关注，并采取补救的行动。根据记载，丘濬本身亦努力搜寻和翻刻失传的作品，其中唐代广东张九龄的《张曲江集》，就是因为丘濬而得以流传下来。明万历四十一年韶州刻本《张曲江集》的李延大（1592 年进士）序便说："自非丘公得之馆阁，杨公（杨起元）新之韶阳……我韶一代文献，无而获有，旧而获新者，前后两太史功也。"②

---

① 有关孝宗回复丘濬奏疏的内容，见《琼台诗文会稿重编》卷七，第 46 页下～47 页上。

② 见岑仲勉《张曲江集万历癸丑刊本之攘功斗争及集本文字与残余石刻之会勘》，《学术研究》，1982 年，第 2 期，第 45～55 页；《张曲江集十刻之表解》，《广东文物》，第 1 期，1949 年 3 月，第 137～139 页；Penelope Herbert, *Under the Brilliant Emperor: Imperial Authority in T'ang China as Seen in the Writings of Chang Chiu-ling*, Canberra: Australian National University Press, 1978, Appendices, "Notes on the Editions of Chang Ch'iu-ling's Collected Works", pp. 136～137。有关《曲江集》的刊印，见《琼台诗文会稿重编》卷九，《张文献曲江集序》，第 1 页上～2 页下。另可参考黄荫普编《广东文献书目知见录》修订版，香港：忆江南馆，1978 年，第 153～155 页。

八、人才的培养

弘治六年(1493),丘濬上《乞储养贤才奏》,建议政府任命新晋进士为庶吉士送翰林院读书,以为培训。他建议拟定一套周详方案,为国家培育人才。明朝时期,选拔优秀的进士入翰林院进修,自永乐年间已经开始。然而,这并不是定制,有些时候间科一选,或数科不选,而人数也极为有限。为了有计划地培养辅佐之臣,丘濬建议自今以后将选取进士入翰林院立为定制,一次开科一次选用。待新选进士被分配到不同的衙门办事,仍观察他们的表现,从中再作挑选未来的领导人才。①

同年,丘濬针对官员考绩制度长期以来存在的积习,向孝宗提出处理的建议。盖明自洪武、永乐以来,凡百官上京朝觐述职,都会由吏部、都察院评估其表现,不称职的官员将会被罢黜。过去每次所黜者不过数十人,其后吏部为避免受到批评,每每以多黜为公。虽然这是玩忽职守的行为,但无人敢提出异议。② 其实,丘濬早就意识到当时考察制度的腐败,在《大学衍义补》中已有大段篇幅讨论考察制度的流弊。③ 正巧

① 《琼台诗文会稿重编》卷七,第12页上~14页上。

② 李贽《续藏书》卷一一,第207页;张萱《西园闻见录》卷三一,第14页下~15页上。

③ 关于明代的考核制度,可参考《明史》卷七一,第1721~1724页;《明会要》卷一八,第846~867页;《大明会典》卷一二,第1页上~45页下;Charles O. Hucker, " Governmental Organization of the Ming dynasty", pp. 15~16; 陶希圣、沈任远《明清政治制度》,台北:商务印书馆,1967年,第202~206页。

同年正月，吏部呈上考察的评估结果，请求孝宗批准罢黜布、按二司及府州县年老或才力不及官员共一千四百人、杂职一千一百三十五人。[①] 丘濬认为：

> 唐虞三载考绩、三考黜陟，今有居官未半载而黜者，徒信人言，未必皆实，此非祖宗旧制。[②]

孝宗皇帝对丘濬的看法深表赞同，在回复吏部的文告中，孝宗劝谕朝臣爱惜贤才，并敕示：凡任职未满三年的官员，都可以复职留任。那些任满而只经过一考，且无确凿贪暴证据的，亦无须罢黜。针对这次事件，负责考绩的吏部尚书王恕上书辩称府州以下官员谨慎职守的固然多，但贪鄙无用的亦不少。这样的人多留一日则人民多受一日之殃，如果必须要等三年而后才能罢黜，他们当然感激，但人民未免有更多的埋怨。孝宗不为所动，仍然支持丘濬的看法，并再下旨说：

> 人才难得，事贵得实，人贵改过。祖宗爱惜人才，凡百官考满，初任再任有平常不称者，俱令复职，必待九年然后黜降。今或因一人无根之言而遂革其积勤所得之官，使之泯默不敢伸理，是岂治世所宜有？尔等皆因袭旧弊，不能改正。今姑从所开具者处之，其方面知府年老未满六十、有疾不妨治事、素行不谨在升任之先，及见任不谨罢软无为，非本部访

① 《明孝宗实录》卷七一，第4页上。

② 李贽《续藏书》，第207页。

有实迹或有巡抚、巡按,只是一处开报。并其余官员到任未及二年,非老疾、贪酷显著者,俱留治事。今后朝觐之年,先其行文布按二司考合,属巡抚、巡按考方面,年终具奏,行下该衙门立案,待来朝日从公详审考察,如有不公,许其伸理。其科道官必待吏部考察后,有失当者方许指名纠劾。①

如果我们比较谕旨中所颁布的处理措施,不难发现与《大学衍义补》中所提的意见甚为接近。虽然史籍并无明确记载丘濬的《大学衍义补》对弘治新政的影响,从这次改革官员考核制度去看,丘濬对辅佐孝宗进行政治革新,有一定的贡献。同时,这一事件也反映了丘濬对人才的爱惜。《双溪杂记》记载:"弘治癸丑春朝觐,吏部以黜陟闻,濬拟旨留用者数人,众多笑之。"李贽评论说:"不知爱才者可笑乎?笑人者可笑乎?"②

然而,也是因为吏部考核事件,引起了他和吏部尚书王恕(1416~1508)之间的矛盾,③并最后导致王恕辞官引退。其实吏部考察官员的呈报没有被孝宗接受,王恕已经认为言不

① 《明孝宗实录》卷七一,第4页上~下。孝宗皇帝给吏部尚书的回复,亦见《明孝宗宝训》卷二,台北:中央研究院,1967年,《惜人才》篇,第15页上~下。

② 李贽《续藏书》卷一一,第208页。

③ 有关王恕的生平,见《明史》卷一八二,第4831~4838页;另可参考 *Dictionary of Ming Biography, 1368~1644*, Fang Chaoying 所撰《王恕传》,第1416~1420页。因为这件事,王恕再次提上辞呈,却不获批准。见《明孝宗实录》卷七二,第8页上~下。

为用,并“疑当道有弗悦者,故以计窘之”①,在二月以年老体病,乞赐归田。孝宗的答复是:“卿朝廷老臣,偶有疾宜善调理,不允休致。”王恕怀疑的“当道有弗悦者”,不用说明就是指丘濬。但两人之间矛盾的加深,是在官员考核事件的三个月后。弘治六年四月癸丑,太医院院判刘文泰上奏指控王恕立心矫诈,强悍自专,贪权恋位,并举出他的两大罪状:“如本院御医升用,吏目补缺,具有祖宗旧制,而恕妄行选补,不厌人心,其变乱成法一也。恕托人作传,刻板传播,题曰大司马三原王公传,历数朝廷之失,自比伊周之佐,至不准者皆书不报,以彰先帝拒谏之失。迹此奸欺,不臣可见。此其沽直谤君二也。至如滥升官员,擅作威福,其事尤多,不足以当冢宰之任。乞明正其罪而斥罢之,并以所刊传附进。”②孝宗看了奏章以后,没有作出判断,而是要求王恕“看毕回奏”,给他一个解释的机会。五月辛未,王恕上奏自辩,认为事情的起因是刘文泰不满升职没有得到支持,捏词诬陷,并解释说:“传内所书,多是臣子承弼之忠言,足以彰先帝纳谏之盛德,不知何以为彰君之恶。又奏臣变乱成法,臣之除授吏目升用御医,俱是遵依诸司职掌及见行事例,不为变乱。且文泰无赖小人,其造此机巧深刻之词,非老于文学阴谋诡计者不能,乞敕法司执文泰于午门前,会官追问,及究主使之人,明正其罪,以警将来。”③王恕文中所指的“老于文学阴谋诡计者”,虽然没有指名道姓,但从事件的发展去了解,他认为主使人是丘濬,并要求孝宗将主

① 《明孝宗实录》卷七二,第 8 页下。

② 《明孝字实录》卷七四,第 10 页上～下。

③ 《明孝字实录》卷七五,第 2 页下～3 页上。

谋定罪。孝宗命逮刘文泰下狱,事件交由锦衣卫镇抚司进一步调查。五月丙戌,锦衣卫镇抚司呈上详细的报告,指出刘文泰上奏是曾经与后军都督府带俸都事关昶商议草成,并由御史吴祯代为润饰。奏本明确指出:“且词连大学士丘濬,谓文泰尝往谒濬,语及恕传,濬言不当板行,若有豪杰之士奏闻,厥罪不小,及硃语沽直谤君四字为濬所说。”锦衣卫镇抚司的审断和建议说:“缘文泰因挟私恨,朋谋奏诋大臣,及言恕传诋毁先帝,无以取证。所述濬言,亦系单词。请逮濬、恕对理,并治吴祯等罪。”[①]孝宗没有接受锦衣卫镇抚司的意见逮丘濬与王恕两人对质,大抵对朝廷重臣来说,这是不合情理的。孝宗的判决是:“刘文泰诬奏及妄攀大臣,甚是刁泼,宜重罪。且从轻降太医院御医。王恕作传卖直沽名,本当究治,宥之,传及板即令焚燬。丘濬罢,其余悉免问。”[②]

从孝宗的批示去看,他认为王恕的传是“卖直沽名”,而丘濬并没有牵涉这次事件,所以不加追究。王恕对判决当然不满,再次上奏希望孝宗对主使人和有关人等查办。但孝宗的答复是此事已经发落,不再受理。王恕深知已经失去孝宗的信任,在同年的闰五月乙卯再次请求告老,并得到孝宗的允许,命“给驿以行,有司月给米二石,岁拨人夫二名应用”。[③]虽然王恕已经年垂八十,而他的离去,也得到孝宗的礼待,但

---

① 《明孝宗实录》卷七二,卷七五,第 18 页上～19 页上。

② 参考 *Dictionary of Ming Biography*, *1368～1644*,第 1418～1419;有关此事件的详情,见《明孝宗实录》卷七五,第 2 页下～3 页上;第 18 页上～19 页上,第 21 页下～22 页下;李贽《续藏书》卷一五中有关王恕的生平,第 313～314 页;《明史》卷一八一,第 4836～4837 页;谈迁《国榷》卷四二,第 2644～2645 页。

③ 《明孝宗实录》卷七六,第 14 页上。

对于一位为官多年，气节名望都受人赞赏的大臣来说，还是有许多人觉得可惜，自然有些人会把矛头指向丘濬，认为王恕的离去与丘濬有关。① 丘濬曾经多次请求致仕还乡，但都没有得到孝宗的批准。②

对于被牵涉入王恕的事件，丘濬曾上奏辩白，并提及朝中政治体制所引起的摩擦。丘濬的奏本说：

> 臣与王恕素无间隙，朝班之中，惟臣二人最老，班列序立，每相推让。且官皆极品，文学政事，各有所司，于名于利，皆无所争。虽其职任不同，而皆叨居百僚之首，嗾人攻讦大臣，独不为自己地乎？臣虽愚痴，决不为此。盖恕见臣自办事内阁以来，与之并列，不交一谈，疑臣或有所不足。殊不知密勿之地，不当与外诸司交通，理所当然，非有他也。臣性识迂僻，不识忌讳，每与人言，好举祖宗典故，见行吏部行事有非立法初意，言论之际，不无波及。斯盖公是公非之清议，意欲使之闻之自行追改，盖以古道望之，不意反成仇恨。及见刘文泰所上奏词，颇成文理，料

① 南京工科给事中毛理及南京监察御史朱惪便曾上疏指责丘濬“自入内阁以来，所为多不满人意”。详参《明孝宗实录》卷七八，第 4 页上～下。有关这次事件的记载，参考《明史》卷一八二，第 4837 页；卷一八一，第 4809 页；谷应泰《明史纪事本末》卷四二，北京，中华书局，1977 年，第 614 页。对这起事件的讨论，见王国宪《丘文庄公年谱》，第 48 页上～50 页下；苏云峰《丘濬：一位遥从海外数中原的布衣卿相》，第 14～15 页。

② 弘治六年七月和八月间，丘濬先后三次求退，都被孝宗挽留，不允所辞。详见《明孝宗实录》卷七八，第 5 页下，第 7 页上；卷七九，第 3 页上～下。

非稚笔所能。又因今年朝觐,黜退官吏,旨意与臣所进《大学衍义补》书中所论偶合,由是致疑而专归咎于臣。故因文泰之奏,访知其人素与臣往来,此本必是臣主使,对众明说传播于人。法司审勘之际,不免因人言略及,文泰畏惧加刑,因而就假臣言以觊,或宽其罪。止凭一口单词,别无实迹旁证。况臣平生所恶者,矫激好名与喜事告讦之人,每每形之于言,著之于书,而躬自蹈之,则臣乃反复小人之尤者也,何以当朝廷委任之重哉?①

王恕与丘濬的矛盾,与两人的性格也可能有关系。王世贞认为这事乃王恕"北人伉直少文之故"②,而《双溪杂记》则说丘濬性格固执"不脱海蛮气习"。③ 事件虽然带有私人恩怨的成分,但争执的发生却反映了内阁与吏部之间在权力方面的摩擦,这可以表现在很细微的事情,如上朝时官员的班列序立。明代自废相以后,升六部尚书为二品官衔,总理天下庶务。大学士原本只是五品官衔,仅备顾问之职,六部大臣仍是朝中的最高决策者。而六部中因吏部掌管考课甄别,在政府中最为重要,所以吏部尚书的地位又往往在其他各部之上。可是,自从大学士开始参与国家机务,对皇帝和国家的政策都有更大的影响力,其地位便相对的提升,传统的朝廷班列序立也产生了变化。丘濬当时拥有礼部尚书的官衔,然后再擢升为大学

① 《明孝宗实录》卷七五,第21页下～22页下。
② 见谈迁《国榷》卷四二,第2644～2645页。
③ 见《续藏书》卷一一,第208页。

士,他的双重头衔,在理论上应让他在上朝时或其他典礼中序列班首,统领百官。然而这样的序列并没有得到正式的确认,就也造成了丘濬和吏部尚书王恕两人的矛盾。近人吴缉华研究明代的内阁制度,认为这事件"可见大学士已实居相位,由此亦可显示内阁制度之变迁"。①除此以外,它们之间的矛盾或许也牵涉来自北方和南方的朝臣,在朝廷中长期存在的权力冲突。②

九、对孝宗的劝谏

弘治七年(1494),丘濬呈上他生命中最后一份的奏议,劝请孝宗不能赋闲在宫,应勤于政事。在《请昧爽视朝奏》中,丘濬指出三月以来,孝宗开始懈怠朝事,往往拖至卯(凌晨五时至七时)末才见上朝。他说:

> 皇上自即位以来,一应朝仪悉遵先朝故事,每日临御有常时,臣下趋见有常候,七年于兹,有如一日。凡内外臣庶得于见闻者,莫不赞叹,以为皇上孜孜

---

① 见吴缉华《明史丘濬传补正》,第 8 页;有关内阁和朝廷的矛盾,见 Charles O. Hucker, " The Tung-lin Movement of the Late Ming Period", 收录于 John K. Fairbank, ed., *Chinese Thought and Institutions*, The University of Chicago Press, 1957, 第 136～139 页;杜乃济《明代内阁制度》,第 145～149 页。

② 王恕的生平可参考 *Dictionary of Ming Biography, 1368～1644*, 第 1416～1419 页;有关北人和南人长期以来在朝廷中的纷争矛盾,可参考陈纶绪《记明天顺成化间大臣南北之争》,收录于包遵彭编《明代政治》,台北:学生书局, 1968 年, 第 249～278 页。据黄佐所编《广东通志》,当丘濬被委任为国子监祭酒时,朝中来自北方的大臣曾恶言取笑,详见黄佐编《广东通志》卷六一。

图治，有忧勤惕励之心，有警戒相成之助，太平之治，计日可待。爰自今春以来，出朝间有晏时，然亦寻复如旧。近三月间，往往于卯末方出临朝，钟鼓之声，一闻于外，莫不惊讶，以为皇上勤政渐不及前。诚恐由是而传之远方，播之夷狄，其为圣政之累诚非细。①

丘濬引经据典，并举出朱熹解《诗经》和宣宗《五伦书》作为例，向孝宗谏说："夫自唐虞三代，历汉唐宋至今日，率以昧爽为视朝之期。昧爽者，欲明未明之时也。是时夜气既定，旦气方清，物欲未杂于前，心地虚明于内，于是临臣下、决机务，则是非易见，听断不惑。昔人所谓一日之计在于寅，诚非虚语也。伏愿皇上讽咏先贤解诗之言，佩服圣祖谕臣子语，每日常朝率以昧爽为期，则政务不至废弛，臣下知所遵守，解民庶惊讶之心，息远近传播之议，其于圣德所补非小，而于太平之治亦于是乎基焉。"②丘濬的奏本可谓语重心长，也反映了孝宗皇帝在经过七年的国家太平安定后，开始对政事有所疏忽。身为朝中重臣，丘濬不得不时时对孝宗加以提点，以确保国家的发展不会因为皇帝一人的懒散而受到影响。《明史》记载丘濬"立朝常以宽大启上心"③，《请昧爽视朝奏》可说是明证。

同年的八月，内阁大学士丘濬、徐溥、刘健等三人因三年秩满，同时获得擢升，丘濬获提升为少保兼太子太保户部尚书

① 《琼台诗文会稿重编》卷七，第 47 页上～下。
② 《琼台诗文会稿重编》卷七，第 48 页上～下。
③ 《明史》卷一八一，第 4809 页。

武英殿大学士(从一品)[①]且因为推恩的制度,丘濬的父亲、祖父和曾祖父都获得追封。丘濬在这个时候写了一系列题为《受一品封》的诗篇,以表达他心中的感激和喜悦。其中的两首说:

凤诰奎章十四通,一家四代受褒封;君恩如海无能报,感极惭深涕泪从。

官居一品位三台,都是无心幸得来;又得推恩及曾祖,此生荣幸亦多哉。[②]

在诗篇中,丘濬感激孝宗皇帝的恩典,可惜他年迈体弱,已经有"暮景病躯难着力"之叹。丘濬的身体确实是每况愈下,已经无法应付朝廷的礼节。从十月起,丘濬便卧病在床,无法前往内阁办事。他呈上辞职的要求,但却没有得到孝宗的批准。孝宗曾经命太医去看病调治,并免他朝参及赴阁办事,但病情还是毫无起色。[③] 弘治八年(1495)正月,丘濬已经三个月无法上朝办公,上奏恳请孝宗停发他的俸禄,孝宗没有同意,并批示:"丘濬既病未愈,令在任调理,俸不必住。"[④]同年二月初四日,丘濬病逝。为了表示对丘濬去世的哀悼,孝宗下旨辍朝一日,赙宝钞一万贯,追赠"太傅特进左柱国",谥"文庄"。[⑤] 三月初二日,孝宗遣礼部尚书倪岳(1444～1501)谕

① 《明孝宗实录》卷九一,第2页下～3页上。

② 《琼台诗文会稿重编》卷四,第35页上。

③ 《明孝宗实录》卷九六,第4页上。

④ 《明孝宗实录》卷九六,第8页上。

⑤ 《明孝宗实录》卷九七,第1页上～2页下。

祭，曰："惟卿早擢高科，历事累朝，博学能文，名闻允昭。简在朕心，置卿近密，入告谋猷，每多裨益。胡为婴疾，竟尔告终，爰念往劳，深恻予衷。特颁恤典，有赠有谥，给驿还丧，并赐䓆祭。君臣义笃，终始克全，卿灵如在，其歆鉴焉。"[①]三月十二日，孝宗又撰写《特赐谥策文》，命行人宋恺扶灵将遗体运回琼山下葬[②]，并特授丘濬的孙为尚宝司司丞（正五品）。[③]

丘濬去世以后，遗物只有皇上恩赐的物件和多年的藏书[④]，虽然他已经无法再参与朝廷的政治，然而他所留下来的著作，却对后世有深远的影响。

① 详情见张岳松《琼州府志》卷四三，第 33 页上～34 页上；《琼山县志》卷一四，第 468～496 页。

② 《明孝宗实录》卷九七，第 1 页上；何乔新《赠特追左柱国太傅谥文庄公墓志铭》，第 19 页下。

③ 《明孝宗实录》卷九八，第 11 页上。

④ 张萱编《西园闻见录》卷一三，第 22 页下。

第四章　思想倾向与《朱子学的》的编纂

在儒学的发展史上，宋明是儒学的巅峰时期。在这段时间，大儒辈出，对观念的辨析，不断有新的创获，加以各家互相争鸣，互补不足，使儒学得以蓬勃发展。然而，这种蓬勃的现象，只限于说明儒家思想本身内部发展的情况，与儒学当时的社会影响和政治地位却是两回事。

程朱理学是明朝官方所尊崇的正统和主导思想，明成祖诏谕编成《五经大全》、《四书大全》、《性理大全》，成为科举考试的范本，并被提升为维系国家稳定的政治形态，因此对明朝社会产生了深远的影响。[①] 然而，编纂《大全》的目的并非为

① 有关明代官方儒学的确立，参考拙文《明代国家理念的成立——明成祖与儒学》，见李焯然《儒学传统与思想变迁》，香港：香港教育图书公司，2003，第123～143页。

新知的发现和社会的进步，而只是为了通过仕禄之途来统一思想，因此势必会演化成思想的垄断局面，成为程朱传统的开展和发扬的障碍，最终造成“道学”的僵化。当大多数的学者认同和追随“道学”的同时，一些寻求心灵解放的学者，就倾向和推崇另一种思想方向的“心学”。

至明中叶，陈献章（1428～1500）和王阳明（1472～1529）的出现，挑战了程朱理学的正统地位，并成功地打破了多年来程朱学说的垄断局面。然而在这个时候，一些有远见的程朱学者也在设法矫正程朱学说在发展过程中出现的偏差，使逐渐式微的程朱理学面临着从墨守成规的僵化教条转型到经世致用的过渡，这为明清之际朱子之学的再兴，起到了重要的铺垫作用。丘濬的思想正是这方面的代表。

丘濬生于偏僻边远的琼州，并没有机会好好地拜师求学，经史知识与道德修养是在长年累月的学习中沉积的。到了北京以后，他花了三年的时间在当时国子监祭酒萧镃的门下学习。萧镃专长的是文学，不重空言，因此丘濬并没有沾染浮夸的风气，思想和学术皆专注在经世致用方面。

在丘濬的著述中，我们很少发现他对哲理课题的讨论，但字里行间却不难体会，丘濬对儒学传统和当代学术风气的关注，并反映了他对程朱理学和对宋儒朱熹的钦佩之情。

一、儒家传统和“体”、“用”的认知

丘濬在成化十年为《程子全书》写的序中，大力赞扬程颐、程颢兄弟对孔孟思想的发扬和继承，及他们对道学的传播所做出的贡献，并说：“二夫子生当有宋盛时，讲明斯道，上接孔

孟以来千载不传之绪。”①此外，丘濬更是推崇朱熹致力于周敦颐和二程思想的传道授业，认为“后世读其书、诵其诗者，不徒见其述作者为然，而又于此得以验夫圣人之平生出处，言论行事，与所述作者无不符合，真信圣人非徒有是言也，而言无不可行焉”。② 在成化十一年（1475）的《会试录序》中，丘濬向会试的士子表达了他对朱熹的颂扬：

> 窃惟六经之道，始于伏羲画卦，历二帝三王之世数千年，至孔子而后共书始成。孔子没，其微言奥义几绝，又历汉唐宋千数百年之间，至朱子而后其义始明。凡历几朝代经几圣贤，然后圣经贤传复全于世。而我皇朝之兴，首表章之，列圣相承，造士用人，纯用是道，至于今日，益隆益备。横经之师遍于郡县，执经之徒溢于里巷，明经之士布列中外，自有经术以来所未有也。③

丘濬认为二程和朱熹是孔孟之学的真正继承者，同时他也认为孔孟之学历汉唐千数百年黯然无光，直到宋儒朱熹的出现，儒学才得以大明。弘治六年（1493）丘濬为福建道南学院④落

---

① 《琼台诗文会稿重编》卷九，《程子全书序》，第 4 页上～5 页下。

② 《琼台诗文会稿重编》卷九，《玉溪师传录序》，第 5 页下～6 页上。

③ 《琼台诗文会稿重编》卷九，第 17 页下～18 页上。

④ 道南书院位于福建延平，为当地的官员于明弘治六年八月建成，以纪念朱熹曾在当地讲学。丘濬曾指出：“今吾侪新构公宇以为朝命重臣驻节之所。甫尔告成而未有名称。盖揭道南二字以为书院之榜以示八闽士民与夫四方宦游士大夫，凡使节往来及以事经行者，俾知兹郡为道学重兴渊源所自之地。”关于道南书院的成立和名称，见《琼台诗文会稿重编》卷一六，《道南书院记》，第 21 页下～25 页上。

成所写的文章中,说明道学在宋代之兴,起于西南而归于东南,朱子的贡献最大:

道学复明于宋,起自西南而行于中州。其后也,复还于东南。盖天示奎文以开有宋一代文明之治,生周子于道州营道县,历四叶,天子以明道纪年。是岁,明道生于黄州之黄陂。明年,伊川生。大贤所生,其时其地,皆不偶然也。二程侍其父大中公宦游南安,周子适官于是,承父命从学焉。是则道学之兴,其始盖自南也。程子既长归北方,乃以其所得于周子者教河洛之间,一时南北士多从之游。南方之士,其尤著名者,游与杨也。游之别也,程子未尝无赠言,惟龟山先生之行,特发为吾道南矣之叹。所谓南者,非道始之南也,道终归于南也。嗟乎,先生之归,岂但儒道随之而南哉?曾几何时,而世道亦随之而南,中原遂沦于夷狄,虽嵩洛间人亦不复知有程学。幸而奎文道脉中兴于南,朱子者出,斯道乃大明于瓯闽之间,使天下后世知有圣贤全体大用之学,帝王大中至正之道,万世行之而无弊者,其功大矣。①

文章体现了丘濬对朱熹的敬仰之情,并且带出了丘濬对"体"、

① 见《琼台诗文会稿重编》卷一六,《道南书院记》,第22页上。

“用”之学的重视，并认为朱熹的学术，发挥了圣贤全体大用之学。丘濬对“体”、“用”之学的关注，与其经世致用的思想有密切关系。

朱熹在其讨论中亦常提及“体”和“用”，并认为“体”为理，而“用”则为理之实践。耳可听、目可视，都是理；而耳之所闻及目之所见则为用。① 丘濬在其著述中，进一步阐明了“体”和“用”的观念。丘濬并不注重琢磨体和用二字的字义，而是特别说明二者的同等重要。在一篇探讨六经的文章中，他曾写道：

> 天下大道二，义理、政治也。《易》者义理之宗，《书》者政治之要。是以六经之书，此为大焉。学者学经以为儒，明义利以修已。行政治以治人，学之能事毕矣，儒者之全体大用备矣。《易》者其体，《书》者其用也。②

基本上，丘濬对于“体”和“用”的理解是继承了朱熹的看法，但他更注重强调“体”和“用”的实践方面。丘濬认为，“体”是学者修身的道理，而“用”则是将这道理用于政治之中。换句话说，这和传统儒家的基本观念中儒者始于修身、继而治国平天下的双重职责是一致的。

---

① 朱熹《朱子语类》卷六，台北：正中书局据 1473 年版重影，1970 年，第 2 页下～3 页上。关于朱熹对“体”和“用”的讨论，见 David Gedalecia, “Excursion into substance and function: The development of the *t'i-yung* paradigm in Chu Hsi”, in *Philosophy East and West*, Vol. 24.4, October 1974, pp. 443～451。

② 《大学衍义补》卷七三，明万历间重刊本，第 13 页下。

丘濬也认为“体”和“用”是一体的，不应该被分开来理解。在《大学衍义补》的序中，他对这一问题有详细的讨论，并强调“体”和“用”都包含在儒学之中，虽然“体”只源于一理，但“用”则涵盖于各个方面。所以他说：“儒者之学，有体有用。体虽本乎一理，而用散于万事。要以析之极其精而不乱，然后合之尽其大而无余。”①

二、《朱子学的》的编纂

丘濬从小就立志，希望能够继承朱熹的思想和学说。他的第一件工作，就是选辑朱熹的言论，编成《朱子学的》。《朱子学的》共二卷，完成于天顺七年（1463），是丘濬早期的著作之一。

丘濬称是书所以取名为“学的”，是受程氏弟子杨时（1053～1135）“学以圣人为的”一说的启迪。他说：“名以学的者何？学以圣人为的。龟山杨子之言也，而朱夫子于《中庸或问》论中和位育处，亦以是为言。喻学者之必志于圣贤，亦如射者之志于中的也。愚于九篇载之，不无意焉。”②书的内容以选取朱熹对修身、治学、儒家经典和其他相关课题的讨论和释注为基础，共分上下两卷、三十章，目的在综合朱子学说的要旨，让读者能够更快地掌握朱子的思想，并为了解程朱道学提供简便直接的途径。

现藏于中国国家图书馆的明刊本分为四卷，共四册，书名

① 《大学衍义补》序言，第 2 页上。

② 《朱子学的》后序，福州正谊堂 1709 年刊本，第 77 页上。

题《学的》。该版本卷前有《学的图》两幅，有助于了解此书的大旨。第一幅插图为《朱子小影》，有朱子肖像，肖像上题：

全体大用之学，继往开来之儒。

析之极其精而不乱，合之尽其大而无余。

肖像两旁另题：

周东迁而孔子出，宋南渡而文公生。[①]

第二幅插图题《道统相传之图》，说明儒家道统的继承：

伏羲→神农→黄帝→尧→舜→禹→汤→文王、武王→周公→孔子→颜子、曾子→子思→孟子→周子→程子、张子→朱子。[②]

这两幅插图重申了儒家的道统观念，即"道"的正统传承，同时也彰显朱熹在道统传承中的重要地位。显然，丘濬特别推崇南宋朱熹在儒学发展过程中所扮演的角色，并将之等同于孔子在东周时期对儒学所做出的贡献。

我们不妨注意朱熹肖像上的题字。题字中提及的"全体大用"，明确地赞扬朱熹的学问思想。丘濬认为，朱熹认知中的"体"和"用"就算是分而置之，在不同的情况上，仍是同样的

① 丘濬《朱子学的》，明刊本，卷首，第1页上。
② 丘濬《朱子学的》，明刊本，卷首，第1页下。

精确分明。然而当二者合为一体时，却又是融会贯通的。在《大学衍义补》的序中，我们可以看到丘濬更具体而又正面地评价"全体大用"之学的成效，而《大学衍义补》正是将全体大用之学落实到具体的国家问题上。这与在《学的》中他对朱熹的赞扬是一致的。

丘濬特别强调"全体大用"的重要性，明显是为了标榜程朱之学的精粹，抗衡成化时期心学的崛起。当时的士子不假思索地趋附程朱思想，及陈献章倡导的心学的逐渐流行，都让当时的有识之士忧心不已。丘濬对事态的发展特别关注，并把矫正程朱学风之流弊、排斥高谈无根之学视为己任。因此，他提出从"体"和"用"的概念中寻求解决方案，并说明个人修养和格物穷理二者的紧密关系。

在一定程度上，丘濬是试图在程朱之学走向没落的趋势中，鼓吹更加正面和恰当的治学态度。这在《朱子学的》的章目编排中，可以得到印证。《朱子学的》共分为两部分，每部分再细分为十个篇目，共二十篇。各篇的编排如下：

卷	篇名	章数
卷一	1. 下学	17
	2. 持敬	10
	3. 穷理	19
	4. 精蕴	16
	5. 须看	13
	6. 鞭策	15
	7. 进德	22

续 表

卷	篇　名	章　数
	8. 道在	19
	9. 天德	20
	10. 韦斋①	19
卷二	11. 上达	35
	12. 古者	42
	13. 此学	31
	14. 仁礼	29
	15. 为治	30
	16. 纪纲	37
	17. 圣人	55
	18. 前辈	18
	19. 斯文	25
	20. 道统	39

这二十篇的篇名并不一定是特别设计的，部分是由选取内容中的关键词而成。不过无论方式如何，所选各章节显然是根据相关主题而细心编定的。篇名除了体现是书的有关内容，也能看出丘濬在节选朱熹言论时的编选标准和编排次序。

---

① 韦斋是朱熹之父朱松（1097～1143）的号。有关朱松，见冈田武彦，《朱子の父と师》，最初发表于《文理论集》初版第 14 期第 2 号，1974 年 3 月，后收录于《中国思想にぢる理想と现实》，东京：木耳社，1983 年，第 331～415 页。

在清康熙四十八年(1709)的刊本中,蔡衍晃的《序》中称颂朱子之学为"中的"之学,并认为《朱子学的》是发扬朱子学说的重要著作。他提及是书的编排结构时说:

> 数百年后有琼山丘文庄先生,雅摭其言,分上下卷以拟《小学》,总二十篇以拟《论语》。上篇自下学以至天德,由事以达理,而终之以韦斋,所以纪朱子之生平言行,犹《论语》之有乡党也。下篇自上达以至斯文,由理而散事,而终之以道统,所以纪濂、洛、关、闽之学之所由来,犹《论语》之有尧曰也。[①]

蔡衍晃注意到《朱子学的》和《论语》在结构上的相似性,这正揭示丘濬是书的一大特色。显然《朱子学的》是仿效《论语》的体例而作,丘濬在天顺七年(1468)写的《后序》中,也有清楚说明。然而,丘濬坚持自己并不是要效仿隋末的王通(584～617),希望成为总结儒学经典的另一个孔子。[②] 他是受前贤曾子和其他儒家学者的启发,他说:

---

① 《朱子学的》,清康熙四十八年福州正谊堂刊本,蔡衍晃序,第1页下。

② 王通的续六经是指《王氏六经》,后来的学者多认为王通模仿孔子,希望自己成为"新孔子"。关于王通的生平和思想,可参考王吟龙《文中子考信录》,上海:商务印书馆,1934年;陈成真《文中子新考》,《大陆杂志》1968年第36期,第23～26页;容肇祖《摹仿孔子的王通》,《岭南学报》,1968年第6期,第1～16页;章群《王通之思想及其影响》,《中华文化月刊》,第10卷第2期(1977年2月),第80～84页;Howard J. Wechsler, "The Confucian Teacher Wang Tong—One Thousand Years of Controversy", in *T'oung Pao*, Vol. 53, 1977, pp. 225～272;李焯然《王通元经之正统论》,《东方文化》,第19卷第1期,1983年,第90～99页。

> 《学的》曷为而作？拟《论语》也。昔人僭拟《论语》，得罪圣门，曷为效之？王通自著书以己拟孔子，愚则采辑朱子语，而窃推之以继孔子之后，非效通也，效曾子、有子之门人也，岂谓僭哉？朱子之言，天下后世家传而人诵之，何用此为？朱子平生著述，多是阐明圣经贤传之旨，未尝自为一书，此愚所以不揆寡陋，而妄有所辑也。今所辑者，多经书传注中语，学者既已熟闻之矣，而又赘之者何？此亦朱子辑《近思录》，采程氏《周易》、《春秋》传文之意也。①

《朱子学的》篇目的编排，反映了编者的精心设计，它不像以前的其他类似辑录儒家圣贤的作品，编排上都是千篇一律，其中如《性理大全》，每以"太极"来开宗明义，铺展全文。《朱子学的》则是一部旨在说明儒学的哲理基础的著述，共分成两个部分，两个部分的首篇分别为"下学"和"上达"。这样的编排次序，有其特殊的原因。"下学"和"上达"二个观念见于《论语》第十四篇第三十七章，孔子提及"吾学下学而上达"。这通常是指儒家对学习的定义和对追求真理所应抱持的态度，汉学家 James Legge（1815～1897）在翻译《论语》时，曾作如下的分析：

> 其意显示他满足于对人和事的探讨，一般较有远大理想的人认为普通的事情，但他却从中去了解

① 《朱子学的》卷之下，《后序》，第 76 页下。

其中的更高的道理。①

孔子在句中的含义,后人虽然有不同的诠释,然而他们都强调为学和穷理二者之间的相互关系。在《朱子学的》中,丘濬进一步以下学和上达的观念来阐明学习的应有次序。他强调在学习的过程中,基本的学习应先于深层的体悟。如果学习不是从下学开始,没有很好的根基,那往后就根本无法成就更深层的体悟。《朱子学的》篇目的编排,就体现了这个为学的次序。丘濬在《朱子学的》的《后序》中,特别阐明了这个次序的重要性:

自昔《性理》诸书,皆始于太极,今先下学者何?书为初学者作也。《论语》编次无伦,今有次第者何?《论语》之书成于众贤之所记,而愚此书则采朱子之成书故也。所谓次第者何?姑以首篇言之。人之为学,必自下学人事始,下学则可以上达矣,是则儒者之学也。儒者之学,学所以至乎圣人之道也,其要莫先于为己为人之辨。《大学》一书,为己之学也。欲为为己之学,必先效法于人,而后用功于己。其用功之要,程子所谓涵养须用敬,进学则在致知是也。以此立志用功,循序积累,则知与行皆进,心与理昭融,中外本末,隐显精粗,一一周编,是则儒者之学矣。

① James Legge tr., *The Chinese Classics*, Vol. 1, Hong Kong: University of Hong Kong Press, 1960, p. 211.

古之学者，始乎士而终于圣人，不过下学上达而已矣。[①]

显然，丘濬认为“下学”人事和“上达”圣人之道都是为学的重要环节。他还强调，为己之学应从效法他人开始，从而在自己身上用功。换句话说，通过对圣贤经典的学习，努力不懈地格物致知，使知与行、心与理都能贯通，儒者之学方可说完成。既然丘濬认为只有通过“基础学习”才能达致“深层领悟”，故他更看重学习的次第。如果学者希望达至圣贤之道，那就必须持之以恒，遵循学习的次第。这将有助于协调知识和行为、心和理之间的差异。

丘濬对学习的次第的看重，充分反映在《朱子学的》中，同时也可以看出丘濬希望矫正当时学风的迷失。在有关《朱子学的》二十篇的编排和内容的讨论中，丘濬提到全书以“下学”作为首篇，是为了说明有关学习的目的。《朱子学的》的《下学第一》以“总论为学之道”一节作为开首，其开宗明义便引朱熹的说明：“朱子曰：下学者事也，上达者理也，理只在事中。”[②]这段话作为全书的开首的第一篇，强调了寻求真理必须通过日用的事。此外，丘氏也指出《学的》的第二篇《持敬》和第三篇《穷理》，是说明用功之要，发挥程颐的两句话：“涵养须用敬，进学则在致知。”[③]所以《持敬》篇有副题“涵养须用敬”，而《穷理》篇有副题“进学则在致知”。没有通过刻苦学习，就无

① 《朱子学的》卷之下，《后序》，第 77 页上～下。

② 《朱子学的》卷之上，第一篇，第 1 页上。

③ 《朱子学的》卷之上，第 4 页下、第 8 页下。

法得到提升，更不用说对真理的追求。

三、持敬和穷理

在《朱子学的》的《后序》中，丘濬揭示他和从前的学者在"持敬"方面所抱持的相反态度，从前的学者一般认为，"持敬"是从"内"到"外"，丘濬却提出了从"外"到"内"的看法。[①]

"内"和"外"分别是指内在修养和外在学习。"上达"既然源自于"下学"，则持敬是一个从外到内的过程，[②]从外在的学习开始，再逐步转化到心灵内涵的提升。《学的》卷下的《上达》篇，开宗明义，引朱子句作为破题："朱子曰：圣人只是理会下学而自然上达"[③]，说明了下学上达的关联，并认为是朱熹思想中被后来学者所忽略的重要信息。为了确立实践的重要性，丘濬试图矫正当时程朱学者的迷失，并重建理学的新方向。

丘濬认为为学须从基础开始，从"持敬"到"穷理"。若修身是一个从外到内的过程，真理的探求就应该从"四书五经"和当时的儒学论著开始。[④] 在这个层面上，丘濬的看法有别于前人如程颐强调穷理和格物的关联[⑤]。然则，知识是否从格物之利而来？丘濬在《后序》中解释说：

① 《朱子学的》卷之下，第 78 页上～下。

② 《朱子学的》卷之下，第 77 页下。

③ 《朱子学的》卷之下，第 1 页上。

④ 《朱子学的》卷之下，第 77 页下。

⑤ Fung Yu-lan (Derk Bodde trans.), *A History of Chinese Philosophy*, Vol. 2, Princeton: Princeton University Press, 1973, pp. 529～532.

穷理略于格物而详于读书何？读书亦格物之一事，今之学者无师授而欲舍读书以穷理，吾见其泛无归宿矣。①

读书既然是穷理的基础，也是达致圣人之学的途径。丘濬进一步说：

四书五经以及近世诸儒之书，穷理之具也。必欲穷理而又不可不知理之所以名，故以字训继焉。既穷理矣，由是而治心，由是而治身，以之正伦理成治功，以至于穷神知化，参天地赞化育而极其功用之全，是则所谓圣神之能事，学问之极功也。②

毫无疑问，丘濬强调读书的重要，是针对越来越多的学者受到陈献章的影响，不去实实在在地学习圣贤之书而去追求内在的修养。有鉴于受这股歪风影响的儒家学者不断增加，丘濬深感忧虑不安。

在谈及《朱子学的》的篇章编排时，丘濬在其结语中说："学者下学人事而至于上达天理，如此岂非儒者全体大用之学乎？"③从丘濬对"下学"和"上达"二者的相互关联的诠释中，我们也可以看出下学、上达实为丘濬对"全体大用"的理解的

① 《朱子学的》下卷，第78页下。

② 《朱子学的》下卷，第77页下～78页上。

③ 《朱子学的》下卷，第78页上。

重要组成部分。对天理的理解，不能单靠个人的内在修养。相反，对人事及实际事务的学习，才能达到更高的境界。在强调“用”的同时，丘濬特别区分实际的理解与教条式的学习，及“体”和“用”二者所具有相辅相成、缺一不可的整体性。儒家之学传承的是经世实用，以祈造福国家和社会，这也是丘濬重构程朱传统的重要思想。

《朱子学的》提供了一个简明实用的为学方向，给予当时因儒学传统骤变而感到困惑和无所适从的学生，提供了明确的指引。这也说明为什么清代广州高州府知府汪肅重刻《朱子学的》时，特别赞扬丘濬为发扬孔孟之学的功臣：“六经四书，昭昭然揭于宇内，朱子从而表章之，然其道大而兼该，而学者不知其所从入。琼山先生为之芟繁举要，循序而著之，使学者瞭然知所以致功，由下学以几上达，其有裨益于斯人者不细。窃以为读孔孟之书而不观《学的》，犹不知为学之深切著名，而人人之可以入于道也。”①

四、重申朱陆之学的分别

在提倡程朱之学的同时，丘濬也批评了陆九渊之学。丘濬对陆九渊的意见，可见于他的史学专著《世史正纲》。宋理宗（赵昀，1225～1264 年在位）宝庆二年（1226），理宗登位之初，朝廷决定录用享有盛名的学者张栻（敬夫，1133～1180）、吕祖谦（东莱，1137～1181）、陆九渊等的后人，以表扬他们的

① 《朱子学的》清高兴郡署刊本，汪肅《学的序》，第 1 页下～2 页上，中国国家图书馆藏本。

学术。丘濬对这段历史记载有如下的评论：

> 九渊之学与朱熹异，熹尝言曰："近世乃有(假)佛释之似，以乱孔孟之实者，其法以读书穷理为大禁。"盖指九渊也。厥后元儒吴澄又谓："熹道问学功多，九渊尊德性功多。"嗟乎！熹岂偏废之学哉？熹之学专主程颐，所谓涵养须用敬、进学在致知二言，盖孔孟正传，行之万世无弊者也。九渊则以读书穷理者为意见，而注心于茫昧不可执着之地，以求其所谓自悟者。诚如所言，则孔子之博学于文、颜子之博我以文、子思言博学而继以问思辨、孟子言博学而详说之，皆可废，而惟从事于约礼笃行以为学，可乎哉？九渊所学，沦于禅而不自知，吴澄以生同地而为之回护，亦犹九渊之于荆舒也。其流弊至于今而犹未已，吁可慨也夫。①

这里我们无须深究陆九渊是否受佛学的影响。然而，丘濬认为陆九渊的思想沦于禅而不自知，其以"自悟"为内在修养的取向，是漠视博学的重要性。颜子(颜回，公元前 521～前 490)、子思(孔汲，公元前 483～前 402)和孟子都将博学作为修身过程中的关键，正如《论语》所记："子曰：博学于文，约之以礼，亦可以弗畔矣夫。"②丘濬对于陆九渊的批评，在于其学

① 《世史正纲》卷二九，明 1488 年刊本，第 2 页上～下。

② 《论语·颜渊》，第十二、十五章，第 257 页。类似的观点亦见《雍也》第二十五章，第 193 页。

术观点具有误导成分,使学生忽略博览持学,以为约之以礼就足以达致修身。约礼与诚意对于个人的修养固其重要,但丘濬仍然强调程颐的名言:涵养须用敬,进学在致知。

显然,对于丘濬而言,"尊德性"不能从"道问学"中分离出来,最理想的是把品德修养与求知持学等同视之。当时的学者批评朱熹过分看重道问学,丘濬为此替朱熹作了辩护。丘濬认为,朱熹对尊德性和道问学同等重视,因为自我修养和知识追求两者不能分而视之。其实,这也是丘濬对理学所抱持的中心思想。在《大学衍义补》中,丘濬明确地指出:

> 尊德性、道问学二者,儒者为学之大端也,二者不可偏废。致广大、极高明、温故、敦厚四者,尊德性之目也。尽精微、道中庸、知新、崇礼四者,道问学之目也。朱子谓其大小相资,首尾相应,圣贤所示入德之方,莫详于此。盖二者可相有而不能相无,偏其一则非圣人之道,儒者之学矣。彼陆九渊者,乃欲专以其一为学,焉有是理哉?①

"尊德性"和"道问学"的八目见于《中庸》:

> 大哉圣人之道!洋洋乎发育万物,峻极于天。优优大哉!礼仪三百,威仪三千,待其人然后行。故曰:苟不至德,至道不凝焉。故君子尊德性而道问学,致广大而尽精微,极高明而道中庸;温故而知新,

---

① 《大学衍义补》卷七二,《明道学以成教》,第5页下~6页上。

> 敦厚以崇礼。是故居上不骄，为下不倍；国有道，其言足以兴；国无道，其默足以容。①

朱熹将八目分归“尊德性”和“道问学”两大领域，但他特别强调两者的合而为一，不应该分而为二：

> 问“尊德性而道问学”一段。曰：此本是两事，细分则有十事。其实只两事，两事又只一事。只是个“尊德性”，却将个“尊德性”来“道问学”，所以说“尊德性而道问学”也。②

显然，朱熹以尊德性作为修身之本，认为如果一个人能尊其德性，那么他们就能致于道问学。所以他说：“盖能尊德性，便能道问学，所谓本得而末自顺也。”③然而朱熹仍是强调读书的重要性，指出“尊德性”不可以不“道问学”。在解释“尊德性而道问学”时，他进一步说：“尊德性、致广大、极高明、温故、敦厚，只是尊德性；尽精微、道中庸、知新、崇礼，只是道问学。如伊川言：涵养须用敬，进学则在致知。道问学而不尊德性，则云云；尊德性而不道问学，则云云。”④两者都不可以有所偏废，“尊”必须要辅之以“行”。也许因为这样的理解，在其《大

① 《中庸》第二十七章，见《礼记》第三十一篇，长沙：岳麓书社，1989 年，第 499 页。

② 黎靖德编《朱子语类》卷六四，北京：中华书局，1986 年，第1589 页。

③ 黎靖德编《朱子语类》卷六四，第 1589 页。

④ 黎靖德编《朱子语类》卷六四，第 1588 页。

学章句》中，朱熹就把“格物致知”编排在“诚意”之前。[1]

陆九渊是否放弃读书而追求内在修养？朱熹是否有相反的学术取向？他们对于修身功夫的理解和先后次第，一直是后来学者所探讨和争论的课题。陆九渊和朱熹在此问题上的分歧，常成为后来学者区分他们思想的根据，更被理解为程朱和陆王学派的学说的差异所在。如在记载宋代和元代儒学发展的重要著作《宋元学案》中，黄宗羲(1610～1695)就认为“尊德性”和“道问学”分别是陆九渊和朱熹思想的基础。[2] 冯友兰在分析朱陆异同时提出了以下的观点：

> 一般人之论朱陆异同者，多谓朱子偏重道问学；象山偏重尊德性。此等说法，在当时即已有之。然朱子之学之最终目的，亦在于明吾心之全体大用。此为一般道学家共同之目的。故谓象山不十分注重道问学可；谓朱子不注重尊德性不可。且此点亦只就二人之为学或修养之方法上言之。究竟朱陆之不同，是否即仅在其所讲为学或修养方法之不同；此一极可注意之问题也。[3]

根据冯友兰的分析，这个问题的理解，不能仅在为学和修养的方法上下定论。追根究底，程颢、程颐二人已经发其端而显示

① 有关朱熹重编《大学》的章句，见赵泽厚《大学研究》，台北：中华书局，1972年，第84～88页，第208～223页，第249～253页。

② 黄宗羲《宋元学案》卷五八，台北：商务印书馆，1968年，第6页。

③ 冯友兰《中国哲学史》第14章，香港翻印开明书店版，第938页。

出取舍的差异。后来，朱熹发挥程颐之说而集理学的大成，陆九渊、杨简继承程颢之学，至王阳明而发扬光大。① 分歧日益扩大的主要原因，是来自双方的支持者的互相排斥和对立，遂渐演变成程朱理学和陆王心学的分歧。

丘濬的立场自然是支持朱熹。在"尊德性"和"道问学"的问题上，丘氏一方面肯定朱熹在格物穷理的前提下兼顾二者，另一方面则批评陆九渊过于注重尊德性。然而，丘濬并没有在思想的层面进一步分析和说明，也没有提出什么具体的论据。我们或许这么说，丘濬不是一位典型的哲学家，他不会在抽象的哲理方面纠缠不清，或花太多的笔墨去探讨太极、阴阳、理、气等课题，而这些却恰恰是宋代理学宗师朱熹和陆九渊两人的核心思想和争论的关键。其实，这并不局限于丘濬，明初至中叶的程朱学者，普遍对宋儒讨论的哲理课题都显得不是太关心。②

心学的崛起以及其在成化年间的迅速发展，确令丘濬焦虑不安。但这似乎是一发不可收拾的局面，其实还只是个开始。面对当时的危机，丘濬试图通过重申朱熹的观点和强调德性、问学并重，来反击这股趋势。但丘濬特别强调在修身过

---

① 冯友兰《中国哲学史》第 14 章，香港翻印开明书店版，第 585～586 页。关于朱熹和陆九渊的比较，见《朱陆异同》篇，第 938～948 页。亦可参考 Wing-tsit Chan, *A Source Book in Chinese Philosophy*, Princeton University Press, 1963, pp. 572～573；唐君毅《朱陆异同探源》，《新亚学报》，1967 年第 8 期，第 1～100 页；冈田武彦《宋明哲学序说》，1977 年，第 277～284 页。

② 详参 Wing-tsit Chan, "The Ch'eng-Chu School of Early Ming", in Wm. Theodore de Bary and the Conference on Ming Thought (ed.), *Self and Society in Ming Thought*, New York: Columbia University Press, 1970, p. 33。

程中博学的重要性,这也许是从朱熹批评陆九渊在为学入德之初过分重视本心而得到的启发。① 不过丘濬也了解,博览群学固然是必要,但仍有所不足。针对当时的问题,丘濬在国子监的考试中,要求学子提出他们的解决方案,《大学私试策问》中说:

问:道学之说,唐以前无有也。有之,其始于宋乎。宋科目取士,有进士、明经二途,进士试诗赋,明经试墨义。其后罢明经而改试进士以经义,其所试之经用汉唐之疏义、王安石之新说,此当时先儒所以有道学之说也。我祖宗准古制立进士科,以五经四书取士,一主程朱之说。今日士子所习以应科者,是即先儒所谓道学也。但学者假此以出身,谓其无得于身心则有之矣,若谓此外又别有所谓向上一著,而后谓之道学,吾不知其何说也。自洪武、永乐以来,士之养于学校,进于科目,仕于中外,并无异议。今世士子乃有辄于举业之外,别立门户,而自谓为道学者。然彼自相称谓草泽之中可也,而吾士大夫由科目以仕中外者,亦从而张大之,何耶?岂习见宋人凡攻道学者即谓之邪党,而为此耶?……说者有谓朱子道问学之功多,陆氏尊德性之功多。斯人之徒,盖专主陆氏尊德性之学,措其心于言语文字之外,其然

① 余英时曾经指出,1175 年朱熹和陆九渊在鹅湖之会,探讨的是他们各自所主张的学说:陆氏觉得应该从本心出发,而朱熹则强调格物致知。详见余英时《宋明儒学的发展论清代思想史》,《中国学人》第 2 期,1970 年,第 19～41 页。

岂其然哉？且《中庸》谓君子尊德性而道问学，二者之功其可偏废欤？朱子之学，其果一偏之学欤？或者之言，是欤非欤？诸士子所读者五经四书，所主者程朱之说，在学校以此为学，应科目以此为文，他日出而有官守有言责者，亦将以此为用也。请试言道学之所以为道学，考朱陆之实，辩吴氏之言，溯其源而沿其流，而推其所以致弊之由。何各言尔志，凡其平日存心致知以为学，其本何在？并及其用功之序，致力之方，一一为我言之，以祛所惑。[①]

那些认为朱熹只着重外在的学习的人，丘濬认为都是陆九渊的跟随者，对朱熹的谴责是毫无根据的。文末，丘濬要求考生对导致此流弊的原因发表意见，并阐明为学用功的正确方法。[②] 这些问题其实并不难，因为丘濬所要的答案都可以在他的《朱子学的》中找到。丘濬希望他的学生能够博学穷理，这是他对于学习所持的理念。

丘濬对于程朱理学的重建，反映了两个特点。首先，他对于当时的程朱学者流于形式而漠视经世致用的发展趋势感到担忧。再者，面对成化年间，陈献章所倡导的心学的日见壮大，他更是难以接受。最重要的，还是来自于后者的压力，因为当时包括朝廷官员在内的程朱学者，对心学思想都显得深为所动。这个趋势其实对于正统程朱理学的发展是一大冲击。丘濬既然是程朱理学的维护者，自然把矫正这种不良风

① 《琼台会稿重编》卷八，第 22 页下～24 页上。
② 《琼台会搞重编》卷八，第 23 页上～24 页上。

气视为己任。他甚至直接对心学进行抨击：

> 学者未至于大公无我之地，而所传不能以无弊。学之者不能绝无上人之心，而与物不能以无竞。此无他，盖在己者未至于及人而乐，而人不知，犹未能以无愠也。其流弊之极，乃有一种浅薄之徒，自视无堪以为进取之地，而自附于道学之名，褒衣薄带，危坐阔步，互相标榜以为高于一世之人。甚至闭眉合眼，号为默视，而以读书穷理为戒。曰："我惟得之于心也。"时或作为语言，本无甚异者，乃遽相录示，惊骇赞叹，以为古所未有，传播远近，惟恐人之不闻知。一时随声附和者，书牍往来，互相推奖，往往有悯世悼俗之言，若真有得于圣贤之道者。及考其平日所存所行，亦夫人耳。甚者乃至于人不屑为、不敢为者，亦或为之，非徒不知愧，而反自以为高。[①]

虽然丘濬没有指名道姓，然而我们可以从字里行间，并联系当时的历史背景，推测他所批评的大抵是陈献章。

陈献章先后三次京试落榜，最终决定放弃仕途，潜心于道学的探寻。早在天顺八年(1464)，当陈献章在广东白沙讲学时，他的渊博学识已备受推崇。[②] 成化二年(1466)，陈

---

① 《世史正纲》卷二八，第 15 页下～16 页下。

② 简又文《白沙子研究》，香港：简氏猛进书屋刊本，第 32 页；Jen Yu-wen, "Ch'en Hsien-chang's Philosophy of the Natural", in Wm. Theodore de Bary, ed., *Self and Society in Ming Thought*, New York: Columbia University Press, 1970, p. 58.

献章三十九岁时，入京进国子监，当时的国子监祭酒邢让（1427～1471）对他的学识赞叹不已，甚至认为“龟山不如也”。邢让并将此事禀报朝廷，认为真儒再现。[①] 因此，陈献章的名声立即就在政府和学术界传播开来，当时颇有名望的学者如成化二年廷试状元罗伦（1473～1478）及章懋（1436～1521）、庄永（1437～1499）等，都纷纷要与陈献章结交。当时吏部官员贺钦（1437～1510）更是为了追随陈献章而辞掉官职。

成化十八年（1482），在地方官员的大力推荐下，陈献章再次奉诏入都，当时京城的仕宦学者甚至是平民百姓，都认为他是在世的圣人。朝廷希望测试他的学问，以便授予官职，但陈献章始终称疾，不愿意被测试。几个月后，陈献章更称病及以回乡照顾生病的母亲为理由，要求返回广东。最后明政府特别授予翰林院检讨职位，让他回去。[②] 丘濬和陈献章素未谋面，两人亦无私人恩怨，但在思想方面，丘濬大抵不会认同陈献章的看法和作为。尤其是陈献章自命清

① 《白沙先生行状》，清刊本，第 8 页上。亦可参考阮榕龄《白沙先生年谱》，收录于陈应耀编《白沙先生纪念集》，香港，1952 年，第 6 页。

② 《明宪宗实录》记成化十九年九月：“授吏部听选监生陈献章为翰林院检讨，许归养其亲。献章广东新会县人，由举人入国子监，屡会试不中，历事吏部需选。未及，回家授徒，不复就试。至是广东布政彭韶、巡抚都御史朱英皆言其学行可用，乞以礼征聘。吏部谓献章乃听选之人，非隐士比揆，以祖宗法度，安用聘为？遂移文取至京，欲试其所学，量拟授职。献章称疾不究试，居久之，奏言：臣以旧疾未平，未能就试，而母年七十有九，乞放归田里，就医奉母，俟母养获终，臣病痊愈，仍赴吏部听用。上以其为巡抚等官前后交章共荐，而监生亦有亲老愿回侍养之例，遂特授以翰林院检讨而听其回。”（卷二四四，第 1 页下～2 页下）

高的出世态度,更抵触了丘濬认为真正儒者应有的经世致用立场。

对于陈献章的批评,在《明宪宗实录》中亦有所记载。文中指陈献章虽然擅长诗文,然而他并不熟理学,编者更认为陈献章徒有虚名,人们却盲目地崇拜和追随他,并把他的学问当作"道学"。这些批评是附在《实录》的成化十九年九月甲午条,当时记载献章乞归田里而朝廷特别授予官职,《实录》记:

> 献章为人貌谨愿,为诗文有可取者,然于理学未究也。自领乡荐入太学,务自矜持以沽名。因会试不偶,家居海南,不复仕进,一时好事妄加推尊,目为道学。自是从而和之,极其赞颂,形诸荐奏者不知其几。以其所居地名白沙,称为白沙先生。虽其乡里前辈素以德行文章自负者,亦疑之谓献章不过如是之人耳,何其标榜者之多也?要之皆慕其名而不察其实者。及授官称病不辞朝,而沿途拥驺从列义槊,扬扬得志而去,闻者莫不非笑云。①

《实录》对陈献章的描述,可谓贬多于褒。他看起来样貌谨慎老实,但却自命清高,沽名钓誉。文中说的"乡里前辈"很可能是指丘濬。刚巧丘濬也是《明宪宗实录》的副总裁,因此后来有些学者认为是丘濬在书中恶意诋毁陈献章。其实,对于陈

① 《明宪宗实录》卷二四四,第1页下~2页下。

献章的批评，不应归咎于丘濬。[1] 丘濬和陈献章二人互不相识，也无个人恩怨[2]，所以应不至于要恶意中伤他。王世贞《二史考异》曾对此疑案做出合理的分析：

> 《琐缀录》谓丘濬修宪庙实录，以陈献章作十绝句媚梁芳，自是为世所鄙。而《宪章录》因之，谓出张元祯笔。今按《实录》所云云，其诋陈公亦甚矣，第不曾载十绝句媚梁芳事，而所谓乡里前辈以道德文章自负者，正丘文庄也。文庄广人，《实录》既举之，则非文庄笔矣，元祯庶几为近。[3]

---

① 一些学者认为丘濬对陈献章的一些个人看法，是反映在他编纂《明宪宗实录》的时候。主要是诋毁陈氏赠诗奉承声名狼藉的太监梁芳。如李默《孤树裒谈》（见《锁缀录》卷八，第 36 页上～下）及夏燮《明通鉴》（北京：中华书局，1955 年，第 12 页）便是。然而《明宪宗实录》没有献诗梁芳的记载，所以这些看法可能纯粹是谣传，并无事实根据。也有些人指出，陈献章没有从政的原因是因丘濬的作梗所致，如黄瑜《双槐岁钞》中便有这样的说法。然而，当代研究陈献章的学者却指出，陈献章从政不遂，是吏部尚书尹文反对所致，与丘濬无关。详参 Jen Yu-wen, "Ch'en Hsien-chang's Philosophy of the Natural", pp. 60～62；《白沙子研究》，第 40～41 页。

② 丘濬逝世后，陈献章曾写《奠丘阁老文》，提及"某一病当年，老于林下，足不至先生之门，目不睹先生之书，比岁得所遗《琼台吟稿》，才一编而已，而何足以知先生之大全哉"。文中并称颂丘濬"先生之志见于行事，先生之言存于著述，既大显于当年，必有闻于异代"。文章见《白沙子文集》卷五，第 2 页下～21 页上。此文亦收入陈沅编《丘海里墓记》（《韵古楼丛书》卷三，第 5 页上）及《丘文庄公丛书》第二册，附录，第 11 页。陈沅在文后有按语说："后人疑公与白沙先生不合，读此文可以释然矣。"

③ 详参李晋华《关于明实录问题材料汇集》中引王世贞《二史考异》，《大陆杂志》第 43 卷第 3 期，1971 年，第 52 页。

但他们在思想立场上的抵触，却是在所难免的。作为一名倡导实学的“理学”继承者，我们很难想象丘濬会对陈献章的学说无动于衷。《世史正纲》记载了丘濬对儒者之学的理念：

> 然则有志于圣贤之道而为儒者之学，当奈何？曰：主敬穷理以修乎已，读书讲学以授其徒。用则推行所学，以济当时；不用则著书立言，以俟后世。不孑孑以立异，不扰扰以启争。①

丘濬毅然选择为正统程朱理学付出心力，肩负矫正时弊的使命。然而事实证明，他的努力是白费的。程朱之学的大势已去，除了为科举应考，明人寻求的是新的儒学气象。心学的定局既然已成，丘濬的努力就只能够说是从程朱理学过渡到陆王心学的一次回光返照。虽然如此，经世致用的理想却仍然潜伏在部分学人的思想里，直至晚明，心学的热潮过去，丘濬倡导的经世之学，才重新在学术界萌生希望的种子。

① 《世史正纲》卷二八，第16页下。

第五章 《琼台类稿》所反映的政治理念

明代的研究，已经有一段颇长的历史，从早期前辈学者如谢国桢、孟森、王崇武等，到目前的年轻学人，发表的专书及论文，其数目已不可胜数。但明史论著，多偏重于明初及明末的政治与经济情况，对明代中叶的问题，则没有足够的注意。其中如明初建国，太祖、成祖两朝政治，以至仁宣之治、正统、景泰国变，都有大量的研究成果。明中叶以后从嘉靖至万历、天启的党争、矿税、虏变、文风、思潮，到明末崇祯亡国、南明抗争，更是著作如林，成果丰硕。但明中叶时代，尤以成化、弘治、正德数朝，几乎是明史研究的一段空白，颇令人费解。其实要了解明朝何以由盛转衰，由强转弱，中叶数十年的历史可以提供甚多宝贵的线索。而当时政治人物的文集的研究，是《明实录》、《治世余闻》、《继世纪闻》等官方、私人撰述以外的重要史料。丘濬是明中叶政坛的重要人物，见识渊博，观察敏锐,其文集在这方面有重大意义。

一、《琼台类稿》版本考究

何良俊《四友斋丛说》谈及明朝的宰辅时说:“我朝宰相,清淳则河东之薛,学业则琼山之丘,刚方则淳安之商、濉县之岳,博大则宜兴之徐,清介则全州之蒋,严正则陈留洛阳之二刘、馀姚之谢,风流文雅则长沙之李,有才断肯担当则新都京口之杨、永嘉之张。此则列圣甄陶,皆卓然可称,而无愧于前代诸人者也。”[①]明朝的宰辅均是科举中翘楚,学问出众,而何良俊认为丘濬乃明宰辅中学业最足称道,可见明人对丘濬的看法。

丘濬著述丰富,目前可见书目,包括后人重编、删节、辑要的版本,共三十种。[②] 其中包括影响深远的《大学衍义补》一百六十卷[③]、《家礼仪节》八卷、《世史正纲》三十二卷等。其个

① 何良俊《四友斋丛说》卷七,北京:中华书局,1959年,第60页。

② 详参 Lee Cheuk Yin, “The Works of Ch'iu Chun: A Bibliographical Study”, in *Bulletin of Ming-Qing Studies*, Vol. Ⅱ, 1986~1988, pp. 125~161。

③ 《大学衍义补》一百六十卷,最早有弘治元年(1488)建宁府刊本,明清期间多次重刊,流传较广者有崇祯五年(1632)陈仁锡刊本。明末清初不少学者曾辑其精要刊行,如凌遇之《衍义补英华》十八卷、许国《大学衍义补摘粹》十二卷、张能麟《大学衍义补删》三十卷、王诤《大学衍义补节略》二十一卷、徐栻《大学衍义补纂要》六卷、陈弘谋《大学衍义补辑要》十二卷等。民国以来,《大学衍义补》并未受到学术界的注意和重视,不但未见排版重印,研究的人亦甚少。近年中国内地同时出版了两种不同的校点本,计有林冠群、周济夫校点本,3册,北京:京华出版社,1999年;蓝田玉、王家忠校点本,5册,郑州:中州古籍出版社,1995年。关于《大学衍义补》的研究,详参 Chu Hung-lam,“Ch'iu Chun(1421~1495) and the Ta-hsueh Yen-I Pu: Statcraft Thought in Fifteenth Century China”, unpublished Ph. D. thesis, Princceton University, 1983。

人诗文集则以《琼台类稿》七十卷为最早，其后根据这种稿本而重编、辑录、增补的计有：《琼台吟稿》十卷、《琼台会稿》十二卷、《琼台诗文会稿重编》二十四卷、《琼台会稿诗文集》二十四卷、《丘文庄公集》十卷、《琼台集》不分卷、《琼台会稿》十卷、《丘仲深集》一卷等。

《琼台类稿》为丘氏最完整的文章总集，目前世界上仅存两套，分别收藏于中国国家图书馆和日本东京的内阁文库。国家图书馆和内阁文库的藏书记录均题是明弘治五年(1492)年闵珪刊本，但国家图书馆藏本为七十卷本，①而内阁文库的藏本为四十九卷本。② 经比较两个藏本后，发现两者其实属同一个版本，只是东京内阁文库藏本只存卷一至卷四九，缺卷五〇至七〇，因东京藏本在目录页亦自卷四九后便不存，故误以为是四十九卷本。

关于现存丘氏《琼台类稿》的版本，有几点需要说明。首先是其刊年问题。卷首何乔新(1427～1502，1454 年进士)的《琼台类稿序》提及刊行的背景：

> 太子太保礼部尚书兼文渊阁大学士琼台丘先生尝出其平生所作诗文曰《琼台类稿》者属予校阅，而定其可传者。予读之数月而后毕，因定其灼然可传者凡若干卷。适都宪吴兴闵公出镇两广，

---

① 详参国家图书馆编《北京图书馆善本书目》卷七，北京：中华书局，1959 年，第 25 页下。

② 见内阁文库编《内阁文库汉籍分类目录》，东京：内阁文库，1956 年，第 347 页。

> 见之叹曰：此名世之文也，当为刻之以传于天下后世。先生因诿予序之，予辞谢不获已。及予致仕南归，又以书速之，乃序之。厖自汉以来，作者文与道为二，故浅陋而不传。先生之文，一本于道，足以追踪濂洛诸名儒而无愧，非韩氏、欧阳氏、曾氏因学文而见道者之可拟。是宜闵公欲刻而传之也。①

何乔新的《序》说明了闵珪（1430～1511）刊印《类稿》的原由。序末题“弘治五年岁在壬子夏六月庚子朔赐进士第资政大夫刑部尚书盱江何乔新书”，大抵因为这篇序文的题记，所以国家图书馆和内阁文库都以为是弘治五年（1492）闵珪刊本。但若细心观察，则会知道这不可能是弘治五年刊本。书中不但收入了丘濬于弘治五年上呈的奏章，甚至有弘治七年（1494）和弘治八年（1495）上的奏章，如卷四四的《甲寅乞休致奏》、《甲寅乞休致前奏》、《乙卯乞休致奏》。而卷一页首记“少保兼太子太保户部尚书武英殿大学士赠太傅谥文庄丘濬仲深”，就连丘公于弘治八年去世时孝宗的封赠和谥号也列明，这明显是丘濬去世以后的刊本，不可能是弘治五年刊本。至于目前国家图书馆和内阁文库的藏本，是《琼台类稿》的闵珪原刊本，抑或是后来的重刊本，则无法确定。根据何乔新《序》，丘濬在

---

① 《琼台类稿》卷首，明刊本，第5页上～7页上。

世时已经有《琼台类稿》的编集①,但并未刊行,至闵珪“刻之以传”的时候,是在弘治八年(1495)之前还是之后,是要解决的疑问。如果是在丘公去世之前,则目前所见《琼台类稿》不是闵珪刊本,应是后来的重编本。如果是在丘濬去世之后,则该书不可能刊行于弘治五年,而且也不是丘公在世时出示何乔新的稿本,加入了丘公晚年发表并未收录的文章。

《琼台类稿》卷首何乔新序之前,还收程敏政(1445～1499,1466年进士)的《琼台丘先生文集序》。其序文中提及:

> 先生门人内翰蒋君冕及其嗣子太学生敦辑先生平日诗文为若干卷,间奉以视走,请序其首简。走读之累日,得其大端而叹曰:何其养之深而出之霈然一至此哉?先生尝为走言:“世之作文者,类喜锻炼为奇,不究孔子词达之旨。或剽窃以为功,不识周子文以载道之说,虽有言无补于世,无补于世纵工奚益?

① 《琼台类稿》中何乔新《序》与何乔新《椒丘文集》中所收《琼台类稿序》颇有出入。《椒丘文集》所载《序》开首云:“礼部尚书掌詹事府事琼台丘先生出其平生所作诗文曰《琼台类稿》者,属予校阅而定其可传者。”而《琼台类稿》所收序则记“太子太保礼部尚书兼文渊阁大学士琼台丘先生”,职衔不同。考丘濬是于成化二十三年(1487)十一月,孝宗登位后的两个月,晋升为礼部尚书掌詹事府事。而被封“太子太保”和委任“文渊阁大学士”则在弘治四年(1491)的八月和十月。如果《椒丘文集》的记录属实,丘濬邀请何乔新校阅及何氏交闵刻印的时间可能更早。《椒丘文集》所收的序文较为详细,尤其是最后一段,为《琼台类稿》中序所缺。其文曰:“论者谓先生以豪杰之材,蕴经济之学,使究其用,其可传者,不止此也。惜夫其文不施于典诰,其诗不著于乐章,其学术不见于事业。呜呼,元杨之文施于典诰矣,相如之诗著于乐章矣,荆舒之学见于事业矣,然行不副言,或播其丑于后。视先生立言卓然可传而不朽,果孰得孰失哉?是宜闵公欲刻而传之也。”(明嘉靖元年[1522]刊本,卷九,第8页下～9页下)

故予平日不欲以诗文语学者。”其言如此。……顾此集虽出于所学之绪馀，然闳肆而精醇，明润而雅洁，究本之论，扶世立教之意，郁乎粲然。将上班于毛董韩李、欧曾陶杜之间，视世所谓训诂之陋、声律之卑，殆将挥远之而以为羞道者矣。所谓一代之豪杰，若先生岂多得哉。先生名濬字仲深，世居琼山，起进士甲科，历官翰林学士、国子祭酒，累进礼部尚书掌詹事府事。名位之崇，声华之美，固不可谓之不遇，而士望犹未满焉。然则天下后世求以知先生者，著述具在，而此编辅行亦不可少也。走辱知先生也深，又同事经筵史局，获副詹事，与僚采之末。故因冕与敦之请，序先生之集而极论文之所以为文者如此。①

序文后题：“大明弘治己酉（二年，1489）仲冬谷旦赐进士及第中顺大夫詹事府少詹事新安程敏政谨序”。王家槐《海南文献丛谈》说丘濬幼子一成曾与丘公门人蒋冕（1463～1533，1487年进士）合编《琼台先生文集》，并刊于弘治二年（1489）。王氏的看法可能是根据程敏政这篇序，但疑点颇多。丘濬幼子名京，字俊成（1488年生），弘治二年只有一岁，不可能与蒋冕合编丘公文集。“一成”为丘濬长子丘敦（1460～1490）之字，证之程敏政的序，应是长子丘敦而非幼子丘京。但丘敦与蒋冕合编《琼台先生文集》是否在1489年刊行，目前并无其他资料提及和作为旁证，是书今亦未见。

明人杨一清（1454～1530，1472年进士）提及《琼台类稿》

① 《琼台类稿》卷首，第1页上～4页下。

曾在武宗正德十二年(1517)由吴廷举(1461~1526,1487年进士)重刻刊行[①],目前国家图书馆和内阁文库所藏是否为吴廷举重刊本,无法稽考。另《琼台类稿》亦曾在明末万历年间重刻。丘尔谷刊《琼台诗文会稿重编》(1621年刊行)卷首收录的众多序文中有南京礼部尚书王弘诲的《重刻琼台类稿序》,题万历三十三年(1605)。序中说:

先生博极群书,牛毛茧丝无不囊括,犹以不获尽读天下书为恨。平生著述甚富,一时海内作者,翕然推之,若《大学衍义补》一书,固已藏之大内,颁行天下,为谈经济者之宗,可谓亲见其道之行矣。至言以明道,若《世史正纲》,若《朱子学的》,若《家礼仪节》,与夫《琼台类稿》、《吟稿》、《遗稿》诸书,不一而足,皆其绪余。吾尝谓其语翼六经,则儒林之赤帜也;经纬万象,则文苑之白眉也;折衷群言,则道学之玄龟也。兼总史家以来之三长,而一洗末学不该不纯之陋。厖愚生也晚,诵其诗读其书,为之执鞭所欣慕焉,奚容止喙于其间哉。先生旧有《会稿》,为吾乡前辈郑篁溪、黄文裕二公所表章,学者尚以未得睹全书为歉。今公之闻孙文学郛始鸠工翻刻,问序于予。予惟鲁国之儒一人,乃其遗书得其孙子思而益显。是书出而先生之后有人,俾后世得睹儒教之大全,予言

① Lee Cheuk Yin, "The Works of Ch'iu Chun: A Bibliographical Study", p. 127.

非阿私矣。因不揆谫陋而为之序。[①]

可见万历刻本《琼台类稿》是由丘濬后人丘倧所发起。但目前国家图书馆和内阁文库藏本无王弘诲序，故应并非万历刊本。

目前所见《琼台类稿》印工粗劣，错漏百出，绝非善本。以国家图书馆藏本为例，全书二十册，四函，每页十行十九字，其粗劣除刻工版印技术外，从三方面可见：

一、内文编排错误，次序混淆

如卷一《玉带铭》、《象笏铭》误排于卷末，《和韩子别知赋》、《别知后赋》误排于《箴》部分。卷四二《丁未乞休致奏》、《辞礼部尚书掌詹事府事奏》、《庚戌乞休致奏》误排于卷四。卷六《吴氏义田记》等最后三篇误排于卷之中间。

二、文章见于内文而目录不载

如卷八末的《一乐堂记》、《春晖堂记》、《慈寿堂记》、《忠孝堂记》、《西山草堂记》、《世引堂记》，卷九的《同德堂记》等，均不见目录中。

三、篇章缺漏，内页空白屡见

如卷二第 17 页上至 18 页下，卷三第 13 页上至 14 页下，卷五第 16 页上至下，卷九第 17 页上至 18 页下，卷一〇第 12 页上至下，卷一七第 21 页上至下，卷一九第 5 页上至下，卷二四第 13 页上至下，卷二七第 29 页上至下，卷三二第 15 页上至下，卷三四第 2 页上至下，卷五三第 1 页上至 2 页下，卷五八第 20 页上至下，卷六二第 15 页上至 16 页下，卷六四第 7

① 丘尔谷、丘尔懿编《琼台诗文会稿重编》卷首，清顺治间重刻本(见《丘文庄公丛书》，1972)，第 16～17 页。

页上至8页下，卷六七第11页上至12页下等，均空白漏印。而其他如卷一一缺《寓新河记》、卷三三缺文三篇，卷三四缺八篇，卷三六缺六篇，卷三八缺六篇，卷六二缺三篇，卷七〇缺二篇，可谓不胜枚举。

清人编《四库全书总目提要》，收丘公《重编琼台会稿》二十四卷，其提要说：

> 其文集世不一本，初其门人蒋冕等刻其诗曰《吟稿》，续又裒其记序表奏曰《类稿》。嘉靖中郑廷鹄合二稿所载，益以所得写本，厘为十二卷，名曰《会稿》。天启初，其裔孙尔穀遴《类稿》十之二，增《会稿》十之三，并《吟稿》合刻，曰《重编会稿》，即此本也，虽不及《类稿》、《会稿》之完备，而简汰颇严，菁华具在，足以括濬之著作矣。[①]

丘濬《琼台类稿》在明代大抵曾数度重刻，其最早版本是否刊行于弘治初年丘濬在世之时，已无法加以证实。目前仅存的两套(其实应为一套半，内阁文库藏本只能说是残存半套)，相信都是后来坊间刻本，而不是闵珪刊本。闵珪曾撰《琼台类稿后序》，文末云："先生之文司寇何公序之详矣，刻本将完，复赘此于末简以塞命云。"[②]目前国家图书馆及内阁文库所藏版本

① 纪昀等编《四库全书总目提要》卷一七〇，集部别集类二十三，台湾：商务印书馆，1975年版，第3630页。

② 闵珪《闵庄懿公集》卷一〇，明刊本，第11页上。有关资料，承蒙朱鸿林教授提供，谨此致谢。

均无此《后序》,应是后来重刊本。从两个版本的缺页空白部分互不一致,也许是同一版而不同时间刊印。然因其包括资料广泛,仍是研究丘濬著述的最全面和最重要的文献。

二、《琼台类稿》反映的政治问题

《琼台类稿》七十卷,分赋铭、记、序、论、表、章奏、策问、跋、杂说、杂著、赞、哀辞、祭文、传、神道碑、墓志铭、墓表、事宜等大类,其中记、序、墓志铭占了大部分的篇幅,计记共10卷、序共28卷、墓志铭共8卷。文集中大量的庙学记、县学记、儒学记,对了解明代地方教育,有一定的帮助。而集序、送序、贺序、挽序,更是探讨当时学人交往、人脉关系的重要史料。但本文并不打算在这些方面进一步分析,而着力于文集中的表奏部分,以反映明中叶的政治问题。

明中叶宪宗成化、孝宗弘治两朝,继明初永乐(1403～1424)朝的宏图大略和洪熙(1425)、宣德(1426～1435)两朝所缔造的"仁宣之治",至宪宗、孝宗之时,仍然是明代的太平时代。尤其是孝宗,"恭俭仁明,勤求治理",正德年间陈洪谟(1474～1555,1496年进士)辑弘治年间史事,认为弘治政治"比隆三代",可称为"治世",故书名曰《治世余闻》。其他明代史家,对孝宗亦是推崇备至,如钱谦益《列朝诗集小传》说:

> 孝宗皇帝,本朝之周成王、汉孝文也。圣学缉熙,光明纯粹。学士张元祯进讲《性理》,索太极图观之,曰:"天生斯人,以开朕也。"《静中吟》一绝,见于李东阳《麓堂集》。粹然二帝三皇,典谟训诰,不当以

诗章求之也。①

朱国祯更认为孝宗可称“圣主”,他说:

三代以下,称贤主者,汉文帝、宋仁宗,与我朝之孝宗皇帝,匪独天资粹美,亦由学问优长。汉文得之黄老,宋仁宗亦如之,我孝宗儒而兼综,故其学独正,其治独隆。……十八年中,深仁厚泽,几于必世,远非汉宋可比。……盖宽以成其孝,节以制其流,内外时措,各有攸当,称曰圣主,又何疑焉。②

因为史家一般认为弘治是治世,而孝宗又是圣主,故对当时的政治危机掉以轻心,或视而不见,就是陈洪谟的《治世余闻》所勾勒的也是一幅繁荣景象,殊不知晚明的没落,成化、弘治年间已潜伏了由盛而衰的因素。丘濬于宪宗成化末年及孝宗弘治初年受朝廷重用,其文集中的奏表所反映的明中叶政治,对了解这段时期的历史转折,颇具启发意义。

《琼台类稿》中章奏只占四卷,其他表占一卷,论、讲章占一卷,章奏中乞休致、辞任奏又有十三篇,故相对而言,论政的篇幅可谓不多。而丘濬在政治上受到重用,有所作为,又是在孝宗登位以后,时丘公已经七十高龄,有英雄迟暮之感。但期间所上数篇奏疏,切中时弊,足以反映弘治新政所面对的

① 钱谦益《列朝诗集小传》乾集上,北京:古典文学出版社,1957年,第4页。

② 见谈迁《国榷》卷四五,北京:北京古籍出版社,1958年,第2832页。

问题。

其实丘濬的毕生功力，是在其《大学衍义补》一百六十卷。此书搜罗历代典章制度，内政外交，条列本末，贯串古今，体用兼备。但因牵涉面广，无所不包，反而难于施行。《大学衍义补》于 1487 年孝宗登位后两个月上呈，并有《进大学衍义补表》及《进大学衍义补奏》①，其后在弘治四年（1491），又上《欲择大学衍义补中要务上献奏》，他提出：

> 请择书中所载切要之务，今日可行者，芟去繁文，摘出要语，参会补缀，以为奏章，酌量其先后次序，陆续上献。乞经省览，如有可行，特赐御札批下，会同内阁一二儒臣，斟酌处置，拟为圣旨传出该部施行。或有窒碍难行，或姑留以俟后时，或发下再加研审，亦望圣慈明示其所以然之故。臣迂儒不通世务，不免泥古偏见，然决不敢护短求胜，果于必行，掠取一己虚名，以误国家大事。②

《欲择大学衍义补中要务上献奏》为丘濬晋升文渊阁大学士入内阁参与机务后的第一篇奏章，但显然并不太成功。大抵《大学衍义补》讨论的范围太广，孝宗亦有点无所适从，所以他的答复是："卿欲有言，具奏来看。"

---

① 《琼台类稿》卷四二，第 1 页上～3 页下。文末附圣旨云："览卿所纂书，考据精详，论述该博，有补于政治。朕甚嘉之，赏银二十两，纻丝二表里，书誊副本，发福建布政司着书坊刊行。礼部知道，钦此。"

② 《琼台类稿》卷四二，第 20 页下～21 页上。

弘治五年(1492)四月十日,丘濬上《论厘革时政奏》,全文六千八百多字,内容直截了当,针砭时弊,对当时的问题诸多建议。奏文开首,即引用宋儒邵雍(1011~1077)《皇极经世书》的历史循环观,认为天地大数以十二万九千六百年为一元,国祚大数以九千六百年为一元。三代以后,汉唐宋虽然国祚最长,但都不能达其国祚应有的元数,最多不到二三百年便灭亡。这就有如人寿以一百二十年为一元,但如果没有善加摄养,惜元气存仁心,谨身节用,则不能尽享天年。而汉唐宋之世,自一百五六十年以后,往往政务日趋于弊、风俗日趋于薄、纪纲日趋于弛,终至一颓不振而亡。究其原因,丘濬说:"此无他,中世继体之君,皆生于世道丰亨之际,宫闱安乐之中,不历险阻,不经忧患。天示变而不知畏,民失所而不知恤,人有言而不知信。好尚先其正,用度无其节,信任非其人。因循苟且,无有奋发之志,颠倒错乱,甘为败亡之归故也。"①丘濬说这番话的目的,是要劝戒孝宗察世变、谨好尚。他并进一步指出,成化年间已经灾异屡见,天既示大变征兆,人君便不可掉以轻心。在此关键时刻,"由此而上,可治可安,由此而下,可乱可危。持其安使不至于危,保其治使不至于乱,销已然之变而使之不为灾,倾将否之运而使之转为泰,其斡旋之机政,在于皇上。今日失此时而不为,踵其后者,纵欲有所为,无及矣。"②

除了劝喻孝宗把握机会,丘濬指出杜绝各式各样寻求私利的请求,对国家未来的发展至为重要:

---

① 《琼台类稿》卷四三,第 2 页上。

② 《琼台类稿》卷四三,第4页下~5 页上。

> 虽然人君一心而攻之者众，一日万机而应之不暇。人人各有所见而欲效其所见，人人各有所能而欲售其所能，人人各有所求而欲遂其所求。揣摩窥伺，觇吾意气之所响；引诱激发，逢吾心志之所欲；投问抵隙，觊吾机便之可乘。上才略露其微机，众即据以为幸会而入其说献其计，引其人植党与，排异己求差遣。乞恩泽，希爵赏，觅田宅，无非欲攘货贿以肥家，结亲倖以固宠，冒爵禄以贻后……①

从丘濬奏章中所言，可以看出其字里行间所针对的是当时的实际情况。孝宗十七岁登位，当丘濬上这篇奏章时，孝宗亦只有二十三岁，君主年轻，朝中伺机谋利的人自然不少。丘濬的建议是："皇上诚能养心性以保天和。阅经史以广圣学，禁私谒以肃内政，明义理以绝神奸，慎俭听以怀永图，勤政务以弘至治。信任防一己之偏，听纳取众人之善，示淳朴以为天下之先，明意向以定万民之志。"②惟有如此，投机伺使之人，承风希旨之辈，才会知难而退。

《论厘革时政奏》可分为两部分。前半提醒孝宗关注天变征兆的颇密，而在此关乎国家盛衰安危的时刻，应振纪纲，谨用度，严任用，辨邪正，尤其是慎防左道惑众、巧言诡计者，这些人往往要对国家衰亡负最大的责任。奏章的第二部分，丘濬列举二十二条臣下可能提出以蒙骗君主的请求，并替孝宗

① 《琼台类稿》卷四三，第 6 页下～7 页上。
② 《琼台类稿》卷四三，第 7 页上。

拟出反驳斥退的论据，“据正理以折之，稽古道以正之，按国典以谕之”，如此，则可“服其心而遏其势”。其二十二条预警中，有九条与佛道祭祀有关：

1. 有言佛道二教可以延福祚者
2. 有言修炼金丹可致长生者
3. 有言建造寺观以植福田者
4. 有言印造经忏以求利益者
5. 有言修斋设醮必须丰盛者
6. 有言诵经持咒可以禳度者
7. 有言崇重西僧以求秘术者
8. 有言祀神以求福佑者
9. 有言宴飨物品必须丰侈者

遇到以上的请求和提议，丘濬认为应加以折之、正之或谕之，使其不能得逞。如对于建造寺观的请求，丘濬提出的反驳为：

> 有言建造寺观以植福田者，请谕之曰：本朝于两京造天界、大报恩、大兴隆寺，朝天、大德、灵济等宫，此外又有前代旧基，累朝别建之所。所以奉佛老之教，无以加矣。又何别有所营造哉？矧今国家经费比祖宗时百倍，民穷则尽，若又大兴土木，劳人之筋力，则人为之怨；费国之资财，则国为之贫。使彼所谓佛天尊尚存，见人之穷苦怨咨以营其居，如此必不能一朝居也。若彼徒欲奉己而不知恤人助国，又何

用崇奉彼为哉?①

对于炼丹以求长生的说法,丘濬提出的反驳为:

> 有言修炼金丹可致长生者,请正之曰:后汉魏伯阳作《参同契》,宋张平叔作《悟真篇》,二人著书教人炼金丹以求长生,必其人真得其传,果长生不死,至今犹在天地间也。二人者今果安在哉?求其人不复见,则是其人亦死,其术不验也。夫著书教人以长生者,已身且不免于死,况夫读其书以效其所为者,岂得长生哉?②

奏章所列以上九条,反映了丘濬对佛道二教的立场,一方面认为不应沉迷二教,另一方面则反对靡耗民财于宗教活动。丘濬的立场并不完全是一已之见,若能对成化及弘治初年的宗教情况有所了解,则会发现丘濬所提,有特别的时代背景和意义。佛道二教在明初开始便已受到明代君主的信奉,其后虽然时常有大臣提出反对,其势未见减弱,反而愈见炽盛。③成化之世,宪宗沉迷佛老方术,僧道往往被委为"传奉官",升迁不依常秩,但凭中旨授受。《明史·李俊传》甚至记载:"僧道

① 《琼台类稿》卷四三,第8页下~9页上。

② 《琼台类稿》卷四三,第8页下。

③ 有关明代诸帝对佛、道二教的信奉,详参杨启樵《明代诸帝之崇尚方术及其影响》,见包遵彭编《明代宗教》,台北:学生书局,1968年,第203~297页;李焯然《明初的宗教政策》,载林徐典编《学术论文集刊》三集,新加坡:新加坡国立大学中文系,1990年,第177~206页。

亦玷班资，一岁而传奉或至千人。数千人之禄，岁以数十万计。”①其次，成化年间又广建佛寺道观，当时礼部尚书周洪谟(1419～1491)便曾上疏指出：“成化十七年以前，京城内外敕赐寺观至六百三十九所，后复增建，以至西山等处相望不绝。自古佛寺之多，无过于此时哉！”②孝宗登位以后曾一度贬汰，但不久后又故态复萌，至弘治三、四、五年间上疏劝请孝宗省减修寺斋醮者不下十数篇。丘濬所提各点，可谓反映当时实况。

《论厘革时政奏》中有五条针对意图怂恿孝宗虚耗国库的人：

1. 有言匪颁赒赐必欲如旧例者
2. 有言宫室损坏必须改作者
3. 有欲折粮以备颜料者
4. 有言宝石可为服饰观玩者
5. 有献珍异之器以希赏者

其中如以宝石作为服饰赏玩的要求，丘濬提出的反驳为：

有言宝石可为服饰观玩者，请折之曰：成化末年收买宝石，人间所有者，尽入内府矣，又何必他求哉？矧自古中国所宝者金银珠玉，是皆有用之物。至金元之世，此物始入中国，色不如玉之温润，质不如金

① 《明史》卷一八〇，第4779页。

② 《明宪宗实录》卷二六〇，第3页上～下。

之从革，是皆细砂碎石稍光泽者尔，非古人所谓珍宝也。朝廷用之则价增百倍，不用则荒歉之年、乡落之间，以斤两易斗升之米不可得也。此物最为帑藏之费，小人欲效尤，盗国家之财以利己肥家，往事可鉴也。[①]

《明实录》记载成化末年刑部尚书张蓥所上奏疏提及当时向宪宗献宝石者，往往获赏原来十倍的价值，甚至有赏银万两。[②]同书亦记载宦官梁芳、韦兴、张轩、莫英、陈喜等均因献珠宝而先后得宠。自此京城内外，莫不以奢华珠宝器物为尚，致价格急涨，有一珠值数十两金，卖者往往得暴利。以上史料，可作为丘濬所提意见的注脚，亦可反映出弘治初年这些问题仍然存在。

丘濬对当时众多要求封赏和补职的情况亦甚为关注，所以上奏二十二条中，有五条便是针对这个问题，其中包括：

1. 有言工作之人劳苦欲希陛赏者
2. 有言所司乏人使用而欲于额外增值者
3. 有进工巧之人欲授之以职者
4. 有技艺杂流欲得文武要职者
5. 有无出身人欲于文武官常员外添注者

成化年间滥加封赏授职的例子并不少见，成化十九年（1438）

① 《琼台类稿》卷四三，第12页上～下。
② 《明宪宗实录》卷二六〇，第5页上～下。

十一月张稷便曾上疏批评当时各色人等被委以官职，有甚至一天之内数十人。[①] 对于那些非正途出身而又要求补职的人，丘濬建议说：

有无出身人欲于文武官常员外添注者，请正之曰：官职有常员，岁计有常数。官以治事，有一事则有一官；俸以给官，有一官则有一俸。今无故欲于常员之外多增官员，增一员之官则增一员之俸。盖思漕运之米至京师者，率费三四石而致一石。农民耕作之劳，士卒漕挽之苦，官吏征输之惨，用以供养官吏，俾其治事。治事以安民不为过也，然常年之储出入止于此数。入者不增出者乃加至数倍焉，岁计何由而充？国力安得不屈？况名器因之而轻，流品因之而混。紊功庸之次序，废铨选之资格，幸门既开，捷径旁出，有财者可以财求，有势者可以势得。待缺者老死于选调，立功者苟碍于文法。公道不明，廉耻尽丧，而欲求治难矣。[②]

丘濬认为政府需要惜名气、别品流外，亦不应耗费国币，以供养无谓之人。基于反对劳民伤财和政府不应与民争利的想法，丘濬也驳斥了“欲求闲田以为己业”、“欲于街市和买以应用而取直于官府”和“欲差官于外织造措办”的人，认为这些人

① 谈迁《国榷》卷三九，第 2495 页。
② 《琼台类稿》卷四三，第 16 页上～下。

“惟知为家以植利而不思为国以保民”。①

《论厘革时政奏》所陈列二十二项,及所采取的表达方式和建议,有别于当时其他大臣的奏疏。其最大的特色是预先警告孝宗可能发生的事情,而不像一般奏章针对已发生的事来谈处理方法。所以在奏章结尾部分,他说:“万一臣下有所建白求请,偶与所料者合,即乞皇上运思以发挥之,加意以删润之,推类以扩充之。发以确断,形于诏旨,以正之、折之、谕之,使腾利口以售其奸者气馁而失其便,聘私意而求所欲者心服而知其非。”②当丘濬说万一大臣的请求与他所料吻合,使我们怀疑丘濬文中所说的“有人”是否是虚构人物或是确有所指。

王国宪的《丘文庄公年谱》为该疑惑提供了线索。王国宪的注说该年四月十日,因宦官李广(1498 年去世)渐进左道惑上,亲近用事,丘濬上《论厘革时政奏》以揭其奸。③ 考李广为孝宗朝最专横的宦官,以道术而得宠,进而控制盐市,霸占田产,直至弘治十一年(1498)才畏罪自杀。④ 若此推论属实,则丘濬的奏章对当时的政治确曾发挥一定的作用。

---

① 《琼台类稿》卷四三,第 13 页上。

② 《琼台类稿》卷四三,第 17 页上~下。

③ 王国宪《丘文庄公年谱》,第 45 页上~46 页上。

④ 有关李广的生平及活动,见《明史》卷三〇四,第 7784 页;《明孝宗实录》卷一〇三,第 7 页上~下;卷一二四,第 4 页下~6 页上;卷一三一,第 55 页上;卷一四二,第 6 页下~7 页上,第 9 页下~10 页上;卷一四三,第 9 页上~10 页下,第 12 页上~下;卷一四五,第 3 页上。另参考赵令扬《明代之宦祸》,见《联合书院学报》,1964 年第 3 期,第 1~23 页。

三、史料与史实的建立

中国文献上的史料，浩如烟海，对研究历史的人来说，要掌握得好，并不是一件容易的事情。加以史料没有明确的范围，正如翦伯赞先生说："用历史学的眼光看，不仅史部诸书才是史料，一切史部以外的文献，都含有史料。"①所以早在清代章学诚便提出"六经皆史"的看法，由此推论，诗文总集、笔记小说、契约、信札等，都属于有重要价值的史料。但就史料的价值而论，有些人认为史部以外之群书上的史料，其可靠性高于史部诸史上的史料。因为史部诸史是有意当作史料而写的，其写作的动机，即抱着一种主观的目的。这种主观意识之渗入，当然要使史实受到不同程度的歪曲，乃至涂改，以致减少史料的真实性。② 以丘濬文集为例，其史料价值，及与明成化、弘治年间史实的关系，是很值得去思考的。

孝宗在明人或后来的史籍中被形容为圣君和中兴之主，郑晓便说："帝仁恕恭俭，敬慎英明，清心寡欲，爱民节用，方术宦寺，莫敢干扰。悯灾思患，戢盗防胡，且崇德报功，兴灭继绝。忧勤惕励，始终不渝，遂其修齐治平之效。"③但与其他史料配合来看，便会发现有些地方仍需要补充，史实还未完全建立。如陈洪谟《治世余闻》有多处对孝宗早朝的记载和推崇，谓"上无日不视朝"、"上勤政，每日清晨视朝，遇雨则免。仍令

---

① 翦伯赞《史料与史学》，上海：国际文化服务社，1946 年，第 2 页。

② 翦伯赞《史料与史学》，第 3 页。

③ 《国榷》卷四五，第 2831 页。

有事衙门堂上官由廊庑升奉天门奏事。”[1]但丘濬文集中有《请昧爽视朝奏》说：

> 皇上自即位以来，一应朝仪悉遵先朝故事，每日临御有常时，臣下趋见有常候，七年于兹，有如一日。凡内外臣庶得于见闻者，莫不赞叹，以为皇上孜孜图治，有忧勤惕励之心，有警戒相成之助，太平之治，计日可待。爰自今春以来，出朝间有晏时，然亦寻复如旧。近三月间，往往于卯末方出临朝，钟鼓之声，一闻于外，莫不惊讶，以为皇上勤政渐不及前。诚恐由是而传之远方，播之夷狄，其为圣政之累诚非细。[2]

以上奏疏为弘治七年(1494)所上，是丘濬在朝的最后一篇奏章。从内容来看，不难发现《治世余闻》的记载不无溢美之词。史籍所载弘治朝的升平景象和孝宗的完美无瑕，或许只是一种表面现象，文集的史料足以使我们透过表象，进一步深入了解深层的实质，建立更真实的历史。

---

① 陈洪谟《治世余闻》，北京：中华书局，1997 年，第 17～19 页。

② 《请昧爽视朝奏》并未收于《琼台类稿》中，今见丘尔谷编《琼台诗文会稿重编》卷七，第 47 页上～下。

第六章 《大学衍义补》

——儒家君主教育的实践

《大学》原为《礼记》四十九篇里的第四十二篇，在宋朝以前，并没有引起人们的特别注意，更不用说在儒学发展过程中有什么重要的地位。但宋以后，经二程(程颐和程颢)、朱熹的大力推崇，这篇只有一千七百多字的短论，忽然上升成为儒家的主要经典，在宋明两代，地位凌驾在其他儒家经典之上。然后，这篇被宋明理学家推尊为“圣人之学”的作品，在儒学史上又担当了另一个重要的角色，成为儒家君主教育的经典著作，先有南宋真德秀(1178～1235)的《大学衍义》，继有明中叶丘濬(1421～1495)的《大学衍义补》，推衍《大学》之说编成帝王学的教科书，奠定了《大学》在儒家政治思想中的地位。究竟《大学》是如何成为“帝王之学”的经典？真德秀和丘濬是怎样通过《大学》去建立他们心目中的理想儒家政治？《大学衍义》及《大学衍义补》在传达理想儒家政治时又面对什么问题？在本章中我们希望通过对《大学衍义》及《大学衍义补》二书的探讨，去说明这个儒家传统上的特殊现象，并解答以上的问题。

一、《大学》与君主教育

《大学》开始受到思想家的注意及被引用作为论据是迟到唐代的事情。当时被后世学者誉为宋明道学先驱的韩愈(768～824)在其名著《原道》中说：

> 传曰："古之欲明明德于天下者，先治其国。欲治其国者，先齐其家。欲齐其家者，先修其身。欲修其身者，先正其心。欲正其心者，先诚其意。"然则古之所谓正心而诚意者，将以有为也。今也欲治其心而外天下国家，灭其天常。子焉而不父其父，臣焉而不君其君，……举夷狄之法而加之先王之教之上，几何其不胥而为夷也。①

韩愈引用《大学》，目的是作为反释、老的理论根据。佛教和道教经南北朝的迅速发展，至唐代已形成一股强大的力量，与儒学争一日之长短。《大学》便是在这情况下被发掘出来去克制异端、重建儒学地位的武器。《大学》虽然只有一千七百多字，但却有连贯的系统和完整的理论架构。而且，也因为原文简短扼要，正足以容许后人根据具体的情况去加以解释和发挥。最重要的，当然是《大学》所讲的正心诚意思想，足以与佛教的

---

① 韩愈《韩昌黎集》卷一一，香港：商务印书馆，1973年，第62页。

治心之说抗衡，说明儒家也有一套修养身心的方法和理论。

虽然《大学》并未能把佛教的火焰扑灭，但经韩愈的特别提出，《大学》为奄奄一息的儒家思想注入了新的生命。此后，《大学》逐渐成为宋明道家所依据的重要典籍。宋司马光(1019～1086)作《大学广义》一卷，《大学》渐受世人注意。再经二程和朱熹的大力推崇，《大学》的地位已经不可同日而语。程颐说："《大学》，孔氏之遗书，而初学入德之门也。于今可见古人为学次第者，独赖此篇之存，而《论》《孟》次之。学者必由是而学焉，则庶乎其不差矣。"[①]朱熹更把《大学》、《中庸》两篇从《礼记》中抽出，与《论语》、《孟子》合并成"四书"，撰《四书集注》，并认为《大学》居四书之首。他说："学问须以《大学》为先，次《论语》，次《孟子》，次《中庸》。"[②]又说："先读《大学》，以定其规模；次读《论语》，以立其根本；次读《孟子》，以观其发越；次读《中庸》，以求古人之微妙处。《大学》一篇有等级次等，总作一处，易晓，宜先看。《论语》却实，但言语散见，初看亦难。《孟子》有感激兴发人心处。《中庸》亦难读，看三书后，方宜读之。"[③]他更认为《论语》、《孟子》有待《大学》去融会贯通、发挥说明，而不读《大学》，亦不足以明《中庸》。[④]

---

① 朱熹《大学章句》，《四书集注》本，台北：艺文印书馆，1980 年，第 1 页上。

② 朱熹《朱子语类》卷一四，北京：中华书局，1981 年，第 249 页。

③ 朱熹《朱子语类》卷一四，第 249 页。

④ 朱熹《大学或问》，京都中文出版社据正保四年(1647)重景本，第 9 页下～10 页下。关于朱熹对《大学》的推崇，及其重订《大学》的背景，详参：Daniel K. Gardner, *Chu Hsi and the Tahsüeh: Neo-Confucian Reflection on the Confucian Canon*, Cambridge: Harvard University Press, 1986, pp. 17～60。

从程、朱的意见看来，可见在宋儒的心目中，《大学》的地位已经凌驾在其他儒家经典之上。宋儒特别尊崇《大学》并不是偶然的。《大学》被推为儒家的首要经典是在广泛深入研究儒家经典的基础上，经过细致周密地比较鉴别作出的一项"具有重大战略意义的决策"[①]。《大学》除了拥有一套可以与异端抗衡的修身理论外，文字简短，条理分明，正适合作为"初学入德"的教材。其次，《大学》地位的提高也显示出宋儒在儒家经典中寻求新出路。以往被儒家所重视的经典，不是已不足够便是已不适合当时时代的需要，在这情形下《大学》便被选中用来填补这个缺口。[②]

但《大学》又是怎样成为帝王学的经典的呢？中国君主教育的起源甚早，至少在周代已获相当的重视，到汉代时已发展成规模完备的制度，有特选的师傅及专门的国学以教导皇储如何去承担未来的重任[③]。但在君主教育的过程中，《大学》并未受到特别的注意。帝王学的专著，较早的有唐太宗的《帝范》十二篇，其后又有宋范祖禹（1041～1098）的《帝学》八卷。《帝范》全书分为君体、建亲、求贤、审官、纳谏、去谗、诫盈、崇俭、赏罚、务农、阅武、崇文十二门。《帝学》则以帝王为序，综

---

① 参阅：余敦康《〈大学〉、〈中庸〉和宋明理学》，见王仲荦编《历史论丛》第4辑，1983年，第121～144页。

② 关于这问题的讨论，可参考：户田丰三郎《宋代における〈大学〉篇表章の始末》，载于《东方学》第21辑，1961年，第46～56页；邱汉生《四书集注简论》，北京：中国社会科学出版社，1980年，第2～20页。

③ 中国古代帝王教育的情况，参考：朱鸿《君储圣王·以道正格——历代的君王教育》，见刘岱编《中国文化新论——制度篇》，台北：联经出版公司，1983年，第415～464页。

述自伏羲、神农以下至宋神宗共三十二君的嘉言善行。清乾隆帝题是书:“自宓羲迄宋,凡帝王务学求师之要,灿然眉列,实为千秋金鉴。”[①]但这二本书都没有引用过《大学》,显然在宋以前《大学》并未被用到帝王教育方面。《大学》成为帝王学的经典,是在程、朱表彰《大学》之后的事。

虽然《大学》提出了一套以修身为基础的德治理论,但因为原文没有详细阐释其中的关键,容易导致误解。有些学者认为这套理论难免把问题过度简单化及流于理想主义,令儒士误以为修身便能达致天下太平。[②] 这点也未尝没有道理。一般人都相信《大学》的对象是天子,就算对普通百姓也能派上用场,它的作用也是在政治方面的。但若过分强调修身而忽略其他步骤的重要性,将会变成纯粹的道德教育,失去原有的政治意义。在宋代,儒臣已经开始借经筵的机会向皇帝讲解《大学》,希望通过《大学》去影响帝王的治国方略。朱熹便曾多次选取《大学》的章节向宋孝宗讲解,而他所上的奏议中也常常引用《大学》来劝勉孝宗戒奢欲和改正政府的过失。[③]但这些讲奏只能说明《大学》的要旨,并没有具体地阐述《大学》所提出的方案应如何去实施。将《大学》提升成为帝王学的经典是真德秀的《大学衍义》。

---

① 见范祖禹《帝学》卷首,《御识》,清乾隆间永瑆精写袖珍本。

② W. T. de Bary, Wing-tsit Chan & Burton Watson, *Sources of Chinese Tradition*, New York: Columbia University Press, 1960, p. 128.

③ 见朱熹《晦庵先生朱文公文集》,《四部备要》本,卷一五,第1页上~19页上;卷一二,第1页上~9页上;卷一三,第1页上~2页上。

二、真德秀《大学衍义》的修身说

真德秀为宋宁宗庆元五年(1199)进士,当时年近二十二岁。初年在中央担任文书工作,其后外调知泉州、潭州等地,理宗时擢升为礼部侍郎,最后以户部尚书终。真德秀在学术上有极高的地位。他是晚宋理学大儒,早年游学詹体仁(1143～1206)门下,是朱熹的再传弟子。程、朱之学在宋代能洗脱"伪学"的罪名,并在1238年成为官学,真德秀居功至伟。①

《大学衍义》四十三卷完成于理宗绍定二年(1229),据真氏说前后共花了十年时间。从题目可知,这本书主要是推衍《大学》的要旨。真氏在书中广征儒家经典及史籍去阐析《大学》中的重要纲目。但这本书不可以随便视为《大学》的注释,真氏在《大学》原有架构下所加的细目及按语,使《大学》成为一本专供帝王借鉴的教科书。他在序中说:

> 臣始读《大学》之书,见其自格物、致知、诚意、正心、修身、齐家至于治国、平天下,其本末有序,其先后有伦,盖尝抚卷三叹曰:为人君者不可以不知《大学》;为人臣者不可以不知《大学》,为人君而不知《大

---

① 真德秀的生平及思想可参考:脱脱等编《宋史》卷四三七,北京:中华书局,1977年,第12957～12964页;朱鸿《真德秀及其对时政的认识》,《食货月刊》第9卷第5、6期,1979,第49～56页;W. T. de Bary, *Neo-Confucian Orthodoxy and the Learning of Mind-and-Heart*, New York: Columbia University Press, 1981, pp. 67～186。

学》，无以清出治之源；为人臣而不知《大学》，无以尽正君之法。既又考观在昔帝王之治，未有不本之身而达之天下者。然后知此书所陈，寔百圣传心之要典，而非孔氏之私言也。三代而下，此学失传，其书虽存，概以传记目之而已，求治者既莫之或考，言治者亦不以望其君。……盖自秦汉以后，尊信此书者，惟愈及翱，而亦未知其为圣学之渊源，治道之根柢也，况其他乎？臣尝妄谓《大学》一书，君天下者之律令格例也，本之则必治，违之则必乱。近世大儒朱熹尝为《章句》、《或问》，以析其义，宁皇之初，入侍经帷，又尝以此书进讲，愿治之君，傥取其书玩而绎之，则凡帝王为治之序，为学之本，洞然于胸次矣。①

从真氏的序可见，《大学衍义》的编纂目的，并不在学术而是在政治。其实，儒学本来就是一套经世之学。正统的儒学从来没有脱离政治，正统的儒学也从来没有孤芳自赏。儒学为了实现理想的治世，便要寻找或培育一个能行仁政的圣王。真德秀的《大学衍义》一方面体现了宋朝理学家如何利用儒学去解决政治问题，另一方面也反映了宋朝理学家表彰《大学》的最终目的。

真德秀在端平元年(1234)把《大学衍义》呈献给理宗，希望理宗可以从中吸取经验。他并特别写了《上〈大学衍义〉表并劄子》，其中有一段道出了《大学》一书在儒学传统上的地位

① 真德秀《大学衍义序》，《大学衍义》，见《真文忠公全书》，1738年刻本，《上〈大学衍义〉表并劄子》，第7页上～8页上。

及其与治道的关系：

> 圣人之道，有体有用。本之一身者，体也；达之天下者，用也。尧、舜三王之为治，六经孔、孟之为教，不出乎此，而《大学》由体而用，本末先后，尤明且备。故先儒谓于今得见古人为学次第者，独赖此篇而存，而《论》、《孟》次之。盖其所谓格物、致知、诚意、正心、修身者，体也；其所谓齐家、治国、平天下者，用也。人主之学，必以此为据依，然后体用之全以默识矣。①

真德秀把《大学》中的“八条目”联系到儒家的体用观念，并认为前五目是“体”，后三目是“用”。此举在证明《大学》包含了达致儒家所谓“全体大用”的必须步骤，而且亦重申了体用观念在圣人之学的重要性，并进一步把此观念推衍到治道方面去。其实，真德秀只从《大学》中借用或发挥了它的一套理论架构——八条目，至于学者喜欢纠缠的章节字义，真氏都不感兴趣。我们细心观察此书的目录便可以发觉这点。总体来说，全书分为纲、目两部分，纲再分为二：帝王为治之序，帝王为学之本；目再分为四：格物致知之要、诚意正心之要、修身之要、齐家之要。其下又再分细目：

帝王为治之序

帝王为学之本——尧舜禹汤文武之学、商高宗

---

① 真德秀《大学衍义序》，《大学衍义》，见《真文忠公全书》，1738年刻本，第1页上～3页上。

周成王之学、汉高文武宣帝之学、汉光武明章唐三宗之学、汉魏陈隋唐数君之学

格物致知之要

明道术——天性人心之善、天理人伦之正、吾道源流之正、异端学术之差、王道霸术之异

辨人才——圣贤观人之法、帝王知人之事、奸雄窃国之术、险邪罔上之情

审治体——德刑先后之分、义礼重轻之别

察民情——生灵响昔之由、田里休戚之实

诚意正心之要

崇敬畏——修己之敬、事天之敬、遇灾之敬、临民之敬、治事之敬、操存省察之功，规警箴诫之助

戒逸欲——总论逸欲之戒、沉湎之戒、荒淫之戒、盘游之戒、奢侈之戒

修身之要——谨言行、正威仪

齐家之要

重妃匹——谨选立之道、赖规警之益、明嫡媵之辨、惩废夺之失

严内治——宫闱内外之分、宫闱预政之戒、内臣忠谨之福、内臣预政之祸

定国本——建立之计宜蚤、论教之法宜豫、嫡庶之分宜辨、废夺之失宜监

教戚属——外家谦谨之福、外家骄益之祸

从以上的目录，可以看出真氏全书的一个大概。在每一个细目下，真德秀广征古代经典及史籍作为证据，最后并加上他自

己的按语。明末丁辛说："尼山以《大学》衍六经，先生还以六经衍《大学》。"[①]诚然，《大学衍义》大量征引儒家经典，目的是去阐释《大学》所隐藏的启示，但全书最重要的部分，其实是真氏的分目和评论。朱熹说："今且须熟究《大学》作间架，却以他书填补去。"又说："《大学》是修身治人底规模。如人起屋相似，须先打个地盘。地盘既成，则可举而行之矣。"[②]《大学》就像一个间架，至于这个间架怎样去填补，这个地盘要盖怎么样的房子，还是得由当事人去决定。真德秀便是利用这个间架，去建立一套供军主采效的帝王之学。通过分目、广征博引和评论，真氏使《大学》在儒家传统上负起更重要的使命。

《大学衍义》是在时代背景和个人倾向两个因素的互相影响下产生的一部作品。真德秀把《衍义》呈献给理宗时，是对这位"文章天子"寄予厚望的。所以《衍义》的对象是宋朝的君主，而《衍义》所探讨的问题，也是针对宋朝皇室的症结而发。[③] 但我们发觉真德秀在发挥《大学》的意旨时只集中在"八条目"中的前六条目，并把此六条目类分为"四要"：格物致知之要、诚意正心之要、修身之要、齐家之要，认为"四者之道得，则治国平天下在其中矣。"[④]真德秀为什么会有这样的安排？为什么他认为君主只要能做到修身齐家，则国可治、天下可平？又根据真氏自己在序中说，《大学》的八条目，格物、

① 丁辛《大学衍义序》，见《大学衍义》卷首，第2页上～下。

② 《朱子语类》卷一四，第250页。

③ 真德秀《大学衍义》撰作的政治背景，可参考：朱鸿林《理论型的经世之学——真德秀〈大学衍义〉之用意及其著作背景》，载于《食货月刊》卷一五，第3、4期，1985年，第16～27页。

④ 真德秀《大学衍义序》，《大学衍义》卷首，第6页上。

致知、诚意、正心、修身是"体"，齐家、治国、平天下是"用"。但现在在"用"方面，真氏只论及齐家，至于治国、平天下在他书中没有探讨，这是什么原因？显然真德秀的目标是集中在君主一身及皇室的秩序上面，至于国和天下的问题，只要一身和家能正，便能迎刃而解。这样的一套政治思想不可以说完全是儒家传统的延续。

真德秀在《大学衍义》卷一"帝王为治之序"中剟取了《大学》经文部分作为根据。经文二百零五字的最后部分谓："自天下至于庶人，一是皆以修身为本，其本乱而末治者否矣。"这是《大学》中一个比较重要的讯息。中外大多数的学者都认为"修身"是《大学》所展示的致治程序中最重要的一个环节，也是全书的中心。[①] 换句话说，《大学》给人一个信念：只要修身工夫能够完成，推而广之，家、国、天下的问题也可以解决。显然真德秀也有同样的感觉，在按语中他曾说："人君一身实天下国家之本"[②]。又说：

> 朝廷者，天下之本。人君者，朝廷之本。而心者，又人君之本也。人君能正其心，湛然清明，物莫能惑，则发号施令罔有不臧，而朝廷正矣。朝廷正则贤不肖有别，君子小人不相易位，而百官正矣。自此而下，特举而措之耳。[③]

---

① 这方面的看法见 W. T. de Bary, *Sources of Chinese Tradition*, p. 128; F. W. Mote, "China's Past in the Study of China Today", in *Journal of Asian Studies*, Vol. 32, No. 1, 1972, p. 116。

② 《大学衍义》卷一，第 5 页上。

③ 《大学衍义》卷一，第 13 页上～下。

根据《大学》所提出的八条目来看，平天下、治国、齐家，是治人的事情，是以修己为基础；修身以下的正心、诚意、致知、格物，都是属于修身的功夫，是修己的事情，而以治人为目的。齐家、治国、平天下，是独立于修身以外的事情，是外的问题，是与修身并列的，是修身的扩大；正心、诚意、致知、格物，是属于修身以内的事情，是内的问题，是不能离开修身而独立存在的，是修身功夫的各个阶段。① 真德秀也曾说："诚意、正心皆修身之事，言身则心在其中矣。"②这样的话，理应人君做好修身的工夫，已经算是达到致治程序的根本要求。修身是本，治人是末；修身是体，治人是用。但现在真德秀不仅强调修身，还把它的注意力伸展到齐家。这是对帝王的基本要求的扩大，遂有"四者（格物致知之要、诚意正心之要、修身之要、齐家之要）之道得，则治国平天下在其中"的看法。这点与《大学》所说"自天子至于庶人，一是皆以修身为本"，把八条目中的前五条目分成一个阶段，后三条目属另一个阶段的看法不同。真德秀把八条目中的前六条目列为帝王致治的基础是一个阶段，后二条目为另一个阶段，前六条目得，则后二条目在其中。这看法显示出真氏已开始感觉到单是修身已不足以解决当前实际的政治问题。所以《大学》这套圣人之学在被采用为帝王学的教材时，对其中心思想的阐释开始出现变化，以配合当时实际的政治情况和阐释者的体会，这点我们看丘濬的《大学衍义补》便更明显了。

---

① 详参车载《论〈大学〉的大学之道》，见《中国哲学史论文集》（第二集），北京：中华书局，1965 年，第 127～157 页。

② 《大学衍义》卷一，第 12 页上。

三、《大学衍义补》的明体用

丘濬为官四十余年，历事四朝，但真正能够有所发挥的，是在成化及弘治时代，即在他六十岁以后。尤以在弘治初年，他在政治上的贡献最大。成化二十三年（1487）十一月，孝宗朱祐樘登极，丘濬上《大学衍义补》补真德秀《大学衍义》的不足，阐述《大学》中“治国平天下”之义，其中一个原因相信与真书在元代和明初受欢迎有关。真德秀《大学衍义》在宋以后日受重视，成为帝王教育的一本重要典籍。在元世祖、武宗、仁宗、英宗、泰定、顺帝期间，《大学衍义》是经筵进讲的主要典籍，并曾翻译成蒙古文①。而在明代，其受重视的程度不下于元代。明太祖时，《大学衍义》除被用作教育皇储的教材外，太祖并将该书刻于墙上，以便日夕参读②。仁宗则重印该书以分发给各皇子及大臣③。据明代的史籍记载，明初诸帝的经筵都有讲《大学衍义》，而明中叶孝宗初年，程敏政（1445～1499）被邀在经筵进讲，他所讲的便是《尚书》、《孟子》和《大学衍义》④。虽然《大学衍义》在帝王教育方面已成为重要的经

---

① 见《元史》卷二四，北京：中华书局，1976年，第536～577页；卷二六，第586页；卷二七，第608页；卷二九，第644页；卷一五九，第3747页。详参间野潜龙《〈大学衍义补〉の成立にっぃて》，载于《大谷史学》第10号（1963），第1～18页。

② 见《明太祖宝训》卷二，明刊本，第7页下；解缙《天潢玉牒》（《纪录汇编》本），卷一二，第12页上～下。

③ 邓球《皇明泳化类编》卷二二，明刊本，第2页下。

④ 陈健《皇明纪要》卷六，明刊本，第20页下。

典,但在丘濬的心目中,它还不是十全十美的。作为一本帝王学的教科书,丘濬认为《大学衍义》还有不足之处,遂有《大学衍义补》的编纂。

《大学衍义补》一百六十卷,1487 年连同《进〈大学衍义补〉奏》呈献给刚登位的孝宗皇帝。奏中指出《大学衍义》于《大学》八条目中有格物致知之要、诚意正心之要、修身之要、齐家之要,而独缺治国平天下之要,所以"仿德秀凡例,采辑五经诸史百氏之言,补其阙略,以为治国平天下之要"。在编纂过程中,丘濬凭其博识及实际政治经验,广泛地讨论了当时行政上及制度上的问题,使这一补篇成为了一部全面的公共行政指南。在帝王学方面,《大学衍义补》的特色是对实际政治问题的重视,这和《大学衍义》的着眼点有很大的差异,在作为教育帝王的典籍的效用方面也显得更深和更广。

《大学衍义补》全书以"治国平天下之要"为纲,其下再分十二目,十二目以下再分为一百一十九个子目:

1. 正朝廷

总论朝廷之政、正纲纪之常、定名分之等、公赏罚之施、谨号令之颁、广陈言之路

2. 正百官

总论任官之道、定职官之分、颁爵禄之制、敬大臣之礼、简侍从之臣、重台谏之任、清入仕之路、公铨选之法、研考课之法、崇推荐之道、戒滥用之失

3. 固邦本

总论固本之道、蕃民之生、制民之产、重民之事、宽民之力、愍民之穷、恤民之患、除民之害、择民之

长、分民之牧、询民之瘼

4. 制国用

总论理财之道、贡赋之常、经制之义、市籴之令、铜楮之币、山泽之利、征榷之课、傅算之失、鬻算之失、漕輓之宜、屯营之田

5. 明礼乐

总论礼乐之道、礼仪之节、乐律之制、王朝之礼、郡国之礼、家乡之礼

6. 秩祭祀

总论祭祀之理、郊祀天地之礼、宗庙飨祀之礼、国家常祀之礼、内外群祀之礼、祭告祈祷之礼、释奠先师之礼

7. 崇教化

总论教化之道、设学校以立教、明道学以成教、本经术以为教、一道德以同俗、躬孝悌以敦化、崇师儒以重道、谨好尚以率民、广教化以变俗、严旌别以示劝、举赠谥以劝忠

8. 备规制

都邑之建、城池之守、宫阙之居、囿游之设、冕服之章、玺节之制、舆卫之仪、历象之法、图籍之储、权量之谨、宝玉之器、工作之用、章服之辨、胥吏之役、邮传之置、道涂之备

9. 慎刑宪

总论制刑之义、定律令之制、制刑狱之具、明流赎之意、详听断之法、议当原之辟、顺天时之令、谨详谳之议、伸冤抑之情、慎青灾之赦、明复仇之义、简典

狱之官、存钦恤之心、戒滥纵之失

10. 严武备

总论威武之道、军伍之制、宫禁之卫、京辅之屯、郡国之守、本兵之柄、器械之利、牧马之政、简阅之教、将帅之任、出师之律、战陈之法、察军之情、遏道之机、赏功之格、经武之要

11. 驭夷狄

内夏外夷之限、慎德怀远之道、译言宾待之礼、征讨绥和之义、修攘制御之策、守边固圉之略，列屯遣戍之制、四方夷落之情、劫诱窃黩之失

12. 成功化

圣神功化之极

任何人看到这样的一本巨著，都会惊讶于是书的广泛和作者的博识。像《大学衍义》一样，丘濬广征儒家经典、史籍及前朝儒家学者的评论，最后附以自己的按语。在按语里，丘濬广泛地探讨了明建国一百多年来政治、社会、经济等各方面的问题，并提出改革的意见。

虽然丘书名为《大学衍义补》，但它并不完全是真德秀《大学衍义》的补篇或延续，在某些问题上，丘濬有不同的看法，这使他对《大学》的启示提出了新的阐释，而对帝王学的要求也有显著的差异。他在序中指出真书只推衍《大学》中的前六条目，“盖即人君所切近者而言，欲其举此而措之于国、天下”，是无发达致儒家全体大用的目标。他说：

儒者之学，有体有用。体虽本乎一理，用则散于

万事。要以析之极其精而不乱，然后合之尽其大而无余。是以《大学》之教，既举其纲领之大，复列其条目之详。而其条目之中，又各有条理款目者焉。其序不可乱，其功不可阙；阙其一功，则少其一事，欠其一节，而不足以成其用之大。而体之为体，亦有所不全矣。然用之所以为大者，非合众小，又岂能以成之哉，是知大也者，小之积也。譬则网焉，网虽不止乎一目，然一目或解，则网有不张。譬则室焉，室虽不止乎一椽，然一椽或亏，则室有不具。此臣所以不揆愚陋，窃仿真氏所衍之义，而于齐家之下，又补以治国平天下之要也。①

可见丘濬认为真德秀在推衍《大学》的“用”方面尚有不足。在比较二书时，他说“前书主于理，而此则主乎事”②。以“理”和“事”来划分二书的性质，其实和体用观念有密切的关系。丘濬的《进〈大学衍义补〉奏》说：“前书主于理，而不出乎身家之外，故其所衍之义大而简。臣之此书主于事，而有以包乎天地之大，故所衍之义细而详。其详其简，各惟其宜。若合二书言之，前书其体，此书其用也。”③真书主于理，丘书主于事；真书推衍体，丘书推衍用。这是丘濬对二书的理解。对丘濬来说，体用不可以分离，不可以有体而无用，也不可以有用而无体；

① 丘濬《大学衍义补》卷首，《大学衍义补序》，万历三十四年(1606)刊本，第2页上～下。

② 丘濬《大学衍义补》卷首，《大学衍义补序》，万历三十四年(1606)刊本，第4页下。

③ 丘濬《琼台诗文会稿重编》卷七，明天启元年(1621)刊本，第1页下。

不可以单知理而没有行事，也不可以单行事而不知理。他说："先其本而后末，有户内以及外，而终归于神圣功化之极，所以兼本末合内外以成夫全体大用之极功也。"①

《大学》之教，有体有用，这是真德秀和丘濬都同意的。但《大学》这套圣人之学在应用到帝王学的范畴时，真德秀和丘濬都出现了和《大学》的基本意旨略有差异的看法。《大学》本来说："自天子以至于庶人，一是皆以修身为本。其本乱而末治者否矣。"换句话说，修身是本，齐家、治国、平天下是末；也可以说修身是体，齐家、治国、平天下使用。只要修身的阶段能完成，则齐家、治国、平天下便在其中。这种关系，可以借用程、朱对体用的看法来解释。对程、朱来说，体是指至微的"理"，用是指至著的"事"，体是先在的或先决的东西，用则是由体派生出来的，所以有体而后有用，有体则有用。② 但真德秀在推衍《大学》的意旨时，他并非只集中在修身，而把范围扩大到君主的一身和一家，认为能达致身修家齐，则治国平天下在其中。丘濬把这个范围扩得更大，他不仅要求君主理好一身和一家，还提出了理好一国和天下的需要。真德秀在修身以外包括齐家，是考虑到实际情况的需要。《四库提要》评真德秀的《衍义》：

---

① 丘濬《大学衍义补》卷首，《大学衍义补序》，第 3 页上。

② 体用观念的讨论，参阅方克立《论中国哲学中的体用范畴》，载于《中国哲学范畴集》，北京：人民出版社，1985 年，第 125～153 页；楠本正继《全体大用の思想》，《中国哲学研究》，东京：国士馆大学图书馆，1975 年，第 353～391 页；David Gedalecia, "Excursion into Substance and Function: The Development of the t'i-yung Paradigm in Chu Hsi", *in Philosophy East and West*, Vol. 24, No. 4, 1974, pp. 443～451。

> 是书因《大学》之义而推衍之。……大旨在于正君心、肃宫闱、抑权幸。盖理宗虽浮慕道学之名，而内实多欲。权臣外戚，交煽为奸。卒之元气凋敝，阅五十余年而宋以亡。德秀此书，成于绍定二年，而进于瑞平元年，皆阴切时事以立言。先去其有妨于治平者以为治平之基，故《大学》八条目仅举其六。然自古帝王正本澄源之道，实亦不外于此。若夫宰驭百职，综理万端，常变经权，因机而应；利弊情伪，随事而求。其理虽相贯通，而为之有节次，行之有实际，非空谈心性即可坐而致者。故丘濬又续补其阙也。①

丘濬认为帝王在修身齐家之外，还要了解实际的政治问题，也是考虑到实际情况的需要。在朝数十年使他发觉到帝王一身的修和一家的齐，并不表示就能处理好国家天下的事情。错综复杂，千变万化的政治问题要求帝王不仅有道德的性格，还要有广博的知识。丘濬把国家和天下的各式问题综合在《大学衍义补》中，便是希望补充传统以来帝王之学在这方面的不足。他认为修身和治国平天下不是先后和本末的关系，不是做好修身便能治国平天下。所以他对孝宗说："故臣之此编，始而学之，则为格物致知之方，终而行之，则为治国平天下之要。"②

---

① 纪均等《四库全书总目提要》卷九二，上海：商务印书馆，1933 年，第 1912～1913 页。

② 丘濬《大学衍义补》卷首，《大学衍义补序》，第 4 页上。

重视道德是儒学传统的一个特点。圣人之学和帝王之学是这套以道德为依归的学说底下的一体两面。先秦儒家强调的道德与政治之绝对相关性，经过一段沉默，到宋代又再受到重视。北宋以下的儒者重新提起以道德提升政治的信念，开始回过头来重视道德的优先性，重新肯定德行是善政的基础[①]。程、朱表彰《大学》便是这种趋势的体现。《大学》包含了儒家所谓"内圣外王"的一套观念。"内圣外王"观念的中心内涵，根据当代学者的分析，就是"王"与"圣"之间存在着"迹本关系"。圣与所以成其为圣的心性本体是"本"，理想的政治、社会秩序是"迹"；两者之间有着"由本显迹"的直接关系[②]。换句话说，此观念肯定了道德修养与理想政治、社会秩序的逻辑关系。一个具有道德修养的圣人执政，是真正有效解决政治、社会问题的途径。贤王是圣人这个内在本体的外在表现，治国平天下的主要关键全在个人的道德修养。程、朱推尊《大学》，注意力便是集中在道德修养这套内圣功夫上。朱熹在经筵进讲《大学》，也是要求帝王修一己之身，以成乎治平之用。

但儒家这套以个人道德修养为基础的"内圣外王"观念有着基本的缺陷。过分肯定道德修养与实际社会、政治问题的关系性，是儒家政治思想的根本疑难。在实际的生活里，道德与事功并不具有相应的关系，个人的道德修养并不足以解决

① 关于这一发展，参阅黄俊杰《内圣与外王：儒家传统中的道德政治观念》，见《中国文化新论·思想篇二》，台北：联经出版事业公司，1982年，第244～283页。

② 参考陈弱水《内圣外王观念的原始纠结与儒家政治思想的根本疑难》，《史学评论》，1981年第3期，第79～116页。

实际的政治问题,更不足以达致治国平天下的理想。

当真德秀编纂《大学衍义》时,他是要把《大学衍义》用作为一本帝王的教科书。虽然他没有摆脱传统儒家以道德修养作为政治基础这个大原则,但他在《大学衍义》八条目的基础上,加入实践的要目,在帝王的一身的范围内,具体的阐释了作为一个君主的道德要求和处事态度。他并把原以修身为本的《大学衍义》之教从一身扩大到一家,认为身修家齐才能治国平天下。这显示出儒者对传统内圣外王观念的转变,慢慢开始感觉到修身以外的问题的重要。这种转变至丘濬的《大学衍义补》更为明显。圣与王已经不是本和迹的直接关系。作为一个贤王不仅要有道德的性格,还要对实际的社会、政治问题有深刻的了解。这种转变,显示出儒者对传统儒学的怀疑和分离,在儒家历史上具有深远的意义。

第七章 对明代边防的检讨

中国边防的重心，自古以来即在北方。长城的建造与建筑，正代表了历代对这条防线的重视，而长城所经之处，尤为中国边防的要地。汉唐之世，采取向外发展政策，进攻多于防守，威力及于漠北，因此防御策略较属次要。至明代以防守为对策，故边防的规划及设施便特别重要[①]。但正统十四年(1449)发生土木堡事件以后，明代边防的漏洞暴露无遗。这逐渐引起朝中大臣及有识之士对边防问题的注意。明中叶期间，讨论明边防问题较详尽及全面的应推丘濬的《大学衍义补》。

在《大学衍义补》的编纂过程中，丘濬凭其博识及实际政

① 参阅沈清尘《中国国防史略》，香港：龙门书店，1969年重印本，第153页。

治经验，广泛地讨论了当时行政及制度上的问题，其中对明代边防的检论尤为值得注意。正统十四年土木堡事件发生的时候，丘濬二十九岁，当时正好是京师国子监太学生。同年十月瓦剌围攻北京，丘濬身历其事，相信他还参加了当时由于谦(1398～1457)发起的京师保卫战争。大抵因为这次的经验，丘濬对边防问题特别注意，他的讨论也特别透彻。

一、内夏外夷之道

丘濬在检讨明代边防之际，特别重视御边之道。所谓御边之道，就是对待为患边境的外族的原则。这些为患边境的外族，在古代中国一般称为外夷或蛮夷。丘濬认为只有订出一套明确的对待外夷方针，国家才能有效地防御外敌，有所适从。就处理外夷的原则而言，丘濬认为严内夏外夷之限尤为首要，他说：

> 华处乎内，夷居乎外，天造地设。而以山川为之疆域，所以别生分类，而使之毋相混淆，毋相侵越也。是以自古圣帝明王，必严内外之辨。所以治内者，必详必慎，而无一事之不备；所以治外者，必严必密，而无一隙之可乘。此其所以忧勤于其治，而逸乐于其终也欤[①]。

① 丘濬《大学衍义补》卷一四四，明万历三十三年(1605)内府刊本，第1页上～下。

在丘濬看来，华夷各处一方是天意的安排，华内夷外的界限是不可改变的。他提到国家长治久安，最大的威胁便是蛮夷和寇贼。所以他说："所以梗吾治者，其大在蛮夷，其小在蛮贼。"而人君为治，必使"外而蛮夷，不敢乱吾华夏之地；内而寇贼，不敢害吾良善之民，则内外安靖，而吾政化之所施者，无所梗矣"①。要使外夷不扰乱中土，并不是施之以兵威便可以的。丘濬指出的"内"者乃"外"之本，内无其衅，然后外患不生。所以华夏天朝应先安于本分，不轻启战端，兼华夷而爱之，则外夷有向慕之心。在谈到"征讨绥和之义"时，他说：

> 天地间有华夷，犹天之有阴阳。有此必有彼，决无灭绝其类之理。况其族属非一类，此一类衰矣，而彼一类又起。圣王知其然，故其待夷狄也，惟存吾有常之心，而不幸其无偿之灾。此中国之仁义所以为可贵而异于夷也。②

华夷共处既是天经地义的事，华夏之主自然没有灭绝外夷的道理。所以他认为华夷应各守本分，各安其土，任何一方有非分的野心，均应受到谴责。他义正词严地说：

> 圣王之治天下，一视同仁。华夏之分虽有内外，而理之是非曲直，则不以内外而异焉。是故华夏各止其所，而天下安矣。彼戎夷越疆界而犯我内地，害

① 《大学衍义补》卷一四三，第1页下～2页上。

② 《大学衍义补》卷一四三，第7页上。

我华人,奉天命以行天讨,是为王者之师。彼处其域中,而我兴师出境,出其不意无备而袭之,欺其衰落败亡而杀之,则曲在我矣[①]。

作为圣王,丘濬指出应该"体天地以为心,兼爱华夷之民,使之各止其所而不相侵害"[②]。基于这个道理,他批评秦始皇、隋炀帝的好大喜功,穷兵黩武。就是汉武帝的雄才大略,出击匈奴,他也认为是不义之举。纵观他的意见,主要有以下的原因:一、夷狄亦人类,有华必有夷,有阳必有阴,必无尽灭绝之理。二、欲立武功,非杀人不能成,殊不知武功既立,杀人必多。杀人者,天必报之,不在其身,则在其子孙。三、出塞击夷,虽能制胜快意于一时,但中国人民死锋镝,膏野草者亦必多,权衡轻重,实对中国无益。四、蛮夷之地,山川之所限,风气之所移,得其地不可居,得其民不可使,列为州县是崇虚名而受实弊,故有征伐之劳,馈饷之烦,但无实益。五、为虚名而征夷只会招来日后的羞辱。盖得之既以为功,则失之必以为耻,不在于己则在子孙。[③] 所以他建议:

臣请今后边将,有不禀朝命而擅出境袭杀外夷者,虽功如陈汤,亦必在所追究。因而生事起衅者,痛加诛责。其一时蒙昧,致有封爵,虽经数世,犹在

① 《大学衍义补》卷一五六,第24页上。
② 《大学衍义补》卷一五六,第7页上。
③ 《大学衍义补》卷一四四,第7页下～8页上;卷一四八,第12页上～13页上;卷一五六,第6页上～7页下。

所不宥。如此，则好功名希爵赏之徒知所惧，而戎狄起向慕之心，而朝廷享安靖之福矣。[①]

丘濬坚决反对向外夷征伐，所以认为轻启边衅的将领，虽有战功，亦应予以重罚，以儆效尤。在边防政策上，他是主张守而不主张攻，此所以他说："王者之驭夷狄，以自治为上策。"[②]而所谓自治，就是修内政，做好防卫的准备，在迫不得已的时候才动兵戈。

二、安边驭夷之策

中国自古以来，对外族均采取德威并用的政策。[③] 明朝建国以后，其对外政策，基本上是受传统观念的影响。[④] 洪武四年(1371)九月辛未，太祖御奉天门谕省府台臣曰：

海外蛮夷之国，有为患于中国者，不可不讨。不

---

① 《大学衍义补》卷一五六，第 24 页上。

② 《大学衍义补》卷一四五，第 1 页下～2 页上。

③ 详参 Yang Lien-sheng, "Historical Notes on the Chinese World Order", in John K. Fairbank, ed., *The Chinese World Order*, Cambridge: Harvard University Press, 1968, pp. 20～30; C. P. FitzGerald, *The Chinese View of their Place in the World*, London: Oxford University Press, 1970, pp. 1～37; 邢义田"天下一家——中国人的天下观"，载于刘岱编《中国文化新论：根源篇》，台北：联经出版事业公司，1981 年，第 425～479 页。

④ 关于明初的对外政策，参考吴缉华《明代建国对外的基本态度和决策》，载于《东方文化》第 16 卷第 1、2 期，1978 年，第 184～193 页；《论明代对外封锁政策的连环性》，载于《新社学术论文集》第 1 辑，1978 年，第 23～37 页。

为中国患者，不可辄自兴兵。古人有言：地广非久安之计，民劳乃易乱之源。如隋炀帝妄兴师旅征讨琉球，杀害夷人，焚其宫室，俘虏男女数千人。得其地不足以供给，得其民不足以使令，徒慕虚名，自弊中土，载诸史册为后世议。朕以海外诸夷小国，阻山越海，僻在一隅，彼不为中国患者，朕决不伐之。惟西北胡戎，世为中国患，不可不谨备之耳。卿等当记所言，知朕此意。①

太祖的意见基本上代表了明初的国策。当时对外态度主要分成两方面：对海外诸国，采取严格的封锁政策，并阻止人民与外族私自交往，遂有海禁政策的推行。而官方的往来，则由朝贡贸易制度维系。西北各族长年为患中国边境，政府的政策是选将练兵，严加防守。但太祖所订下的政策并不见得成为以后帝皇的金科玉律。成祖多次出征漠北，并有郑和下西洋之举，英宗亲征瓦剌，被也先所掳，招来前所未有的耻辱。这些例子，都实现了太祖早年的恐惧："吾恐后世子孙倚中国富强，贪一时战功，无故兴兵，致伤人命，切记不可。"②所以丘濬在检讨明代边防设施之际，还特别讨论到明代的边防政策。他除了重申太祖朱元璋所订下的方针外，并检讨了历代的御夷政策。

《大学衍义补》检讨明代边防及对外政策主要集中在《驭

① 《明太祖宝训》卷六，明内府刊本，第 26 页上～下。

② 见张萱编《西园闻见录》卷六六，北平：哈佛燕京学社重刊，1940 年，第 2 页上。

夷狄》篇中，而《驭夷狄》篇又分为九个条目，计有：

内夏外夷之限	慎德怀远之道
译言宾待之礼	征讨绥和之义
修攘制御之策	守边固圉之略
列屯遣戍之制	四方夷落之情
劫诱穷黩之失	

其中"修攘制御之策"章便是探讨历代御夷政策的得失。而在讨论中丘濬亦发表了其对明朝情况的看法。尤值得注意的，是他讨论唐陆贽(754～805)和宋范仲淹(989～1052)的御夷主张。《大学衍义补》引录了唐德宗时陆贽所提出的主张如下：

夫中夏有盛衰，夷狄有强弱，事机有利害，措置有安危。故无必定之规，亦无长胜之法。盖以中夏之盛衰异势，夷狄之强弱异时，事机之利害异清，措置之安危异便。知其事而不度其时则败，附其时而不失其称则成。形变不同，胡可专一。夫以中国强盛，夷狄衰微，而能屈膝称臣，归心受制，拒之则阻其响化，灭之则类于杀降，安得不存而抚之，即而叙之也。又如中国强盛，夷狄衰微，而尚弃信忤盟，蔑思肆毒，谕之不变，责之不惩，安得不取乱推亡，息人固境也。其有遇中国丧乱之弊，当夷狄强盛之时，图之则彼衅未萌，御之则我力不足，安得不卑辞降礼，约好通和，啗之以利以引其惧心，结之以亲以纾其交

> 祸。纵不必信，且无大侵。虽非御戎之善经，盖时事亦有不得已而然也。傥或夷夏之势强弱适同，抚之不宁，威之不靖，力足以自保，势不足以出攻，安得不设险以固军，训师以待寇，来则薄伐以遏其深入，去则攘斥而戒于远追。虽非安边之令图，盖势力亦不得已而然也。[①]

陆贽综合历代制御夷狄之方，并分析华夷在不同的强弱形式下的对策。但陆贽的分析丘濬并不苟同。《大学衍义补》是一部编纂历代经典及名贤言论，根据范围分类而成的作品，因涉及政治、经济、教育、社会等各个层面，故近人有称之为治国的百科全书。但除了丰富的资料外，书中最重要的应是每条资料后丘濬所加的按语。这些按语一方面是研究丘濬思想的主要根据，另一方面则往往从制度发展的角度反映出明朝的情况和所面对的问题。对于陆贽的分析，丘濬有以下的评论："臣按：古今制御夷狄之方，不出贽所陈四者之策。但其所谓设险以固军，训师以待寇，来则薄伐以遏其深入，去则攘斥而戒于远追，以为非安边之令图。臣窃以为中国帝王所以攘外安内之上策，无出于此。而贽以为非令图，然则图之令者岂有过于此哉？"[②]显然丘濬是主张守而不攻，御而不逐。自始至终，他是认为朝廷应采取被动的态度，则曲在彼而不在我。所以他多次重申说"来则惩而御之，去则备而守之"是"治戎之上

① 《大学衍义补》卷一四八，第15页上～16页上。
② 《大学衍义补》卷一四八，第16页上。

策”。①

丘濬对范仲淹所提出的边防政策有更深入的探讨。宋仁宗康定元年(1040)范仲淹上和、守、攻、备四策。② 丘濬特别注意其中的备策,认为可用于明代。范仲淹所建议的备策分为七项:一、密为经略;二、再议兵屯;三、专于选将;四、急于教战;五、训练义勇;六、修京师外城;七、定讨伐之谋。丘濬深入地分析了前六项,大抵他认为第七项议讨伐,并不合用,所以没有加以引申。范仲淹所提出的备策第一项是“选有才识近臣暂往经画,使亲视边垒,精究利害。凡边计未备者,皆条上而更置之,不出半年,归奏阙下。更令中书枢密院子细询访熟议经久之计”。丘濬古为今用,从明朝的情况来考虑范仲淹的建议,他说:

> 范仲淹所上四策,虽为当时契丹而设,然万世之下,备御夷狄之方,实不外此。谨准当时之事,以为今日之用。其备策凡七,其一请选材识近臣,亲视边垒,精究利害,此策今日实可用之。我朝罢前代枢密院,而以兵事属兵部。臣请兵部于尚书外,添设尚书一员,轮掌部事。每岁遣一员行边。锡以玺书,俾起自辽东,历宣府、大同、延绥、宁夏、甘肃、抵平凉等边地,凡山川之险易,营垒之远近,戍卒之多寡,糗粮之有无,夷情之向背,将领之壮法,已然者当何如而修

① 《大学衍义补》卷一四四,第7页下。

② 范仲淹建议原文见《范文正公政府奏议》卷下,《奏陕西河北攻守等策》,《四部丛刊》本,第1页上~8页下。

饬，未有者当何如而增补，某处当设为营堡，某堡当加军守备，某墩台可废，某蹊隧可塞，某处可屯种，某处宜牧畜。凡边计未备者，皆与其巡抚。都御史，守备总兵，参将等官计议经画，条而上之。如此，则可销患于未萌；如此，则可以待敌之来攻；如此，则可以扼其冲突；如此，则可以遏其侵扰，归奏阙下。更令内阁大臣会合六卿以下，详访熟议施行之，岁岁以为常。其四川、湖北、两广、云贵、则三年一巡行。如此，朝廷不忘边备，边防无复废事。居庙堂者无遥度之失，守封疆者无不通之情。①

范仲淹“备”策的第二项再议兵屯是建议政府遣近臣往北边经略各路军马，预定法制，使各知所控扼及互相应援次第，临时不至差矣，并斟酌驻泊之处，使就刍粮，以省边费。丘濬按语谓：“此策亦切于今日之用，臣请每岁所遣行边大臣，即以其事付之。”②虽然丘濬有些时候认为古法可以今用，但他并不是一味地好古而忽略因时制宜的需要。如对范仲淹所提出的第三项“专于选将”便是。范建议政府委任枢密院、三班院、殿前马步军司大臣，分别于阁门、使臣、军旅中选拔，候本路有阙则从而差授。丘濬认为：“范仲淹欲凡掌兵诸司选将，今不必尽如其言。每岁行边大臣，所至边境，即令总兵以下各举所知，不问有官无官，皆明著其名目，某人有智略，某人有膂力，某人有胆气，某人善骑射，因而试之，用为选锋，试中即于本色

① 《大学衍义补》卷一四九，第3页下～5页上。
② 《大学衍义补》卷一四九，第5页下。

粮赏外加以廪食，量为任使。”[①]丘濬的补议旨在得人，因材而用，不问出身，比之范策自然更为灵活。范策第四项“急于教战”建议于四路曾经押战队使臣十数人，更授以新议八陈之法，遣往河北阅习诸军，使各知奇正循环之势。丘濬就此建议说：

> 今朝廷训兵已有成法，大约教之使知金鼓作业，旌旗偃仰，角炮紧缓，以为进退疾徐分合之节而已。然按行故事，视为泛常。请于时常教阅之外，专以教射为事。乞敕缘边将领，通行各处抽选能射军士，分军教习，各为教师，每一人教十人或二十人。其都御史往来提督试验。行边大臣至日，计所教有成效者多少，以为教师升赏。及凡军中有差役争讼，事有疑似难辨，取与分轻重及有过失者，皆以射决之。射中者予之、免之、轻之。如此则人皆习弓矢，无不善射者矣。[②]

丘濬特别提出训练军士射术，并予以奖励，是希望军士无不善射。这也是针对实情而发。中国西北外夷乃游牧民族，长于骑射，相比之下，中国军队较为吃亏。若能人人善于弓矢之道，对制御夷狄自然大有裨益。范策第五项建议训练河北义勇，仿唐府兵之制，三时务农，一时教战。丘濬指出：“边城有州县之处，今以签民与军相兼守御，可用仲淹此议，俾其随军

① 《大学衍义补》卷一四九，第5页下～6页上。

② 《大学衍义补》卷一四九，第6页上～下。

操练。仍须择守令,责以训练之任,旌其勤二惩其惰。”[①]范仲淹所陈备策七项,丘濬认为第六项“修京城外城”尤为重要。范策指出前朝后唐与石晋京城守备不足,致契丹直陷京师,谓边城坚而难攻,京师坦而无备,一朝称兵必谋深入。故建议筑京师外城。若京城坚固,则戒河朔重兵勿与之战,彼欲战不能战,谋深入则前有坚城,后有重兵,必将沮儿自退。是则修京城非徒御寇,亦可伐深入之谋。丘濬深觉此意见甚切时弊,尤其是有正统事变瓦剌长驱直入,围困京师的经验。他说:

> 宋都汴梁,去幽燕之地千余里,而范仲淹议守边策犹以修京城为言,当时若余靖辈皆力攻之以为非,其后靖康之祸,果有如仲淹所议者。矧今国家都燕,其去边地尤近,尤不可不留意焉者。己巳之变,虏骑直犯京师,虽我金城汤池,如天难升,然而重城之外,百万人家,亦尝为之惊疑。幸此无事之时,请如汉惠帝,唐明皇故事,筑为外城,包围城外民居。万一有儆,人心有所倚赖而不至于惊溃矣。[②]

己巳之变距离丘濬上《大学衍义补》相隔差不多四十年,当时盛平已久,一般人都已忘却己巳的惨痛教训,而丘濬谋虑于未然,以免重蹈覆辙,足见其先天下之忧而忧之心。

丘濬在讨论明代边政之际,亦检讨前人驭夷狄政策的得失,以为鉴戒。其中他特别批评前人重用胡将及借胡兵之举。

---

① 《大学衍义补》卷一四九,第7页上。

② 《大学衍义补》卷一四九,第7页下~8页上。

他指出帝王用人应不系世类，番将中亦有效死者，但不可以其偶然遂不信其常然。非我族类，其心必异，故他主张不可尽用，亦不可重用，要于任用之中寓制驭之意。[①] 至于借助胡兵，他则坚决反对：

> 夫夷狄，豺狼也，不可与共事。有之未必成功，无之未必败事。方吾有事，借助其力，虽若可以快一时之意，然后日之害，不能保其必无也。自高祖此举（笔者按：汉高祖四年，北貉燕人来致枭骑助汉，丘濬认为是中国借兵夷狄之始。）之后，后世中国之君往往借兵蛮夷。然得其利也无几，而受其害也亦多矣。彼恃其有劳于我，邀求无已，予之则无有已期，不予则遂成衅隙。卒之为中国之蠹，生民之扰。较之所借助者奚翅什百。甚者宗社因之而亡，唐于突厥，回纥，宋于女真，鞑靼，可鉴也已。呜呼，君子作事谋始，可不戒哉。[②]

丘濬的顾虑并非全无根据，考究史实，则可知后患无穷：唐借回纥兵以平内乱，夷并沿途抢掠，民生大困；宋借金兵灭辽，借蒙古兵灭金，最后为蒙古所灭。[③] 基于此，他认为借夷兵实引狼入室之举。除反对借夷兵外，丘濬亦反对允许夷狄移居内

---

① 《大学衍义补》卷一四四，第 20 页下～21 页下。

② 《大学衍义补》卷一四四，第 4 页下～5 页上。

③ 《新唐书》卷二一七上记："回纥至东京，放兵攘剽，人皆遁保圣善，白马二祠浮屠避之，回纥怒，火浮屠，杀万余人。"北京：中华书局，1975 年，第 6119 页。

地。他指出天地间山川险阻隔绝内外，乃中国万世之大防，召异地内附，无异自决其防。就是居中国久远，其心仍异。也举出汉宣帝时徙羌于三辅，汉武帝时徙匈奴于云中两河为例，易世二百二十五之后，卒贻五胡乱华之祸①。所以他认为"不可苟徇于目前，必须远虑乎身后"②。丘濬讨论外夷内附的不当，表面看来似乎是发自狭隘之民族主义思想。其次，从过去历史所发生之事例而引申到今天之忧虑，也可能是杞人忧天。然而，若能体察明代实况，则知丘濬之论既非狭隘之民族主义，亦非杞人忧天。明初平元，已有大批蒙古人移居中国③，其后历朝亦屡有编外夷入籍④，其潜伏危机实不可忽视。丘濬便指出：

> 以今日论之，国初平定，凡蒙古色目人，散处诸州者，多已更易姓名，杂处民间。如一二稊稗，生于丘陇禾稻之中，久之固已相忘相化，而亦不易以别识

---

① 《大学衍义补》卷一四四，第 8 页下～9 页上。

② 《大学衍义补》卷一四四，第 9 页上。

③ 明初虽驱逐蒙元走漠北，然遗留于北京之蒙古人仍数以万计，而投降编入军中的蒙古人亦为数不少。这方面的讨论可参考 Henry Serruys, "The Mongols in China during the Hung-wu Period 1368～1398", *Mélanges Chinois et Bouddhiques*, Volume 11 (1956～1959), *passim*; "Were the Ming against the Mongols'settling in North China?", in *Oriens Extremus*, Jahrgang 6, 1959, pp. 131～159。

④ 如《明宪宗实录》成化二十年十一月庚寅条便记载："朵颜卫都督阿儿乞蛮遣其弟影克孛罗送所获北虏生口至京，兵部译审所获乃牧放之人，为彼所掠，与犯边者不同。上曰：夷虏以牧放为生，追逐水草乃其常事，既未尝犯我边圉，何罪之足诛？宜编戍登州卫，而赏孛罗以慰其劳，庶称朕罪疑惟轻，功疑惟重之意。"见卷二五八，明钞本，第 2 页下～3 页上。

> 之也。惟永乐以来,往往以降夷赏之畿甸之间,是相群聚而用其酋长。时有征讨,起以从行,固亦赖其用矣。然而已巳之变,虏犯近郊,其中亦有乘机易服以劫掠平民,甚至乃有为虏响道者,此其已然之效,可为明鉴者也。当是时,臣亲目击其事,而议者咸谓事平之后,即于处置。今又逾三十年矣,而其党类处京城畿甸间者如故。说者若谓此辈生长中国,受恩厚而染化深,不必他虑。臣窃以为晋之诸胡,近三朝历数百年尚不忘其故俗而为中国祸害,况今入中国未有百年,而其衣服语言犹循其旧俗者乎?设使未经变故,尚当为之远虑,况又有已验之实效乎?[①]

丘濬以亲身之经历,来证明他所说的并不是危言耸听或杞人忧天。惨痛的经验是教人难以忘怀的。正统国变所带来的耻辱虽然已经过去,但教训却是要谨记的。防患于未然,是丘濬检讨明代边防时特别强调的,又何况是旧患?是曾经带来无限痛苦的顽疾?怎能可以置之不理?但丘濬认为这问题是不容易解决的:

> 天下之事最难处者,莫甚于此。盖今日慕华归正之人,久居内地,劳效累著,欲如唐太宗并令渡河返其旧部,难矣。不得已而思其次,请凡自西北内附者,除已建显功受封爵者外,其余有官者,递升一级,给与全俸。无官者编入队伍,月支米比常伍加多。

① 《大学衍义补》卷一四四,第16页下~17页下。

> 敕兵部注拨于迤南卫所，卫不过一百，所不过一十，官不许专城，卒不许类聚，征操外并免杂役。如此则不失安辑之道，既得其用，且免其患矣。[1]

丘濬所建议的，主要还是恩威并施的办法。外夷既慕华而来，便不可以拒之千里。但仁之中不可以无义，信之中不可以无智。为免后患，便要因其俗而制之，顺其势而安之，分化他们的势力，使他们不致聚居一处。“予之以爵位而不极其所欲，赐之以金帛而不徇其所求，任之以偏裨而不付以独柄。”[2]如此的话，外夷得以自安，而中国亦可避免边境之患。

三、守边拒敌之略

丘濬本着内夏外夷的原则及以守为本不以攻为先的政策，所以在检讨明代边防设施及御敌战略时有其一套独特的看法。而且，可以看出他时常以己巳之变的惨痛经验作为借鉴。如《大学衍义补》记汉文帝十四年（公元前166）匈奴十四万骑入侵，文帝欲亲征匈奴。丘濬按语说文帝之举动，奋发则有，然非帝王御边之常道。他指出：“备边有其要，不在于临时而在于平日；御边有其道，不在于自用而在于用人。”而最重要的是：“朕不必亲驾六飞，躬临沙漠之区，自亲矢石之用，屈帝王之尊，为犬羊之敌。胜之不足以为武，不幸而败，岂不长

① 《大学衍义补》卷一四四，第17页下。
② 《大学衍义补》卷一四三，第9页上～下。

夷狄之威而贻中国之耻哉?”[1]这段评论其实暗示了明英宗亲征也先的失策。所谓备边之要不在临时而在于平日,是要传达有备无患的讯息。他说帝王既知中国之害在夷狄,便应尽心于边疆的防守,与无事之时,谋为措置,会计考验,凡临边之地某处为要害,某处为总会,某处当如何而守,某虏当何如而备,虏侵某处当用何处兵以援之,虏若深入当于何处扼其归,以至山川险易,人力勇怯,储峙多寡,均需了如指掌,如此方可以说“备”。他警告说:“宁过备而弃之,不后时而生悔。万一公卿将相及左右之臣,有假镇静之术以掩其无能之迹,为必无事之言,以宽主上之忧,此皆奸邪小人,李斯、赵高之流也。”[2]

明朝经过土木堡之役,边防漏洞表露无遗。然而,事情过后朝中大臣都没想到亡羊补牢,至丘濬之时,已相隔三十多年,毛病仍然没有改善。其中对牧粮仓场的防守就是一个例子。北宋时国都近郊设牧马之所,并积刍豆以为饲养之具,但防守不严,靖康间为金人所夺,藉其刍豆饲马以便长久围困宋京,明正统十四年瓦剌入寇,为免牧粮被瓦剌所夺,当时忍痛付之一炬。丘濬说:

> 矧今国朝去边伊迩,己巳之变,仓卒用言者计,焚弃刍豆,何啻千万。当时见者莫不悔惜。然事已即休,无后有以为言者。窃惟都城东北郑村坝二十四马房,其仓场所储积者,如京如坻。请于无事之时,即其地筑为一城,以围护其积聚。及移附近仓

① 《大学衍义补》卷一五〇,第9页下~11页上。
② 《大学衍义补》卷一五四,第12页下。

场，咸聚其中。就将腾骧等四卫官署军营设于其中，特敕武臣一员，于此守镇，仍司群牧。四卫官军不妨照旧轮班内直，下直回城屯住，是亦先事而备之一策也。①

粮草的保护固然重要，但丘濬更关注的是京师的防卫问题。己巳之变虏寇得以长驱直入，围困京师，主要就是京师周围的防御不足。丘濬特别担忧京师东北的藩篱，他说：

石晋所赂契丹十六州地，幽、蓟、瀛、莫、檀、顺七洲在山前、新、妫、儒、武、云、应、寰、朔、蔚九州在善后。…… 夫自晋天福元年以赂契丹，此地为虏所得者首尾四百五十余年。我太祖始逐出元人而复为中国有，盖援之于泥涂之中也。太宗又于此建都，则跻之天日之上矣。夫以百二山河而有天然之地险，重城万雉，屯百万貔貅于此镇压之，是诚万万年不拔之基也。今山前山后，皆吾中国之地。山前七州今为畿甸之地，太行西来，连冈叠嶂，环而绕之，东极于医巫闾之境，已为内之藩篱。山后诸州。自永宁四海冶以西，历云代之境，重关列戍，以为外之藩篱。苟委任得人，守御有法，可保其无外患也。惟昌平以东，遵化永平一带，往者有大宁都司兴营义会等卫在山之后，以为外障，其后移入内地，以此之故，京师东

① 《大学衍义补》卷一四九，第11页下～12页上。

北藩篱淡泊之甚，异时卒有外患，为必不出于此。[①]

明代北方边防，东至辽东，西尽酒泉，延袤数千里。国初设辽东、宣府、大同、延绥四镇，继设宁夏，甘肃，蓟州三镇，其后又以山西镇巡统驭偏头三关，陕西镇巡统驭固原，亦称二镇，合称九边镇。[②] 太祖时为加强东北面防守，特置北平行都司于大宁，又筑东胜城于河州，守河套，与大同相望，形成自辽以西数千里，声势联络。[③] 但永乐初，成祖为加强北京、从大宁都司于保定，大宁旧地遂为兀良哈所据，致形成兴和，开平孤立无援。因之，宣德年间，又内徒两地卫治于独石，正统时再弃东胜而就延绥，弃守河套。如此一来，明代北边防线向后内移，靠近北京的蓟州、宣府、大同遂遽失屏障，成为京师捍卫外敌的第一道前线。[④] 对于京师东北藩篱的单薄，丘濬建议说：

请将洪武中大宁都司后移保定者，立于永平或遵化或蓟州，以为重镇。凡旧所属卫所，移于沿山要害，相为声势。任于山之后去山五里或十里，或三四十里，量其地势，因其形便，筑为墩台，就其空缺之

① 《大学衍义补》卷一五一，第 10 页下～11 页下。

② 九边镇为明代北方国防要卫，明人讨论甚多，较著者有许论《九边图论》、张瓘《九边图论》，霍冀《九边图说》、申用懋《九边图说》、田汝成《九边志》、毕自严《国朝九边兵略》、魏焕《皇明九边考》等，其中以魏著最为详尽，今见收于《北平图书馆善本丛书》第一辑，上海：商务印书馆，1937 年据明嘉靖本景印。

③ 《明史》卷九一，《兵志》，第 2236 页。

④ 关于明代北边防线的内移，参阅吴缉华《论明代北方边防内移与影响》，《新亚学报》，卷 13，1980 年，第 363～409 页。

地，接连以为边墙，就于其间择一要地，设为关镇。屯军守备以为兀良哈入贡之道，一以卫都城，一以护陵寝，此诚千万年之远谋也。不然，国家养锐储材，俟吾力有余而其机可乘，仍复洪武中山后师阃之旧，俾与宣府，大同列为三镇，直达辽东之境，则是国家之险要既失复得，藩篱厚而无可乘之隙，根本固而无意外之患矣。伏惟圣明当此太平无事之时，思患豫防，有以为国家万年无穷之虑，无以为书生过虑而忽之。①

明代把边防内移，放弃在外据险设防，其实是军事上的失策，致在边防上居于劣势。尤其是成祖撤大宁都司，弃三卫(泰宁卫、朵颜卫、福余卫)之地予兀良和、辽东与宣府，大同的声援遂绝，东北方面从此多事，而京师亦失去屏障。丘濬建议将保定屯军移上遵化或蓟州，以加强东北边线防守，甚至恢复洪武间屯兵山后的策略，未尝不是切中时弊的补救办法。成祖徙大宁都司于保定，是因为靖难乱后迁都北平，仍恐国内局势不稳，故作此安排以巩卫京师。仁、宣以后政治稳定，国家最大威胁来自外夷，恢复旧制实理所当然。

除建议巩固京师东北藩篱外，丘濬亦提出修筑长城。他指出秦始皇内政不修，竭天下之财与力建长城，致怨声载道而亡。但他认为不可因噎而废食，盖后世守边于塞外之地，无山川险阻之限，顺形势之便筑为边墙，可扼虏人之驰突，故亦不可无。他说：

① 《大学衍义补》卷一五一，第11页下～12页下。

我朝建都于燕，切临边境，所以设险以扞蔽其国都者，尤宜慎固。太行西来逶迤而北，历居庸而东，极于医巫间，是为第一层之内藩篱也。又东起旧大宁界，越宣府、大同、代州之境而西至于保德州之黄河，又为第二层之外藩篱也。其内之藩篱，天造地设，重冈叠嶂，以为国家北门之屏蔽，易所谓地险者也。若夫外之藩篱，故有天然之险，然其间多有间断之处，因而补其缺，塞其罅，以为外寇之防，则又赖乎王公之设险焉。臣闻云代一带，其设墩台以守候也，有大边有小边。大边以谨斥候，小边以严守备。今诚于大边墩台之间，空缺之处，因其崖险，随其地势，筑为城墙，以相连缀，实为守边长久之计。……臣请以三年为期，遇夫边方无警之秋，米谷丰登之岁，孟夏仲秋，天气温凉之候，粱拨骑兵以为防护。借十万人之工力，费十数万之赀粮。三年之中仅劳一百八十日，成此千百年莫大之功。夫然，则边城寇盗永清，国家藩篱益厚。①

考秦筑长城后，历代均有修建，丘濬认为只要不急功，就不会劳民。而对人民来说，虽有暂劳，但可以永逸。他曾将建议呈上宪宗，可惜未被接纳。二十年后杨一清（1454～1530）旧事

① 《大学衍义补》卷一五一，第5页下～7页下。

重提，始见允准进行。[①]促成建筑边墙者杨一清，然而丘濬有先见之明，实应记首功。

丘濬又顾虑到京师一带伐木成风，使京师失去了一道天然屏障，致虏骑更容易进侵。也说：

> 今京师切近边塞，所恃以为险固者，内而太行西来一带，重冈连阜，外而浑蔚等州，高山峻岭，蹊径狭隘，林木茂密，以限虏骑驰突。不知何人，始于何时，乃以薪炭之故，营缮之用，伐木取材，折枝为薪，烧柴为炭，致使木植日稀，蹊径日通，险隘日夷。设使国家常如今日之无事，故无所用也。不幸一旦而有风尘之警，将何以扼其来而拒其入乎？矢今不为之限制，臣恐日甚一日，虽有智者不能善其后矣。[②]

因此，他建议工部限制伐木活动，协调各州县定期输纳薪炭，并鼓励京城军民以煤代薪。又于边关一带沿山种树，必相去丈许，列薪破缝，参错蔽亏，使虏马不得直驰，官军可以设伏。[③]

明代北面边防辽阔，东北边地近京师，形势险要，却又屏藩不足，形成边防上的一大漏洞。西北边布防似较严密，但河套地区却常年受外虏侵扰，为西北边防大患。丘濬指出：

---

① 详参杨一清《经理要害边防疏》，见《御选明臣奏议》卷一一，清刊本，第11页下～15页上。

② 《大学衍义补》卷一五〇，第3页上～下。

③ 《大学衍义补》卷一五〇，第3页下～5页上。

方今北虏入寇之地,其要害之处,朝廷处置固已严密,但所谓黄河套者,尚若阙焉,何也?前代所以废弃之者,以其边城之防守在内,而其地在外故也。今日吾之守镇,顾有在河套之外者,秋高马肥,风寒河冻,彼或长驱而入,屯结其中,以为吾内地之扰。幸其素无深谋,未用华人之计,不为据地之争,是以亟来亟往,有获即去,似若无足为意者。然谋事贵乎先,防患贵乎预。往者彼固尝深入矣,议者虑其为吾内地害,百计谋所以驱而出之者,未得其便。幸其自去矣,遂无有一人议及之者。万一再来,何以处之乎?夫事之未来者,虽未能逆料其有无,计之万全者,不可不先为之擘画。①

河套地区在明初逐走元将王保保后即置东胜卫于河套东北角上设防。正统期间正式辍东胜而就延绥,遂使河套沃壤为寇巢穴,边患相寻不解。成化初毛里孩,乩加思兰、孛罗忽等相继犯边劫掠,出入河套一岁凡三四次,杀掠人畜无数。② 丘濬建议遣通古今识事体大臣视察其地,或于河之南筑城池以为镇守,或于河之北据要害扼塞,或沿河之壖设营堡以防其径渡,务求找出万全之策。③ 丘濬的意见大抵是在成化初年草拟,成化中巡抚都御史余子俊(1429~1489)奏修筑边墙,东自

① 《大学衍义补》卷一五一,第3页下~4页上。

② 《明宪宗实录》卷一二一,台湾中央研究院据明钞本景印,第2338页。关于河套问题,详参伊志《明代弃套始末》,见包遵彭编《明代边防》,台湾:学生书局,1968年,第189~204页。

③ 《大学衍义补》卷一五一,第4页上~5页上。

清水营紫城砦，西迄宁夏花马池。从此河套遂摈于内地，北面千余里之地长年为虏寇所侵占，至明一代虽有复套之议而终未成功，思之令人痛惜。

丘濬的《大学衍义补》检讨明代边防症结，遍及各个领域，可谓至详且尽。这里无法作全面介绍，只能作扼要说明，举其大略。综观丘濬的众多著作，①都不难发现文字中流露出作者对天下国家治平的怀抱和远景。例如他的《世史正纲》，强调华夷之别、君臣之义、父子之心，是希望通过史例去警醒人心，使人人能守其本分，不作非分之想，而达到国家的治平和安定。而他提出华夷之分、天下之正，亦是怀抱着治平的理想。② 结合丘濬在《大学衍义补》中所论安边驭夷的政策，认为华夷应各安其分，互不侵犯，并谴责中国君主之穷兵黩武者，由此可见他的出发点并非源于种族主义，而是一种极伟大的和平精神。

基于对外夷存在的接受，所以丘濬强调"御夷狄之道，守备为本，不以攻占为先"，③并认为这是"万世之法"。他讨论明代边防的出发点是居安思危、有备无患。这个特点在他探讨明代边防的毛病时，都很明显地表露出来。在太平时代，人人安享盛世的时候，他却先天下之忧而忧，而且往往有先见之明，这是很难得的。

---

① 丘濬所撰著作共二十多种，总计三百多卷，详参拙作"The Works of Ch'iu Chün: A Bibliographical Study", in *Bulletin of Ming-Qing Studies*, University of Hong Kong, Vol. 2, 1988。

② 关于丘濬的《世史正纲》，参考拙著《明史散论》第一篇《丘濬之史学》，台北：允晨文化实业股份有限公司，1987 年，第 1～58 页。

③ 《大学衍义补》卷一五〇，第 1 页下。

丘濬对明代边防的检讨并未改变当时的局面。一方面,《大学衍义补》中所提出的问题实在太多,虽然孝宗是明代少见的贤君,但也无法把这本巨著中的意见一一付诸实践。另一方面,长久以来的症结,一般大臣已经处之泰然,在真正问题还未出现时,丘濬的意见自然曲高和寡,得不到广泛的支持。但这应该不影响到我们对丘濬的评价,历史的结果不应该影响到我们肯定这位有远见的政治家,在检讨明代边防时所表现出的卓识。

第八章 《世史正纲》的经世史学

丘濬的才华不单表现在政治方面,他在史学方面亦有卓越的成就,深为后世学者所推许。他的《世史正纲》在明朝史学上占有不可磨灭的地位,开拓了明代经世史学发展的路向。明人胡应麟(1551～1602)对此书大加赞赏,并谓:

> 丘文庄之续《史纲》也,紫阳(笔者按:即朱熹)之法有所局焉未竟者,引而伸之矣。有所蓄焉未发者,曲而体之矣。其矛盾之小者,其符节之大者也,故吾尝谓《春秋》之后有朱氏,而《纲目》之后有

丘氏也。①

俨然以《世史正纲》为继《春秋》、《通鉴纲目》以后的史学经典。《世史正纲》写于成化十七年(1481),至弘治元年(1488)才由其门人费訚(1436～1493)刊行。丘濬的《世史正纲》在近世鲜为学者所注意,这不但影响了评价丘濬在学术上的地位,也是了解明代史学发展的一大缺陷。

一、《世史正纲》的书写体例

《世史正纲》三十二卷,始于秦始皇二十六年(公元前221)灭齐而统一天下,终明洪武元年(1368)春,首尾凡一千五百八十九年。它的成书,大体是仿效朱熹《资治通鉴纲目》和吕祖谦《大事记》的形式编纂而成。朱熹的《资治通鉴纲目》是依据司马光的《资治通鉴》来编辑的,并援用了《春秋》的褒贬笔法,"表其纲而系以目"②。吕祖谦《大事记》则取法《史记》

① 胡应麟《史学占毕·内篇》。见《少室山房笔丛》卷一三,北京:中华书局,1958年,第179页。

② 关于《通鉴纲目》的体例及其研究,参阅中山久四郎《朱熹の史学:特にその资治通鉴纲目にっいて》,载于《史潮》,第一卷第三期,1931年,第33～60页,第二卷第一期,1932年,第72～98页;钱穆《朱子之通鉴纲目》,载于《寿罗香林教授论文集》,香港:香港大学出版,1970年,第1～11页;《朱子之史学》,《朱子之通鉴纲目及其八朝明臣言行录》,载于钱穆《朱子新学案》,台湾:三民书局,1971年,第5册,第1～150页。

的年表，兼采《左传》诸书的记载，辑而广之，而附以通释解题。[①] 丘濬对二书有所增损，"显其所以难明，续其所未尽"[②]。在笔法方面，他采用了《通鉴纲目》的褒贬笔法，并上溯《春秋》大义。[③] 在形式方面，他仿效《大事记》的解题，在各条史事之后，附了评论，以抒己见。[④] 但《世史正纲》又并非一以摹仿《通鉴纲目》和《大事记》，它亦有其异乎二书的特色。丘濬在《世史正纲序》中曾说：

---

① 吕祖谦《大事记》写于南宋孝宗淳熙七年(1180)，全书共分为三部分，计《大事记》正文十二卷，《通释》三卷，《解题》十二卷。《大事记》在史学上有一定的地位，并深受后世学者的推崇。清胡凤丹《大事记序》云："或有问于曰：汉儒重史学，宋儒重理学，然则汉无理学，宋无史学欤？余曰，非也。史学盛于汉，而明理学者有董江都。理学昌于宋，而通史学者有吕成公。安见汉无理学而宋无史学乎？成公著《大事记》十二卷，始周敬王三十九年，讫汉武帝征和三年。其书法皆取则于太史氏，复采群书以发其凡。《通释》三卷，若网若网，有条不紊。而要义格言，悉原经典，择精而语详，非漫无根据者比。《解题》十二卷，如《春秋》之有经而参以左氏之传。举凡《史》、《汉》异同于《通鉴》之得失，靡不参以已见而明辩之。故《朱子语录》称成公论史之精密，有非汉儒所能及者。呜呼，可贵也已。"见《大事记》卷首，清同治年间胡凤丹辑刊《金华丛书》本，第1页上～2页上。

② 费訚《世史正纲后序》。见《世史正纲》卷末，明弘治元年(1488)刊本，第1页上～下。

③ 丘濬对朱熹《通鉴纲目》极为推崇，认为是"史中之经"。《世史正纲》说："熹因司马光《资治通鉴》作为《纲目》。纲仿《春秋》而兼采群史之长，目仿左氏而稽合诸儒之粹。岁周于上而天道明，统正于下而人道定。大纲概举，而监戒昭，众目毕张而几微著。《春秋》之后，仅见此书。《春秋》者，经中之史，《纲目》者，史中之经。"(《世史正纲》卷二八，第5页下～6页上)

④ 《世史正纲》于宋孝宗淳熙七年下注"吕祖谦作《大事记》"，并论曰："祖谦作此书，盖采《左传》、历代史及邵子《经世》、温公《通鉴》等书，而参稽百氏之说，既标其题，而又为之解马。《史纲》之作，博采群言，略仿此书，而间有所言论者，仿其解题也。"(《世史正纲》卷二八，第8页下)

或曰：自孔子作《春秋》之后，大事有吕氏之记，续之可也。正统有朱子之笔，遵之可也。奚用此为哉？曰：吕氏之记，计其大而或兼夫细也。朱子之笔，笔其正而或专其统也。愚惟录其大而已，细小不屑及也。取其正而已，统否不暇计也。然则有所见乎？曰：有。圣贤之书婉而正，学者之书显而直。婉而正，所以待后世之贤人君子也。显而直，所以晓当世之学生小子也。[1]

"显而直"和"婉而正"就是《世史正纲》和《通鉴纲目》、《大事记》在表达形式上的分别。丘濬称《通鉴纲目》和《大事记》是"圣贤之书"，认为它们撰写的对象是"后世"的"贤人君子"。他的《世史正纲》只是"学者之书"，对象并不是后世的贤人君子，而是"当世"的一般"学生小子"。丘濬认为人之生，禀赋不齐，真正的"贤者"、"智者"很少，而"愚者"、"不肖者"却占了大多数。圣贤所作的书，用意深而立例严，非有贤人君子的资质，不能明白，所以读得通和读得明白的人很少。他写这本书，是为"愚者"和"不肖者"而作，但求浅易近人，平顺通晓。笔法上，"直述其事，显明其义，使凡有目者所共睹，有耳者所共闻。粗知文艺者，不待讲明思索，皆可与知也"。[2] 可见《世史正纲》和《通鉴纲目》、《大事记》，在表达形式和对象方面，都有显著的分别。而最重要的是，丘濬说明《世史正纲》是为"当世"的人而作。异乎一般史家的目标，他并不寄望这本书能传

① 《世史正纲》卷首，《世史正纲序》，第1页上～2页上。
② 《世史正纲》卷首，《世史正纲序》，第2页上。

之后世，流之千古，而但求对当世有所裨益。这种撰作动机是比较特殊的。

丘濬为当时的学生小子写《世史正纲》，使他们可以共睹共闻，然而，这本书要说的，又是一些什么呢？丘濬载《世史正纲序》中，有明确的交代：

> 世史正纲，曷为而作也？著世变也，纪事始也。其事则记乎其大者，其义则明夫统之正而已。①

说明了《世史正纲》是要举世运变迁，事态更始的较重要者，而绳之以正统之义。换句话说，《世史正纲》的撰作，在专明正统。丘濬指出了《世史正纲》的"宏纲大旨"有三点：

> 一、严华夷之分
> 二、立君臣之义
> 三、原父子之心

对于这三点纲领，丘濬给了以下的解释：

> 华夷之分，其界限在疆域。华华夷夷，正也。华不华，夷不夷，则人类淆，世不可以不正也。
>
> 君臣之义，其体统在朝廷。君君臣臣，正也。君不君，臣不臣，则人纪隳，国不可以不正也。
>
> 父子之心，其传序在世及。父父子子，正也。父

① 《世史正纲》卷首，《世史正纲序》，第1页上。

不父，子不子，则人道乖，家不可以不正也。[①]

丘濬认为世道的安定与否，可以分为世、国、家三方面来看。世主华夷而言，要必华内而夷外；国主君臣而言，要必君令而臣共；家主父子而言，要必父传而子继。就世、国、家的秩序而论，统非得之正弗取，权非济夫经不用。君必死其社稷，臣必死其职事，父必授之于子，子必受之于父，而最重要的，尤在于严内夏外夷之限，以为万世大防。所以他进一步指出：

> 华必统夫夷，夷决不可干中国之统。君必统夫臣，臣决不可萌非分之望。男必统夫女，女决不可当阳刚之位。[②]

丘濬所向往的是，家能父父子子，国能君君臣臣，世能华华夷夷，各安其分，各守其位的社会。如此，方可称为"雍熙泰和之世"。他说：

> 大而一世，所以纲维之者，国也。中而一国，所以根本之者，家也。家则内和而外顺，国则上令而下从。几乎一世之大，则华夏安乎中，夷狄卫乎边，各止其所，而不相侵凌。则人之所以为人者，相生相养，各尽其性，各全其命，而一顺于道义之正，而不徇

---

① 《世史正纲》卷首，《世史正纲序》，第 2 页下～3 页上。

② 《世史正纲》卷首，《世史正纲序》，第 5 页下～6 页上。

> 于功利之私。是则所谓雍熙泰和之世也。人既得其所以为人,物亦得其所以为物,天由是而得以为天,地由是而得以为地。则人君中天地而立,为人物之主者,其责尽矣。上天立君之意,于是乎其无负。而圣贤所以著书立言,谆谆乎垂世立教者,亦于是乎不徒托之空言矣。①

丘濬认为世、国、家三者,有不可分离的主从关系。世之纲维者在国,国之根本在家,家不正则国不正,国不正则世不正。此所以他说:"本家以立国,正国以持世,而一归于人心。"②由此可见,他的理论基础是继承了《大学》中"正心、修身、齐家、治国、平天下"的一套修省次第而来。所谓由一己以及家,家以及国,国以及天下。他要指出的显然是,一己修而后家齐,家齐而后国治,国治而后天下平。所以治国平天下的根本在人,而其关键尤在于人心。至于人心之正如何去维持呢?丘濬强调纲纪伦常之道。他强调华华夷夷、君君臣臣、父父子子、男男女女,各安其分,各守其本。当然,他并不是盲目地强化和鼓吹,或做老生常谈之论。他的最终目的是要维持人类的秩序,制止轻率的犯上僭夺行为,或为一己私利而作的非分之想。至若出于正义,衡之于理而无咎者,丘濬还是予以接受,这在《世史正纲》也是有例可援的。而以纲纪伦常之道施于史学,便成了丘濬《世史正纲》中历史褒贬的理论基础。在上文丘濬道出了拨乱反正,正世道人心的责任,是放在人物之

① 《世史正纲》卷首,《世史正纲序》,第8页上~9页上。

② 《世史正纲》卷首,《世史正纲序》,第3页上。

主和垂世立教的圣贤的身上。这说明他撰写《世史正纲》是要通过历史的事例，去正人类、正人纪、正人道，而其最终则在于正当世的人心。

著世变、纪事始的原则，是贯彻在《世史正纲》里的。《通鉴纲目》记事，始于周威烈王二十三年（公元前403），《大事记》则始于周敬王三十九年（公元前481）。《世史正纲》讬始不本于二书，而起于秦始皇二十六年（公元前221）。大抵《通鉴纲目》始于周威烈王二十三年，是接左氏《左传》的终篇。《大事记》始于周敬王三十九年，是续《春秋》获麟之绝笔。两者均有所本。《世史正纲》始于秦始皇（嬴政，公元前259～前210）二十六年，却是以世变事始为根据。他说：

> 《史纲》而始于秦者何？志世变也。何则？前三代夏商周也，后三代汉唐宋也。前三代之制讫于秦而尽，后三代之制至于秦而起，是盖天地间世变之大机会大界限也。《史纲》于是乎讬始，其慨古道之不可复，而世道之日以降也。[①]

丘濬认为中国历史上世道大变之始，莫过于秦始皇灭六国而统一天下。三代建制之大者，莫大于封建，至是扫荡无余。他慨叹周武王承夏商之后，分封八百国，至春秋之世，惟余十二诸侯，战国期间，仅存七国，虽然气势卑陋，政令庞杂，已非初封之旧，然而先王封建的微意，尤有一线之存，及秦灭六国而统一天下，“天地开辟以来，圣帝明王所以建万国亲诸侯之制，

① 《世史正纲》卷一，第1页上。

自是以后,永无可复之期矣”。[①] 其次,秦始皇始称皇帝,以命为制令为诏,自称曰朕,分天下为郡,置守尉监等,均为三代以前所未有,是“世道大变之端”,此所以《世史正纲》纪事,始于秦始皇二十六年,以著世变的初肇。

始皇二十六年以后,世运变更,已非三代的遗意。自此以后,“古道日以湮微,世道日以沦降”,“君道日尊,臣道日卑,上下遂至于悬绝。师臣之礼,世不复闻。格心之学,竟莫能施”。[②] 他指出后世的史臣,生处其中,便不能不有所作为了。此亦所以《世史正纲》的撰作,虽曰著世变、纪事始,而其大旨,则在于明夫统之正否。这是针对这种现象而发的。

平心而论,从历史的角度去看,秦统一六国,及其所推行的种种设施和体制,确为中国历史发展的一个重要转捩点。自始以后,中央集权,君主专制,成了中国日后政治发展的特色。丘濬以此为世变之始,诚别具识见,而且也是颇有可取的。

史书的笔法义例,在史学作品中占有极重要的地位。往往作品的精恰条贯,有赖义例的拟定和发挥。《世史正纲》是一部以明正统为旨归的史学作品。它的体制,对发挥其作用更为重要。一如《春秋》及《通鉴纲目》等其他以发挥微言大义为主的史学作品一样,《世史正纲》的褒贬予夺,主要也是通过笔法表现出来,而其附论,则在于阐明其笔法中所作褒贬的因由。关于《世史正纲》的书法体例,丘濬在《世史正纲凡例》中给了五点简明的说明:

① 《世史正纲》卷一,第 2 页上。

② 《世史正纲》卷一,第 4 页上~下。

一、是书之作，系事以年，而不备其时与月者，盖以圣人作经，备载四时而错，举《春秋》以为名，不敢僭拟之也。

二、是书止提其纲，而不备其事者，不敢仿大贤之《纲目》也。

三、是书异于前史者，以规圆为圈，于甲子下年号上，而即其中以书国号也。然其所书之号，则有朱墨之异焉。自来刻本，凡朱书皆黑其地而白之，今分画为白字者，以其圈之或白或黑，各有取义，非但朱墨之也，盖寓太极阴阳之理。

四、凡作史者，皆有义例，今此书标出前代事体之大而要者，示学者以大意，俾其显明易晓，简约易记耳。随事为文，无有义例，间有异义者，各具本条下。

五、凡序中所引言者，皆书中所合纪载者云，即此便是凡例。①

大体来说，《世史正纲》是没有具体的笔法义例的。序文中所说的华华夷夷、君君臣臣、父父子子，便是这本史书褒贬进退的原则和标准。在形式上，为求简洁易明，且避免牵涉到僭拟《春秋》、《纲目》的罪名，所以史事只系以年而不具时月，提其纲而不举细目。有年无月，有纲无目，便成了这本史书的特色之一，比之《通鉴纲目》，却反而更来得简明和

① 《世史正纲》卷首，《世史正纲凡例》，第 10 页上～下。

扼要。

基本上,在褒贬方面,《世史正纲》沿袭了《春秋》和《通鉴纲目》的传统和笔法,在书写期间,对史事和人物的描述,下笔用字,都力求严谨恰当。书中如用“崩”、“薨”、“卒”或“死”等字眼以书写历史人物的去世,又或书“弑”而不书“诛”,书“诛”而不书“杀”,都表示了褒或贬,认同或否定的意义。它的基本用法是可以在《通鉴纲目凡例》中见其端倪的。但丘濬对史事和人物的评价,并不一定以《通鉴纲目》为准,而往往以他自己的论断为主,尤以宋元两代史事,因无前例可援,更见其独立性,而且这也是《世史正纲》的主要部分。而《世史正纲》中遇有书法或用字有特别之处,便于附论中加以说明。这使提纲和附论,成了紧密的配合。

二、以正统为依归

《世史正纲》在体例上的最大特色,是它书国号(即朝号)和纪年号的方法。其巧妙设计,可谓发前人所未发。丘濬曾解释说:

> 《史纲》规(笔者按:此处疑缺“圆”字)为圈而书国号于其中,用以冠于逐年之上者何?视《纲目》书某甲子例也。盖天运于上,而以岁周之;人生于下,而以国统之。标国号于甲子之下,逐年之上,所以著奉天运以主民生者,当时统系在此也。若书有朱,墨之殊者,则又以别其统之有偏全焉。无统之世,则虚

其中不书。①

丘濬为使读者对每一个朝代和每一个帝王的统治,其统是正是否,是偏是全,能够一目了然,便设计了这一套书写国号和纪年号的特别方法。具体来说,书国号和纪年号是可以分开来看的。国号和年号的书写形式,说明了两种处理正统问题的方法。然而,两者又是有密切关系的。《世史正纲》在每年的干支之下,年号之上,均规画一个圆圈,而书国号于其中。这个圆圈指出了奉天运以主民生者的归属,换句话说,是正统的所在。凡受命于天而拥有天下的政权,《世史正纲》均书其国号于圈中。书写国号又有朱书和墨书的分别,以示统的偏全。凡大一统的政权,均朱书其国号于圈中,偏统政权,则墨书其国号于圈中。而统的偏全,又并非以地域的多寡来衡量。至于无统之世,则虚其圈不书,以示天下未有奉天运以主民生者。无统之世,其圈之地是黑是白,又有特别的意义,以说明世运阴阳的消长。简而言之,《世史正纲》书国号的方法,主要分为有统之世和无统之世两大类:有统之世又有朱书和墨书之别,以示统之偏全;无统之世又有黑白之异,以示世运阴阳消长。大抵朱书国号,需要两色套印,较为复杂,所以后来的刻本,多以空心反白字代替朱书。至于《世史正纲》的纪年号方法,有大书和分书之别。凡正统之君,则大书其年号于甲子和国号之下,非正统之君,则分书其年号于旁。这种纪年号的方法,在《通鉴纲目》中已经采用,但并不是每年注明,且作用亦未如《世史正纲》般显著。

---

① 《世史正纲》卷一,第1页下~2页上。

《世史正纲》利用书国号和纪年号来表示正统与否的技巧，可以从书中用过的事例来进一步说明。综观《世史正纲》全书，可以发现以下不同的书写国号和年号的例子：

庚辰　始皇帝二十六年

壬辰　二世皇帝元年

己亥　太祖高皇帝五年

丙申　天宝十五年载、七月以后肃宗至德元载

己巳　新莽始建国元年

戊辰　晋岐淮南称唐天佑五年、梁主晃开平二年、蜀王建武成元年、吴越王钱镠天宝元年

庚辰　元主忽必烈至元十七年

秦始皇二十六年灭六国而统一天下，秦虽无道，《世史正纲》仍大书其年号，以示其得位无歪于纲常伦纪，授受取予之道。然而，秦的国号则墨书于圈中，说明秦虽有天下之统，但尚未得其正。丘濬对秦这个统一的政权，有特别的看法。他说：

> 呜呼，秦至无道也，乃能定天下于一，孟子不嗜杀人之言，无乃不验乎？吁，是不然。秦人吞噬六国，盖恃其势力以兼并之也，岂可谓定乎？所谓并天下者，特为汉王驱除焉耳。曾几何时，胜、广兵起，复立六国，尽王诸将，天下纷纷扰扰，民不聊生。卒之定天下于一者，乃宽仁大度之沛公也。孰谓孟子之言不验哉？愚尝因是而通论天下分合之势矣。孟子曰："天下之生久矣，一治一乱。"乱之极矣，天必厌

之而生治。治之将生，必有驱除之人，以扫其祸乱之余烈，以迓夫反正之君，俾其开一代之治端，基数百年之全盛。历考前代，莫不皆然。周之衰也，分而为春秋战国，终而收拾之以秦，于是乎汉兴焉。汉之衰也，分而为三国南北朝，终而收拾之以隋，于是乎唐兴焉。唐衰而五季纷乱，世宗于其间以治易乱，气势将合矣，有宋继而阐以文。宋衰而女真分裂，蒙古乘其后，以夷混华，坏乱已极矣，我朝拨而反之正。①

如此看来，丘濬认为秦、隋只可视为"驱除之人"，扫除祸乱的余烈，为汉、唐的"开一代之治端，基数百年之全盛"作好了准备而已。秦、隋都不是真正大一统的治世，所以他们的国号都用墨书于圈中。至于秦二世继位，《世史正纲》分书其年号于一旁，"明统之在秦者未绝，而所以继其统者，非所继也"。②盖胡亥(公元前230～前207)登位，并非始皇之意，实有违父父子子之道。子不受于父，则分书其年，以示继统的不正。丘濬并说："不然，据其见得者则予之，是以成败论事而没其逆父之心，杀兄之罪。乱臣贼子接迹是世矣。"③可见分书年号，在《世史正纲》来说，有笔诛奸邪，警醒世人的作用。但《世史正纲》的墨书国号，旁纪年号，并不一定是贬斥，其中又有变例的。如公元前206年，秦亡而群雄争鼎，天下大乱。《世史正纲》于是年墨书汉国号于圈中，并分书年号曰："楚义帝元年，

① 《世史正纲》卷一，第2页下～3页下。
② 《世史正纲》卷一，第20页下。
③ 《世史正纲》卷一，第20页下。

汉主刘邦元年”。朱熹《通鉴纲目》于公元前202年，刘邦(公元前256～前195)灭项羽(公元前232～前202)后，始大书汉国号，予以正统。[①] 丘濬于汉王元年，天下未定之际，即归统于汉，是要指出“人心之向往，即天命之所归，用以见当时人心已归汉矣”。[②] 丘濬解释这是取法《春秋》的。他说：

> 《春秋》之义，急于进人以善。人之有善，虽未著，已进而予之，不逆探其终也。若夫既善其初，又成其终，则其予之也必矣。高祖当秦人暴虐之余，群雄杀戮之会，独能以宽仁为心，拯民于水火之中，假使无成，犹在所予。[③]

人心既已归汉，故《世史正纲》于汉王刘邦元年，即进汉于统。然而天下尚非大一统之世，所以用墨书国号于圈中。至于分纪其年，丘濬说：“明人心虽归汉，而群雄犹未尽灭也。”[④]可见《世史正纲》以墨书国号、分纪年号来处理秦末刘邦的政权，其意义是异乎秦二世元年所用的。不过，可以确定地说：墨书国号，说明天下之统已归其国，然尚非大一统之世；分纪年号，指出继国之统尚未得正。所以至汉高祖五年，翦灭项羽及各地暴乱后，《世史正纲》才朱书其国，并大书汉高祖的年号。丘濬说：“此《纲目》一统之大例也。前书以见人心之归，后书以

① 见朱熹著、清圣祖(玄烨)批：《御批资治通鉴纲目》正编，卷三，清光绪丁亥(1887)，上海同文书局重印本，第1页上。

② 《世史正纲》卷二，第1页上。

③ 《世史正纲》卷二，第1页上～下。

④ 《世史正纲》卷二，第1页下。

见大统之一。”①

唐玄宗(李隆基,685～762)天宝十五载(756),安禄山(?～757)叛乱,玄宗奔蜀。同年七月,太子亨(711～762)自立于灵武,改元至德,是为肃宗,并尊玄宗为上皇天帝。《世史正纲》于是年,大书“天宝十五载”,其下则分书“七月以后,肃宗至德元载”。丘濬说:

> 正统之君,大书其号与年,非正与统者,则分书之。若正统之君,一岁而两元者,亦接而大书之。独于肃宗分书至德号年于天宝十五载大书之下者,肃宗不受命于玄宗,不予其继统也。②

《世史正纲》的大旨之一是要正伦常之道,父父子子之分。肃宗未受父命而自立,难免受到斥责。这可说与分纪秦二世年号的用意基本相同。

《世史正纲》对待历史上篡君主之国而建立短暂政权的乱臣,在书写国号和年号时,有特别的安排。公元八年,王莽(公元前45～公元23)称帝篡汉,该国号“新”。《世史正纲》墨书汉国号于圈中,并将圈之黑线加深,而新莽的年号则分书其下。丘濬说:

> 是时莽即真天子位而国号新矣,而犹系之汉世史者,新不成国,无其史故耳。按东汉时,张衡条上

① 《世史正纲》卷二,第8页下。

② 《世史正纲》卷一八,第24页上。

> 班史与典籍不合者，以为王莽本传，但应载莽篡事。至于编年月，纪灾祥，宜为元后本纪。盖不予莽之篡汉也。而司马氏《通鉴》则以莽接汉纪书之，所以不没其实焉。《史纲》于岁下之圈外涂以黑，而内书汉号，下分注莽之号年，明莽虽有其位，而天命人心之在汉者，固未尝改也。庶乎既不予其篡，而又不没其实焉。[①]

《世史正纲》撰写动机之一，是正君臣之道。王莽以臣篡国，自然要予以笔诛，所以仍系之于《汉世史》，用汉正朔，一来以示汉祚未绝，二来是对篡君国者的不容，不以新朝视之。[②] 而分书莽年号于圈下，则说明了莽虽有其位，实非所继而继。《世史正纲》处理武则天(624～705)的篡唐为周，亦用同一办法，公元683年冬十二月丁巳，高宗崩于贞观殿(笔者按：《旧唐书》作"真观"然《新唐书》及《资治通鉴》均为"贞观"，待考)。皇太子哲(笔者按：后更名显，656～710)即位，是为中宗。此年(684)改元嗣圣。同年二月戊午，武氏废中宗为庐陵王，另立豫王旦(662～716)为帝，是为睿宗，改元文明。同年九月又改元光宅。至公元690年，武氏自立为帝，改国号为"周"，自称"圣神皇帝"。沈既济(约750～约800)的《建中实录》谓，

① 《世史正纲》卷六，第23页上～下。

② 《世史正纲》弃《通鉴》之法，仍以汉正朔纪年。王莽始建国元年，《世史正纲》记："春正月"，其下则分书"新莽二月"。(卷六，第23页下)按王莽于孺子婴初始元年(公元8年)冬十二月篡位，改正朔以建丑月为岁首，既以十二月癸酉朔为正月朔，则此年之正月，即其二月。《世史正纲》犹书"春正月"，是不予其改正朔。

"君虽失位，不敢废"，所以于每岁之首，必书中宗所居，纪称中宗，而事述武后。[①] 其后范祖禹(1041～1098)撰《唐鉴》，反对《唐书》列武后于本纪，[②]故将其事迹系于中宗嗣圣年号之下，黜武后之号。[③] 朱熹《通鉴纲目》本此二说，于每岁甲子之下大书嗣圣之年，分注武氏年号于其下，终武氏之世，每岁必书帝之所在，而武氏的行事，则以太后称之。[④] 丘濬对这些做法表示不同意，认为这些安排并不妥当。他说："说者谓天无二日，名无二主。一国不容有两号。武氏既革唐为周，有周则无唐，无唐则无帝矣。同一疆域也，同一时世也，而帝与周同书，岂得无窒碍乎？"[⑤]丘濬指出一国而纪两年号，于理不合。而且，武后既废中宗立睿宗，睿宗虽然拥虚器，但武后尝明废之。

① 《世史正纲》卷一七，第16页上。

② 考新、旧《唐书》均列武后于本纪。见刘昫等：《旧唐书》卷六，《本纪》第六，北京：中华书局，1875年，第15～133页。欧阳修、宋祁：《新唐树》卷四，《本纪》第四，北京：中华书局，1975年，第81～105页。

③ 见范祖禹：《唐鉴》卷七，台北：商务印书馆，1973年据《庐现藏罕传书善本丛刊》重印，第11页上～17页上。范祖禹并谓："自司马迁作《吕氏本纪》，后世为使者因之。故唐史亦列武后于《本纪》。其余纪事之体则实矣，《春秋》之法则未用也。或曰：武后，母也。中宗，子也。母虽不慈，子不可以不孝。中宗欲以天下与韦元贞，不得为无罪。武后实有天下，不得不列于本纪，不没其实，所以著其恶也。臣以为不然。中宗之有天下，受之于高宗也。武后以无罪而废其子，是绝先君之世也，况其革命乎。中宗曰：我以天下与韦元贞何不可？此乃一时拒谏之忿辞，非实欲行之也。若以为罪，则汉哀帝之欲禅位董贤，其臣亦可废立也。《春秋》：吴楚之君不称王，所以存周室也。天下者，唐之天下也，武氏岂得而问之。故臣复嗣圣之年，黜武氏之号，以为母后祸乱之戒，窃取《春秋》之义，虽获罪于君子而不辞也。"(第16上～17页上)

④ 见《通鉴纲目》卷四一，第16页上～32页下；卷四二，第1页上～10页上。

⑤ 《世史正纲》卷一七，第16页上～下。

《通鉴纲目》于每年必书帝居处，是不予武后继统，而仍目中宗为帝，但这样，“帝”便显得混淆不清。再者，中宗继位改元嗣圣，仅有再阅月的短暂时间，即为武后所废，另立睿宗，改元文明，同年又改元光宅。《通鉴纲目》等书仍以嗣圣纪年以黜武后，丘濬认为这是“假辞以立义，非纪实也”。[①]《世史正纲》于此，仿书王莽篡汉建新之例，于甲子下书唐国号于圈中，并涂深黑线，其下则旁纪武周年号，而每岁则书“帝显居某处”。丘濬解释说：

> 《史纲》于圈中书唐字，而于其下分书武氏之年，以见时天下虽专制于武氏，而实唐之天下。虽曰唐之天下，而所以专制之者，实武氏也。及乎每年帝在之书，必著其名，而使人不疑中宗于睿宗。如此则义得其正，事不没其实。贼后之罪既得以暴著于天下，君臣之义又得以昭明于后世云。[②]

由此可见丘濬《世史正纲》书国号和纪年号办法的设计巧妙。国号说明了天下大统所归，而年号则指出了一国政权之所操。他的设计解决了前人既不欲予乱臣贼子夺统，但又不能不违

---

① 《世史正纲》卷一七，第17页上。

② 《世史正纲》卷一七，第17页上～下。丘濬又对旧史于武后失势后书“复国号曰唐”，表示不同意。《世史正纲》于中宗神龙元年(705)下书：“革去周号”。丘濬解释说：“旧书复国号曰唐，此书革去周号何？武氏所以据尊位临万方，以臣其人民者，岂尽出其智力哉？因唐之势耳。彼其革去唐号而称曰周，特见于称呼，施之文移焉耳，人心天意之在唐者，未尝有渝也。武氏一旦去位，则唐之社稷固自如也，又何俟于复哉？革去周号，唐斯在矣。”(卷一七，第31页上)

背历史事实的矛盾。《世史正纲》的书法，使“义得其正，事不没其实”，可以说是两全其美的办法。

《世史正纲》处理无统之世，均空其圈而不书国号，以示天下无奉天运以主民生之主。如公元 908 年后五季之世，[①]《世史正纲》空其圈不书，并分书各割据群雄之年号于其下，道出天下无继统之属主，国无可继统之君。这种书法，并见于三国世史的后期，魏、吴对立之际，[②]和南北朝期间的纷乱局面。[③]至于夷狄混一中国如元朝之世者，丘濬认为中国不但无统，且阴道长而阳道消，人类不正，华不华，夷不夷，是天地间大变之世。《世史正纲》终元之世，均空其圈而不书国号，且涂黑其地。丘濬解释谓：

> 窃原天地之理，推圣贤之意，以严万世华夷之防。于元之混一天下，依《纲目》南北朝，五代例，分书其年号，于甲子之下，且黑其圈，以见为纯阴之世，天翻地覆，夷狄反为华夏之主，自天地开辟以来，未

① 一般史家称公元 907～960，朱温开平元年建“梁”以后，至宋太祖赵匡胤建隆元年的一段历史为“五代”。《世史正纲》则称此段为“五季世史”，不称“五代史”。丘濬说：“唐亡以后，相继而起者五姓，所谓梁、唐、汉、晋、周是也。自宋人作《五代史》，世因称之为五代。夫谓之代者，必继世之久历十数世也。五姓僭乱，欻起忽灭，甚至继世止有二主，历年仅见四稔，较之有周一代，八百年之长何如哉？同以代称，似非其伦。今因朱子《大学章句序》中语，改称五季云。”（卷二二，第 1 页上）

② 《世史正纲》于公元 263 年蜀汉亡后，次年（264）即空其圈不书国号，其下则分书“魏咸熙元年，吴主皓元兴元年”以示天下无统。见卷十，第 16 页上。

③ 《世史正纲》于南北朝世史（421～589）一段，空其国号不书，其下并分书各政权的年号，详参第 13～14 页。

始有也，有之始于此。呜呼，岂非天地间极大之变也哉。①

丘濬说圈之地的黑与白，是本于太极图的阴阳。中国为阳，夷狄为阴。元之世，夷狄统一中国，是阴道长阳道消之世，天不为天，地不为地，故其圈必黑，以示世道大变，天地颠倒，人类不正。直至元顺帝（妥懽帖睦尔，1320～1370）至正十五年（1355），刘福通（生卒年不详）拥立韩林儿（？～1366）为宋帝，建元“龙凤元年”，是年《世史正纲》于圈下分书至正及龙凤两年号，才改为空其国号而白其地，以示“天运转而阳道复，阴翳消也”。② 夷狄从汉人手中僭夺的政权，渐渐为华夏之人所取回来。

《世史正纲》对历史上的正统问题的处理③，尚有二个片

① 《世史正纲》卷三一，第2页下～3页上。

② 《世史正纲》卷三二，第15页下。

③ 关于正统论之形成、演变，及中国历代史家对正统问题之讨论，可参考：那珂通世《支那正统论》，见《那珂通世遗书》，东京：大日本图书株式会社，1915年，第1～14页；魏应麒《中国史学史》，长沙：商务印书馆，1941年，第106～111页，第125～130页。柳诒徵《国史要义》，中华书局，1948年，第50～66页；内藤虎次郎《支那史学史》，东京：弘文堂，1950年，第277～286页，第321～330页；陈芳明《宋代正统论的形成背景及其内容》，《食货月刊》，第1卷第8期，1971年11月，第16～28页；《宋辽金史的纂修与正统之争》，《食货月刊》，第2卷第8期，1972年11月，第10～23页；西顺藏《北宋その他の正统论》，《一桥论丛》，第30卷第5号，1953年，第48～70页；Rolf Travzettel, “A Discussion on the Legitimate Line of Succession in Northern Sung Time”, in *Cina*, No. 8, 1964, pp. 56～58；赵令扬师《关于历代正统问题之争论》，香港：学津出版社，1976年；饶宗颐《中国史学上之正统论》，香港：龙门书店，1977年；Chan Hok-lam, *Theories of Legitimacy in Imperial China: Discussions on “Legitimate Succession” under the Jurchen-Chin Dynasty 1115～1234*, Seattle: University of Washington Press, 1986。

断是值得去留意的。陈寿(233～297)撰《三国志》,分纪魏、蜀、吴三国史事,而以魏为正统。① 后世史家论三国者,亦多依分三国为魏、蜀、吴。丘濬对此表示反对,认为历史上并无蜀国之立。《世史正纲》于《三国世史》一段分三国为汉、魏、吴,并以天下之统归汉,墨书汉国号于圈中,其下则大书蜀汉年号及分纪魏、吴年号于其后。丘濬附论说:

> 陈寿作《三国志》,曰魏、曰吴、曰蜀,各为之志。今改蜀称汉者,盖昭烈自以为汉室之胄,初为汉中王,既而闻帝协被害,即皇帝位,以承汉统,虽居蜀地,而实未尝改国号蜀也。陈寿晋人,以晋受魏禅,不敢帝汉,而以其所都之地称。呜呼,史氏实录,将以示信万世,虽行事之小者,不可失其实,况国号乎?②

因为刘备(161～223)在蜀所建的政权是汉朝的延续,所以《世史正纲》于蜀汉炎兴元年(263)魏将邓艾(197～264)率兵至成都,后主刘禅(207～271)出降后,始书"汉亡",其下并注曰:"是岁蜀汉亡,历主四十三年。通前后二汉共四百六十九年。"③

其次,丘濬不满于一般史家处理五季末年刘崇(笔者按:

---

① 陈寿《三国志》把三国史事分成三书:《魏书》三十卷,《蜀书》十五卷,《吴书》二十卷,共六十五卷。其中独于《魏书》立《本纪》,可见是有意视魏为正统。见《三国志》卷一～四,北京:中华书局,1959 年,第 1～164 页。

② 《世史正纲》卷十,第 1 页上～下。

③ 《世史正纲》卷十,第 15 页下。

后改名旻,896～955)所建的政权的手法。汉隐帝刘承佑(923～950)乾祐四年(951),郭威(904～954)监国自立,国号"周",改元"广顺"。河东节度使兼中书令刘崇即位于晋阳。司马光《资治通鉴》称其政权曰"北汉"。[①] 丘濬认为刘崇在晋阳的政权应仍以"汉"称,不应别立"北汉"。他说:

> 刘崇乃知远之弟,承佑之季父也,于刘氏为亲属,非踈远之比。郭威篡汉,刘崇即位于晋阳,所以承汉之统也。况汉之亡,在宋太宗之太平兴国四年,其国祚视周为远矣,岂得以其微弱之故,即不予以继汉乎?宋人作《通鉴》,亦犹晋人之作《三国志》,以魏承汉,以为晋也。尔今隔数世矣,安得尚徇其旧哉?[②]

丘濬指出了宋代史家称刘崇为"北汉"是别有用心,其意图与陈寿《三国志》的立"蜀"相同,目的在为宋继周统立说而已。所以《世史正纲》于宋太宗太平兴国四年(979),汉主刘继元(949～991)降宋后,始书"汉亡",并注曰:"是岁汉亡,前二主四年,后四主二十八年,共三十二年。"[③]异于欧阳修《新五代史》

---

① 司马光《资治通鉴》书岭南之汉为"南汉",河东之汉为"北汉"。见《资治通鉴》卷二九〇,《后周纪》一,北京:北京古籍出版社,1956年,第9454页。欧阳修《新五代史》则称刘崇政权为"东汉"。见《新五代史》卷七〇,《东汉世家》,北京:中华书局,1974年,第863～872页。

② 《世史正纲》卷二二,第41页上～下。

③ 《世史正纲》卷二三,第17页上。

于汉乾祐三年(950)十一月乙酉,汉隐帝去世后,即书"汉亡"。[1](笔者按:隐帝去世后,太后临朝。庚申,以郭威监国。次年春,太后下诰授监国符宝。威即皇帝位,国号周,改元广顺,并尊汉太后为昭圣皇太后。时距隐帝去世实已四十二日。《新五代史》于隐帝崩即书"汉王",在于暴露郭威监国的假托。)丘濬的附论说:

> 所谓五季者,梁、唐、汉、晋、周是也。《史纲》于梁、唐、晋、周之亡皆不书,而独书汉亡者,著汉之亡,不在郭威之代周也,而在继元之降宋也。其诸异乎欧阳氏《五代史》所书汉亡者欤。况自唐末以来,乘时僭窃者,至是始殄灭无余,譬则氛阴霾,一旦廓清,始见天日,是亦治乱之一大几也。[2]

可见《世史正纲》不依宋人《资治通鉴》及《新五代史》所书,视刘崇的晋阳政权为汉的延续,以汉亡于宋太宗太平兴国四年,一来表示天下至此方得大定,二来不予宋人为求继周之统而歪曲刘汉的史实。

丘濬对历史上刘备和刘崇所建的"蜀汉"和"北宋"政权的处理,显示出其史学之客观和卓越。显然,他对一些史家以成败论得失,以得地之多寡定取舍的态度,是并不苟同的。对丘濬而言,成败得失,强弱大小,都不足以左右其评定继统之正否。最主要的,是力求理得其正,事不离实。所以,赵宋虽强、

① 《新五代史》卷一〇,第106页。
② 《世史正纲》卷二三,第17页上。

刘汉虽弱，丘濬并未因之而淹没刘汉的历史地位而进宋于大统。自宋太祖赵匡胤(927～976)于公元960年建宋始，《世史正纲》均以墨书宋国号于圈中，而其下则分书汉及宋年号，表示天下人心气运虽已归宋，但治权则不主于一。其中两政权均以细字分书，则又说明赵宋政权在继统方面，并未优胜于刘汉。直至宋太宗太平兴国四年汉亡后，《世史正纲》始以朱书宋国号于圈中，并大书其年号于下，显示天统治统，至此方全归于宋。①

丘濬对这些片断的处理，及其在附论中所作的说明，一方面指出了历史撰作应大公无私，不可因强弱得失而有所偏废，而另一方面，亦对如陈寿、司马光等史家，为服务当时政治而曲解历史者，提出了谴责。由此，更足见《世史正纲》论正统之可取处。

三、华夷之辨

丘濬编纂自秦始皇统一天下以迄明太祖灭元光复中华的历史，定名为《世史正纲》是有特别意义的。《世史正纲》的撰作目的，是要明正统、正天下、正国、正家，伸张华华夷夷、君君臣臣、父父子子、男男女女的纲常关系。而“正纲”的意思，就是要正伦常纲纪。至于为什么又称为“世史”呢？丘濬的《世史正纲》共三十二卷，全书分为十二世史：秦世史、汉世史、三国世史、晋世史、东晋世史、南北朝世史、隋世史、唐世史、五季世史、宋世史、元世史、明世史。丘濬曾对“世史”解释说：

---

① 《世史正纲》卷二三，第1页上～16页下。

> 史而谓之世者何？举一世言之也，天处乎上，地处乎下，人处乎中，人所处之处是则所谓世也。世即所谓天下也。民生有欲，无主乃乱。天生烝民，必命一人主天下以任世道之责。得其人则华华夷夷各止其所而不相侵乱，否则土地为之分裂，人类为之混淆。《史纲》之作，必加世于国号之下，以见此一时之君臣民事物，凡在斯世者，皆具于是史之中焉。①

可见丘濬所说的“世”，其含义比较广泛。我们对“世”的理解，应该有别于历史上所惯用的“朝”或“代”。丘濬所说的“世”原指天下，他写《世史正纲》是着眼于写一部关于天下的历史。这个天下，当然是指华夷共处其间的天下，一个由汉人的家国和夷狄所构成的整体。但因为天下的治乱，定于人君——天子的贤否，所以“世”以朝代作为划分。

其次，在《世史正纲》中有一点不可以忽略的是丘濬时常提及的“世道”。“世”和“世道”，有密切的关系。在《世史正纲》中，“世”往往暗示了“世道”的意义。所谓“世道”，即天下之道，在《世史正纲》中其实是指人类的关系和秩序，亦即华夷、君臣、父子的纲常关系，其中尤以华夷的关系最为首要。从《世史正纲》中可见丘濬认为天下的治乱在于人类关系的正否，是世道的问题。所以“世史”，其实就是世道的历史，而书名《世史正纲》，便已说明了正世道人心这个大前提。丘濬论

---

① 《世史正纲》卷三一，第1页上~下。

及世道时,认为世道有兴衰,这和天道的演变是相应的。他说:

> 天道有阴有阳,世道有治有乱。世道之治乱,本乎天道之阴阳,各以其类而应。是故阳之类,中国也,君子也,天理也。阴之类,夷狄也,小人也,人欲也。阳明出事则中国尊安,君子在位,天理流行,如此则为治世。阴浊用事则夷狄僭乱,小人得志,人欲恣肆,如此则为乱世。①

世道的治乱,就好像天道的阴阳。所以,《世史正纲》特别于甲子之下规划一圈,代表太极,其阴阳之交替,便说明了天道的兴衰,而世道的治乱,亦可以从中而得之。丘濬在检讨元世历史时,曾认为世道阴阳的消长,自秦迄元,可以分为五世②:

> 一、华夏纯全之世:汉、唐
> 二、华夏割据之世:三国
> 三、华夷分裂之世:南北朝、宋南渡
> 四、华夷混乱之世:东晋、五代
> 五、夷狄纯全之世:元

丘濬用华夷实力的消长作为准则,划分明以前历史为五世,展

---

① 《世史正纲》卷三二,第 27 页上~下。
② 《世史正纲》卷三一,第 1 页下。

示了过去历史中不同的华夷关系的经验。他要强调的是：世道的治乱，先决于天下间华夷势力的均衡。显然，丘濬特别重视夷夏之方，认为这是世道盛衰的关键。他曾说："若夫胡元入主中国，则又为夷狄纯全之世焉。噫，世道至此，坏乱极矣，此《世史正纲》所由作欤？"[①]如果我们说丘濬写《世史正纲》是由于元朝的统治而激发起来，这也并不是完全没有根据的。丘濬认为元朝的统治是世道坏乱之极，然而，在明朝光复了华夏统治之后，元朝的夷狄统治并未受到明代史家的强烈谴责，反之，胡元的夷狄政权更被默认在中国历史正统之列，这是丘濬最不能接受的。他指责"世儒"对元朝的宽容。《世史正纲》于元至元十七年(1280)，蒙古人统一中国后，加了一段大义凛然的附论：

> 鞑靼远在朔漠不毛之地，衣皮而不布帛，茹肉而不菽粟，无官室之居，无彝伦之理，其去禽兽也者几希。一旦恣其狼虎之毒，戕我中国之主，据我帝王所自立之地，统我华夏衣冠礼仪之民，彼自称曰皇帝，吾亦从而皇帝之，生其时者，在其陷阱之中，刀锯之下，固无如之何也已矣。后世之史臣，又背吾孔子之家法，而忘我圣人《春秋》之大戒，世道之责将焉赖哉？[②]

从《世史正纲》中所见，丘濬对明朝史家认同元朝政权的态度，

---

① 《世史正纲》卷三一。

② 《世史正纲》卷三一，第4页上～下。

其不满是流露于各处的。丘濬往往不放过任何机会去提出他的指责。如后汉高宗(刘知远,895～948)天福十二年(947),丘濬在解释为何书"契丹耶律德光(笔者按:即辽太宗,902～947)死"时,便忽然转了话题说:

> 后人议元者,乃欲以其混一中国,而进之汉唐之间,何所见耶?且忽必烈(笔者按:即元世祖,1215～1294)之于德光,同一夷种也,但得中国地有广狭耳。徒以其得地广狭而高下之,是以功利论事也,其《春秋》意哉?[①]

他又曾总论元朝之历史地位曰:

> 世儒以其一世之微功,而忘万世之大戒,是岂上天立君之意哉?是岂圣人立教之心哉?[②]

丘濬认为尊夏攘夷是影响万世的工作。世儒眼光短浅,只知道元朝曾建统一的局面于一时,便完全忘却了华华夷夷的界限,忘却了内夏外夷不易戒条,这是有违天意和圣教的。所以《世史正纲》多次强调"原天地之理,推圣贤之意,以严万世华夷之防"。[③]

显然,上文丘濬所指的"后人议元者"和"世儒"是针对明

① 《世史正纲》卷二二,第35页下～36页上。
② 《世史正纲》卷三一,第2页下。
③ 《世史正纲》卷三一,第2页下。

初的史家。明初洪武二年(1369)二月,太祖(朱元璋,1328～1398)召宋濂(1310～1381)、王袆(1322～1373)等编修《元史》,前后两次开局,仅年余之时间而仓促成书。[①]《元史》体例一依过往正史,仍立本统,对元代君主不但没有责备其侵华行为,反之,推崇元初开国君主"刚明雄毅"、"仁明英睿"。完全接受了元朝为中国历史上的正统朝代。[②] 相信这是丘濬所最不满之处。但作为一个大臣,对于官修的史书,他是不便直斥其非的。

事实上,丘濬对异族的态度是否过分极端了呢?他的华夷观念是否种族主义或狭隘的民族主义思想在作祟?答案是否定的。华夷观念在古代中国具有悠厚的历史,早在

---

① 关于参与编纂《元史》的学者及编纂过程,参考《明太祖实录》卷三九,第1页上;朱彝尊《曝书亭集》卷六二,1889年,寒梅馆刊本,第4页上～5页下;金毓黻《中国史学史》,北京:中华书局,1962年,第112～113页;李宗侗《中国史学史》,台湾:中华文化出版事业委员会,1955年,第137～139页;刘节《中国史学史稿》,河南:中州书画社,1982年,第268～271页。

② 详参宋濂、王袆等编《元史》,北京:中华书局,1976年,卷三,第54页;卷四,第57页;卷一七,第377页,明初士子何以有这种心态,是颇为复杂之问题。明初仕明者多为元旧,从彼等文集中所见,似对元朝尚存怀恋之情。即使明太祖,对元朝蒙古政权之看法亦并不统一,大抵是受在朝大臣的影响。涉及这个问题的研究,可参考:钱穆《读明初开国诸臣诗文集》,原载于《新亚学报》,第六卷第2期(1964年8月),现收于包遵彭编:《明代政治》,台湾:学生书局,1968年,第7～90页;《读明初开国诸臣诗文集续编》,收于钱穆《中国学术思想史论丛》,台北:东大图书公司,1978年,第6册,第172～200页;John Dardess, "Ming T'ai-tsu on the Yüan: An Autocrat's Assessment of the Mongol Dynasty", in *The Bulletin of Sung and Yüam Studies*, No. 14, 1978, pp. 6～11; John D. Langlosis, Jr., "Chinese Culturalism and the Yüan Analogy: Seventeenth-Century Perspectives", *Harvard Journal of Asiatic Studies*, Vol. 40, No. 2, 1980, pp. 355～398。

春秋(公元前770～前476)期间这种观念已经出现,并随着时代的演变而有所发展。[①] 用今天的眼光来看这个问题,自然会产生以上的疑问。但今日的标准是否可以来衡量数百年,甚至几千年以前的情况?这是更先决的疑问。事实上华夷的对立在古代中国一直是存在着的现象。今天已成为中华民族的一分子,同化于中华文化之中的游牧民族,无可否认,在古代中国只以夷狄称之,并未被视为中国之人。若果因今日的情况而否定历史的事实,这只是舍本逐末的看法,也是自欺欺人的。在古代,夷狄一直被认为是威胁着中国安危的大患,也是中国历朝主要防范的敌人。华夷观念的提出,许多时是针对夷狄的入侵而发,作为激发民族士气的口号。故往往在中国国势较弱,或正受到异族亡国威胁的时候,华夷观念便更形浓厚。华夷观念表现在史学上,《世史正纲》亦并不是首次,《春秋》鼓吹的"尊王攘夷",可说是这方面的先声。至于通过史学上的正统论去对夷狄入侵和统治进行谴责,则丘濬的《世史正纲》在这方面是比较具体和有条理的。

丘濬的正统论有明显的迹象是受明初方孝孺(1357～

① 关于华夷观念在中国的形成及由此而衍生之问题,详参:小仓芳彦《华夷思想の形成》,载于《思想》,第503号,1966年,第23～32页;Alfred Forke, *The World-Conception of the Chinese*, London: Arthur Probsthain, 1925;安部健夫《中国人の天下观念》,东京:同志社大学,1956年;John K. Fairbank, ed., *The Chinese World Order*, Cambridge: Harvard University Press, 1968。

1402)的影响[①]。方孝孺特别强调正统问题的重要，并希望以此来“寓褒贬，正大分，申君臣之义，明仁暴之别。内夏外夷，扶天理而诛人伪”。[②] 方孝孺的正统论主要发表在《释统》和《后正通论》两篇文章中。他把中国历史中朝代之相承分为“正统”和“变统”两大类[③]，并认为“天下有正统一变统三”。

① 关于方孝孺的生平，详见《明史》卷一四一，第 4007～4021 页；焦竑《国朝献徵录》卷二〇，第 53 页上～56 页下；李贽《续藏书》卷五，北京：中华书局，1961 年，第 85～87 页；*Dictionary of Ming Biography*, pp. 426～433, biography by F. W. Mote。近人对方孝孺的思想及正统论的研究，可参考：萧公权《中国政治思想史》，台北：华冈书局，1971 年，第 526～537 页；Robert B. Crawford, Harry M. Lamley & Albert B. Mann, “Fang Hsiao-ju in the Light of Early Ming Society”, *Monumenta Serica*, XV, No. 2, 1956, pp. 303～327; John Fincher, “China as a Race, Culture, and Nation: Notes on Fang Hsiao-ju's Discussions of Dynastic Legitimacy”, in David C. Buxbaum & Frederick W. Mote, eds., *Transition and Permanence: Chinese History and Culture*, Hong Kong: Cathay Press, 1972, pp. 59～70；沈刚伯《方孝孺的政治学说》，载于《大陆杂志》，第 22 卷第 5 期，1961 年 3 月，第 1～6 页；赵令扬师，前引书，第 55～60 页，王云五《中国政治思想史》，台北：商务印书馆，1971 年，第 31～56 页；吴文忠《方孝孺研究》，香港大学硕士论文，1980 年；丘德修《方孝孺的生平事迹和政治思想》，载于《中华文化复兴月刊》，第 11 卷第 8 期，1978 年 8 月，第 60～68 页；《方孝孺》，在王寿南编《中国历代思想家》，第 6 册，第 3647～3784 页。

② 方孝孺《逊志斋全集》，1846 年刊本，卷二，《释统》上，第 2 页上。

③ 部分学者认为方孝孺分统纪为“正统”、“附统”和“变统”三类。其实方氏只分为“正统”与“变统”两类，并无别立“附统”一门。他的《释统》上说：“天下有正统一，变统三。三代，正统也。如汉如唐如宋虽不敢几乎三代，然其主皆有恤民之心，则亦圣人之徒也，附之以正统，亦孔子与齐桓仁管仲之意欤。”于此，方孝孺认为汉、唐、宋虽不及三代之正，但亦“附”之于正统，即亦视之为正统，并没有别立所谓“附统”而置汉、唐、宋于其中。他又说：“二统立而劝戒之道明。”其所指二统，即正统与变统。凡此均可见并未有所谓“附统”这一类。详阅《逊志斋全集》卷二，第 3 页上。

当然,得位和统治均得其正而毋庸置疑的朝代,才被视为正统,至于变统,他所说的三种情况是:(一)取之不以正;(二)守之不以仁义;(三)夷狄而僭中国,女后而据天位。[①]其中他特别强调夷狄绝对不可以被接受为中国之主,就算他们曾经统治中国于一时,在《后正统论》中他说:

> 夷狄者……无人伦上下之等也。无衣冠礼文之美也。故先王以禽兽畜之,不与中国之人齿。苟举而加诸中国之民之上,是率天下为禽兽也。夫犬马一旦据人之位,虽三尺之童皆能愤怒号呼,持挺而逐之。悍婢奸隶杀其主而夺其家,虽犬马犹能为之不平而噬啮之。是何者?为其乱常也。[②]

方孝孺的正统论给了丘濬很大的启发。从《世史正纲》所见,他对正统问题的看法,是深受方孝孺影响的。方孝孺生处明初之世,当时明朝刚推翻元朝蒙古人的统治,光复汉人的江山,但蒙古人的威胁并未完全消除,他强调华夷界限,是有其时代因素的。但《世史正纲》写于成化(1465～1487)年间,当时距蒙古人败走沙漠已差不多一百年,丘濬又为什么要重申华夷观念呢?其实,丘濬提出华夷观念比之方孝孺更为切要和具有时代因素。明正统十四年(1449),由英宗亲自率领的五十万大军在离北京城五十里的土木堡被也先率领的瓦剌部(蒙古"北元"的一支)所围困,全军覆没,随行的朝廷文武重臣

① 《逊志斋全集》,第2页下～3页上。
② 《逊志斋全集》,《后正统论》,第9页下～10页上。

均殉难，而英宗亦被也先所虏。① 也先并集兵团攻北京城，为明朝带来空前的危机，险酿成南宋之局。② 这是明朝历史上前所未有的耻辱。经此惨败，异族亡国的恐惧和阴影重新出现在明人的心中。随之而起的是反夷的情绪日渐高涨。③ 丘濬的《世史正纲》可以说是这方面的代表。1449 年瓦剌围攻北京时，丘濬 29 岁，当时正好是北京国子监的学生，相信他还参加了京师的保卫战争。惨痛的经验，是教人难以忘怀的。丘濬写《世史正纲》，重申华夷观念，在一定程度上，是要唤醒国人对夷民族的警觉和防范，以免重蹈宋人覆辙。如此看来，《世史正纲》里的强烈民族口号，是针对当时的需要而发的。

---

① 关于这一次战役的过程和影响，参考赖家度、李光璧《明朝对瓦剌的战争》，上海：上海人民出版社，1955 年；Frederick M. Mote，"The T'u-mu Incident of 1449"，in Frank A. Kierman, Jr, & John K. Fairbank, eds.，*Chinese Ways in Warfare*，Harvard University Press，1974，pp. 243～272；Nora Buckley，"The Disaster of T'u-mu"，in *History Today*，No. 26，1976，pp. 452～461；获原淳平《土木の变前后》，载于《东洋史研究》，第 11 卷第 3 期，1951 年 10 月，第 1～20 页；吴智和《明代正统国变与景泰兴复》，载于《史学汇刊》，第 8 期，1977 年 7 月，第 227～282 页；陈学霖《明代土木之役史事拾遗》，载于《食货月刊》，第 12 卷第 1 期，1982 年 4 月，第 1～3 页。

② 关于 1449 年北京城的保卫战争，详参赖家度、李光璧《于谦和北京》，北京：北京出版社，1961 年，第 27～58 页；《明朝对瓦剌的战争》，第 36～55 页。

③ 这一现象曾在陈学霖先生的文章中谈及，参阅 Chan Hok-lam，"Chinese Official Historiography at the Yüan Court：The Composition of the Liao, Chin, and Sung Histories"，in John D. Langlosis, Jr.，ed.，*China Under Mongol Rule*，Princeton：Princeton University Press，1981，pp. 96～97。刘子健先生亦指出明代官方和民间对宋代抗金英雄岳飞的大力推崇，是在 1449 年土木堡之役发生后之数月间才出现，这与当时的反夷情绪有密切关系。详参其《岳飞——从史学史和思想史来看》，载于《中国学人》，第 2 期，1970 年，第 43～58 页。

四、《世史正纲》的历史评价

丘濬的史学在明代史学中有非常重要的地位。他的《世史正纲》在当时已有很高的评价。费訚评论说：

> 开卷之际，上下数千百年间，兴亡治乱之际，是非邪正之辩，瞭然于心目之间。使夫天下后世之人，知善可鉴而恶可戒。销僭窃者之非望，启幽愤者之善念。其所以扶持世教，警省人心者，其功盖亦不小也。[①]

陶辅(生卒年不详)的《桑榆漫志》则称颂《世史正纲》："义严理到，括尽幽隐，深得麟经(笔者按：即指《春秋》)之旨。"[②]清人王士祯(1634～1711)《池北偶谈》赞扬《世史正纲》"持论严正"。[③] 胡应麟《史学占毕》更谓："《春秋》之后有朱氏，而《纲目》之后有丘氏。"凡此均可见后人对《世史正纲》的评价及其在史学上的地位。综观《世史正纲》所论，及其对史学的处理，丘濬确是力求做到严谨和可观。他所坚持的道德纲常标准，并未影响其史学的客观性。因为他深切地察觉到，作为一个史家，褒贬予夺固然重要，但史学的严谨和客观却是凌驾于其

① 《世史正纲》卷末，《世史正纲后序》，第 3 页上。

② 陶辅《桑榆漫志》，见高鸣凤辑《今献汇言》第 4 册，上海：商务印书馆，1937 年，第 6 页下。

③ 王士祯《池北偶谈》卷七，见《笔记小说大观》，进步书局校印本，第 3 辑第 5 函，第 6 页下。

上而不可以苟且的。他曾论及史官应有之条件说：

> 百官所仍者，一时之事；史官所任者，万世之事。……是职也，是非之权衡，公议之所系也。禹不能褒鲧，管蔡不能贬周公，赵盾不能改董狐之书，崔氏不能夺南史之简。公是公非，纪善恶以志鉴戒。自非得人如刘知几所谓兼才、学、识三者之长，曾巩所谓明足以周万事之理，道足以适天下之用，智足以知难知之意，文足以发难显之情，不足以称是任也。虽然此犹非其本也。若推其本，必得如揭傒斯所谓有学问文章，知史事而心术正者，然后用之。则文质相称，本末兼该，而足以为一代之良史矣。①

显然，史学的大公无私，是是非非得其所以，是丘濬所最为重视的。关于这点，可以从《世史正纲》处理宋太祖（赵匡胤，927～976）传位其弟匡义（笔者按：后改名光义，939～997，即宋太宗）这一件历史疑案见其端倪。

关于宋太祖在开宝九年（976）十月癸丑夜去世的真实情况，一直是史家争议的焦点。在《世史正纲》该年之下，丘濬胪列了有关这件史事的不同记载。综合各说，可以反映出两种不同的看法：其一，从《宋史》中的不同记载，显示当夜太祖殂于万岁殿，宦官王继恩走报晋王赵匡义，晋王始赶入宫承遗诏即位；其二，据胡一桂《史篡通要》及陈桱《通鉴续编》记载，当日太祖有疾，夜召晋王入寝殿属以后事，宦官宫婢皆不得近。

① 《大学衍义补》卷七，《正百官》，第 10 页上～11 页上。

但遥见烛影摇红，及闻太祖引柱斧戳地，大声曰："汝好为之。"俄而太祖殂。[①]《宋史》所记，虽然并未确证太宗继统是太祖之意，但其散见各传均不约而同谓太祖既崩，太宗始入，则可见太祖之死是与太宗无关。至若胡一桂及陈桱所述，则认为太宗有弑兄嫌疑。对于二者记载的分歧，丘濬追溯《史纂通要》及《通鉴续编》的资料来源，指出他们的记载是取自李焘(1115～1184)的《续资治通鉴长编》，而李焘则是根据《国史符瑞志》和文莹《湘山野录》的说法。丘濬指出《国史符瑞志》和《湘山野录》本属荒诞神怪之作，他又转载《湘山野录》中所记与《续资治通鉴长编》比较，证明李焘在采录其说时文字上亦已有所出入。因之，他慨叹："史者实录也，不核其实而轻信人言可乎？"[②]丘濬认为后世之疑实由胡、陈二人所启，而其导因则又在于李焘轻信传闻而未尝深究其实。因为他们的转述传闻而使"太祖有不得其死之疑，太宗有贼害其君之谤"，丘濬认为这是很不幸的。他深觉史家断案实应谨慎其事，不可轻率为之，以免诬陷古人，尤其是此事的关系重大。他说：

> 呜呼，兹岂小事而可轻忽如此哉？设使太宗诚有此事，其罪固不容诛矣，万一无之，岂不负千古之冤哉？[③]

对于过往历史，丘濬认为史家应抱着"信以传信，疑以传疑，因

① 详见《世史正纲》卷二三，第 10 页下～11 页下。

② 《世史正纲》卷二三，第 15 页上。

③ 《世史正纲》卷二三，第 13 页上～下。

其信而信之，因其疑而疑之”的态度。所以对太祖这件疑案，他以为在未有充分证据之前，未可轻信传闻，宜仍依正史所记为实。以上的例子，充分反映出丘濬的严谨态度。本来宋太祖一段正是大好题材，但丘濬却没有因之而大做文章，借题发挥他的纲纪理论，反之，他认为应该重视证据和历史事实，足见《世史正纲》的客观和可取。此亦所以柳诒徵推崇是书“于正义之中亦不抹煞史实”。①

诚如胡应麟所说，在中国史学中《世史正纲》是足以比美《春秋》和《通鉴纲目》的，而且《春秋》、《通鉴纲目》和《世史正纲》又有着共同的特色：它们的撰作都在于辩名分、正纲常，从天下之正以至于国、家之正，在中国史学中俨如一个独特的系统。但另一方面，《世史正纲》又可以说是超越《春秋》和《通鉴纲目》的范畴而自辟蹊径的。丘濬的《世史正纲》是为“学生小子”而写，所以在书法上力求简明扼要，一目了然，加以史事后的附论分析，使这部史书收到了预期的效果。论统纪纲常的史书一般比较幽隐和晦涩，丘濬的《世史正纲》以直截了当的笔法，开启了纲纪史学的新路线。其次，《世史正纲》对夷狄入侵中土的强烈谴责，及其对元朝正统地位的排斥，对后来的史家亦有一定的影响。明中叶以后民族史学抬头，其中尤表现于对宋史的重编，推翻元代史家辽、金、宋三史并排的看法，置辽、金二史于宋史以后，贬黜其正统地位。如王洙（1521 年进士）的《宋史质》，柯维骐（1497～1574）的《宋史新编》和王惟俭

① 柳诒徵《国史要义》，第 63 页。

(1595 年进士)的《宋史记》都是这方面的代表。[①] 其中王洙的《宋史质》不但列辽、金两朝于外夷,即元一代年号亦尽削弃,而以明直接继宋,以示汉人之统未尝中断。其法是将 1280 年宋亡至 1352 年朱元璋投戎抗元间一段,追封朱元璋的高祖、曾祖、祖及父亲为帝以继宋统。[②] 这些作品并不一定是直接受丘濬《世史正纲》的影响,但《世史正纲》的开拓作用是不可以抹杀的。

丘濬的《世史正纲》流露了作者对天下国家治平的怀抱和远景。他强调君臣之义,父子之心,是希望通过史例去警醒人心,使人人能守其本分,不作非分之想,而达到国家的治平安定。而他提出华夷之分,天下之正,亦是怀抱着治平的理想。配合丘濬在《大学衍义补》中所论抚驭夷狄的政策:认为华夷应各安其分,互不侵犯,并谴责中国君主之穷兵黩武者,[③]于此,可见他的出发点并非源于种族仇恨,而是一种极伟大的和平精神。

丘濬的《世史正纲》在清朝时受到限制,而且清代官方学者对《世史正纲》的史学价值又往往予以贬黜,这影响了《世史正纲》的流传和后人对它的了解。纪昀(1724～1805)等编的《四库全书总目提要》中说:

---

① 详参 Chan Hok-Lam, "Chinese Historiography at the Yüan Court", pp. 97～102。

② 详参:Chan Hok-lam, Ibid., pp. 98～100, 467～468; 柳诒徵《述宋史质》,载于《史学杂志》(南京),第 1 期,1929 年,第 1～4 页;王德毅《由宋史质谈到明朝人的宋史观》,载于《国立台湾大学历史系学报》,第 4 期,1977 年,第221～234 页。以上两文均转载于大华书局 1977 年重影本《宋史质》卷前。

③ 详参《大学衍义补》卷一四三～一五六,《驭夷狄》类。

> 是书本明方孝孺释统之意，专明正统。起秦始皇二十六年，讫明洪武元年，以著世变事始之所由。于各条之下，随事附论。然立说多偏驳不经。如纪年干支之下，皆规以一圈，中书国号，至元代则加以黑圈，迨至正十五年，明太祖起兵，则为白圈。其说以为本之太极图之阴阳，至是天运转而阳道复，阴翳消也。率臆妄作，为史家未有之变例，可谓谬诞。①

《四库提要》对《世史正纲》的批评是不难理解的。《世史正纲》以明正统为撰史的大前提，对于夷狄而僭中国之统着，尤痛加斥逐。元朝以夷狄而混一中国，丘濬认为天地未有之大变，惩之最严，比作阴阳颠倒，天地易位。满清入主中国，重演了夷狄混一华夏之局，故对华夷问题最为敏感，丘濬之论，自然难以得到接受。

丘濬是明朝史家中谈正统问题最有见地和最切实的一位。明初方孝孺释正统之说，可谓精洽，然只限于理论的建设，得其大体，却未有实际的设诸史例。丘濬的《世史正纲》结合理论与实践于一书，加以平易的笔法，详尽的评论，使他的正统论能非常明确而有条理地展示。在一定程度上，他在理论建设方面，已经超越了方孝孺，而作为一本申明纲纪的史著，它的地位也不在《通鉴纲目》之下。

① 纪昀等《四库全书总目提要》卷四八，《史部·编年类存目》四，上海：商务印书馆，1933 年版，第 1058～1059 页。

第九章 结 语

弘治八年二月丘濬去世后，三月十二日孝宗特赐谥“文庄”，其策文曰：“故光禄大夫柱国少保兼太子太保户部尚书武英殿大学士丘濬，海邦间气，翰苑名流，绩学群经，留心庶务，久居清秘。晚佐钧衡，官八转而至三孤，于今为重；寿七旬而加五岁，在古尤稀。方深倚任之怀，弗听归休之请，踰年赐告，一旦云亡，天不慭遗，朕殊伤悼。兹特赠太傅，进左柱国，谥文庄。”①虽然丘濬是在晚年才在政治上发挥其作用和影响，而且时间也颇为短暂，但孝宗显然是肯定他的贡献的。

在明代的大臣中，丘濬的学术和文章最受后人所称颂。以下的两则评论可以说明：

> 我朝宰相，清淳则河东之薛，学业则琼山之丘，刚方则淳安之商、滹县之岳，博大则宜兴之徐，清介

① 《琼山县志》卷一四，《金石》，第 48 页下～49 页上。

则全州之蒋，严正则陈留、洛阳之二刘、余姚之谢，风流文雅则长沙之李，有才断肯担当则新都京口之杨、永嘉之张。此则列圣甄陶，英贤辈出，皆卓然可称而无愧于前代诸人者也。①

（何良俊《四友斋丛说》）

丘濬文章雄浑壮丽，四方求者沓至。碑铭志序记词赋之作，流布远迩。然非其人，虽以厚币请之不与。公环奇跌荡，限韵命题，即席联句，动辄数百言。豪词警语，如壮涛激浪，飞雪走雷，云触山而电并发。同时文正公西涯，峰回海立，公直欲相雄长，无畏。②

（焦竑《玉堂丛语》）

丘濬能够被明人称为“当代通儒”，他在学术上的地位显然是受到肯定的。他在文章方面的成就，则在童年时代已经崭露头角。但丘濬的最大影响，不在于此。明人唐枢《国琛集》说：

大学士丘濬，谥文庄，琼州人。博极群书而欲为适用之学，乃援笔以富著述，如《学的》、《世史正纲》、《大学衍义补》、《家礼仪节》，搜罗古今，斟酌可行，总数十万言，可以广益聪明而权衡百度，天下人诵其文，家有其书。晚际孝皇召登内阁，凡人才进退、政事举废，惟祖宗旧典是循。其为文务浑厚，深黜徼名

① 何良俊《四友斋丛说》卷七，北京：中华书局，1959年，第60页。

② 焦竑《玉堂丛语》卷一，《文学》，第23页。

诡行，亦以宽大启沃上心。[1]

唐枢提到当时"天下人诵其文，家有其书"，可以看出丘濬的影响不单在朝廷和政治上，而且，深入社会民间。其实，这也是丘濬个人的愿望。他所编写的《世史正纲》、《朱子学的》、《家礼仪节》等专著，都是为了普及教育，对象是"学生小子"、"穷乡浅学之士"，所以他用的都是"浅近之言"，使人们能够"易晓可行"。虽然他被誉为"通儒"、"大儒"，但丘濬不是那些高不可攀的知识精英，学术与教化的结合，是他作为一位儒者的特色。

丘濬在明代享有盛名，而且位极人臣，却也招到意想不到的批评。这些散见在明清人的笔记中的批评，虽然只有两、三条，内容也有重复，显然是以讹传讹，但对丘濬来说是颇为伤害的。如陈洪谟的《治世余闻》记载：

丘琼台尝以糯米淘净，拌水粉之沥干，计粉二分，白面一分，搜和团为饼，其中馅随用，熯熟为供，软腻甚适口。以此饼托中官进上，上食之嘉，命尚膳监效为之。进食，不中式，司膳者俱被责，盖不知丘之法制耳。因请之，丘不告以故。中官叹曰："以饮食服饰车马器用进上取宠，此吾内臣供奉之职，非宰相事也。"识者贵其言而鄙丘，由是京师传为"阁老饼"。又所进《衍义补》，中间并无斥及内臣一言。说者谓其书必欲进，进必揣近侍喜斯刻之。此其心数

① 唐枢《国琛集》下卷，《纪录汇编》本，卷一〇三，第17页上。

之微也。[1]

陈洪谟的记载批评丘濬心术不正，勾结内臣以求得到孝宗的宠信。同书的另一处，亦有类似的批评：

琼台丘公濬学博貌古，然心术不可知。人谓阴主御医刘文泰讦奏三原公令人作传事，可见其概矣。尝与同寅刘阁老吉不协，刘作一对书之门曰："貌如卢杞心尤险，学比荆公性更偏。"时论颇以为然。[2]

对于以上的说法，李贽的《续藏书》有评论曰："公既为吉所贬，则可以知公矣，时论亦何足凭耶。"[3]陈洪谟所说的"识者"和"时论"是否有代表性，不得而知。目前有关丘濬的负面记载，以《治世余闻》为最严厉。陈洪谟生于成化十年(1474)，弘治九年(1496)进士，历任刑、户部部曹，漳州知府，江西参政，贵州、云南按察使，江西巡抚、兵部左侍郎等职。嘉靖九年(1531)罢职家居，著书课子，至嘉靖三十四年卒(1555)。从其经历，与丘濬并无直接接触，不可能有任何私人过节。有关王恕事件所引起的指责，在王鏊的《震泽纪闻》中也有记载："孝宗即位，进《大学衍义补》，升尚书。时李广有宠于上，濬因之得入内阁。每事欲有所纷更，众不谓善也。尝与刘健争至脱帽投地，时王恕有重望于天下，濬每憎之，会御医刘文泰诬奏

① 陈洪谟《治世余闻》下篇，卷一，北京：中华书局，1997年，第40页。
② 陈洪谟《治世余闻》下篇，第39～40页。
③ 李贽《续藏书》卷一一，第208页。

恕，或谓濬嗾之也，以是尤为众所贬。”[①]丘濬因刘文泰诬告王恕而被牵连，前文已经加以分析，在此不再赘述。谈迁的《国榷》引廖道南的一段评论，也许可以作为总结：

国朝洪武、建文间，则有若刘伯温之闳大，宋景濂之浩博，王子充之醇正，方孝孺之尔雅。永乐、宣德间则有若解大绅之雄放，胡光大之豪岩，杨文贞之精密。正统间则有若李文忠之朴茂，刘文安之该覈，然皆丽蓧丰腴，未有若丘文庄之明体达用，酌古准今，裒然为一代文宗也。自是之后，若程篁墩、李西涯诸公，盖闻文庄之风而兴起焉者。或乃以刘文泰之诬而病之，呜呼，岂知文庄者哉？[②]

至于文中说丘濬擅于取媚于中官的说法，与明人的其他记载参证，显然有矛盾之处。黄瑜在《双槐岁钞》中说：

弘治乙卯春二月戊午，少保丘公薨于位。概其平生，不可及者三：自少至老，手不释卷，其好学一也；诗文满天下，绝不为中官作，其介慎二也；历官四十载，俸禄所入，惟得指挥张淮一园而已，京师城东私第，始终不易，其廉静三也。家积书万卷，与人谈

① 王鏊《震泽纪闻》卷下，《明清史料汇编初集》本，第3册，第8页下～9页上。

② 谈迁《国榷》卷四三，第2670页。

古今名理，亹亹不休。为学以自得为本，以循礼为要。①

丘濬既然以“介慎”著称，为时人所不可及，诗文绝不为中官作，则不可能勾结中官以求上进。王鏊的《震泽纪闻》谓“时李广有宠于上，濬因之得入内阁”，更是无稽之谈。上文讨论丘濬所上的《论厘革时政奏》时，已经指出奏中所陈述的二十二项建议，有不少是针对当时李广等人以左道迷惑孝宗，亲近用事，目的是要“揭其奸”。王鏊的《震泽纪闻》也提到丘濬对历史的一些看法，为前人所未发：

濬，琼山人，学问该洽，尤熟于国家典故。议论高奇，务为矫俗，能以辩博济其说，亦自持老，故对人语亹亹不休，无敢难者。论秦桧曰宋室至是亦不得不与虏和，南宋再造桧之力也。论范文正则以为生事；论岳飞则以为未必能恢复。其最得者绝元不与正统，论许衡不当仕元，亦前人所未发也。②

李贽《续藏书》有评语说：“李秃翁曰：时既有秦桧，自然恢复

① 黄瑜《双槐岁钞》卷一〇，《丘文庄公言行》，北京：中华书局，1999年，第221页。焦竑《玉堂从语》中有类似记载：“世称丘文庄不可及者三：自少至老，手不释卷，好学一也；诗文满天下，绝不为中官作，介慎二也；历官四十载，仅得张淮一园，邸第始终不易，廉静三也。”见卷七，《赏誉》，北京：中华书局，1981年，第227页。

② 王鏊《震泽纪闻》卷下，第8页下～9页上。

不成矣。其黜元不当与正统，许衡不当仕元，尤舛谬。”[1]丘濬认为蒙古元朝不应该得到正统和许衡不应该仕元，有其时代背景和意义，李贽的评论可谓见仁见智。至于丘濬对岳飞和秦桧的看法，后人的批评大抵都是根据传说，没有读过《世史正纲》的内容。其实丘濬的著作中没有这种看法。王国宪曾为丘濬辩白，指出：“史言公论好矫激，讥范仲淹多事，谓岳飞未必能恢复，秦桧有功再造，以公诗文证之，亦当时诬公者之言。公会试发策达于治者，于唐专称陆宣公，于宋专称范文公，推挹至甚，以救当时厌常过激之举，欲人师法陆范二公，则谓为讥多事者，非公之言可知也。题岳庙词叹武穆能恢复而害于奸相，慷慨激昂，声俱泪下。而《大学衍义补》之《严武备》类引岳飞之言不一，又谓能立功当时，垂名后世，与汉之霍去病、唐之张巡并称，自古名将不用古兵法者惟此三人，其推挹亦为极至。则谓飞未能恢，复桧有功再造者，更非公之言可知也。夫公修《英宗实录》，直白于忠肃公之诬，岂有宋之武穆冤狱相同又经前人辩白而岂肯诬之乎？稍有识者，不为此言，而谓公为之乎？公之著作俱在，并与此二事相乖，其为人之诬公，昭然可见也。后之学者，于公之著作未窥其一二，反拾取无稽之言以论公，故特为辨别其诬，俾诬公者无可置喙矣。”[2]我们如果能细读《世史正纲》自然不难发现丘濬对岳飞甚为推崇，并指责高宗“安能逃杀戮功臣之罪?”对于秦桧，他更是大张挞伐。《世史正纲》记载宋高宗绍兴十二年(1142)：“夏四月，女真遣使以衮冕来册帝为大宋皇帝。”丘濬的评论说：

---

① 李贽《续藏书》卷一一，第208页。

② 见陈沅《丘海里墓记》卷四引，《韵古楼丛书》第4种本，第20页上～下。

鸣呼！夷狄之祸，至是极矣。天理人伦于是乎扫地，天冠地履于是乎倒置。秦桧之罪，上通乎天矣。……或曰高宗以为亲而屈，有不得已焉耳。鸣呼！高宗救亲之道亦多端矣，而必为此者，由其心数不明，怵于秦桧之邪说。所谓秦桧之罪上通于天者，此也。①

丘濬认为秦桧之罪上通于天，可见后人称丘濬指秦桧有功再造，是没有根据的。何乔远说："丘濬立朝有险谲之名，读书宿儒，亦岂宜尔。若迂与亢，疑有之矣。"②这也许反映丘濬是一个坚持原则的人，但不应就妄下结论认为这是他性格上的缺点。例如《明史》说："濬在位尝以宽大启上心，忠厚变士习。顾性褊隘，尝与刘健议事不合，至投冠于地；言官建白不当意，辄面折之，与王恕不相得，至不交一言。"《蒹葭堂杂抄》从另外一个角度对丘濬和刘健的关系进行了分析：

国朝成化、弘治年间，大学士刘文靖公健，丘文庄公濬，同朝雅相敬爱。刘北人，器度严毅，在内阁，凡事独秉大纲，其学问不事博洽。濬南人，则博极群书，为一时学士所宗，所著有《大学衍义补》等书。一日刘对客论丘曰："渠所学如一仓钱币，纵横充满，而不得贯以一绳。"讥其学无大纲也。丘公闻之，语

① 《世史正纲》卷二七，第18页上。

② 《国榷》卷四三，第2671页。

> 人曰:“我固然矣,刘公则有绳一条而无钱可贯,独奈何哉。”士林传以为雅谑。[1]

陈纶绪因此说:“此在有量者言之,或可视为雅谑,若常人则难免有反唇相稽之虞。”[2]嘉靖年间南京国子监祭酒黄佐《琼台会稿序》对丘濬的贡献,有以下的看法:

> 我圣祖高皇帝崇重儒道,尤慎选翰苑之臣,论文则以明道德通世务为贤,以华藻恠险为戒。百余年来式克钦承以永有辞者,琼台丘文庄公其人哉。时则诸钜公叙其所为文,若何椒丘则谓一本于道,足以追踪濂洛而无愧;程篁墩则谓究本之论,扶世之教之意,行之可兴文治;杨石淙则谓随地与人论天下之事如指诸掌,譬诸五谷疗饥,药食伐病,种种有益,凿凿可行;是皆天下之公言也。……其经筵之启沃圣心,国史之阐扬谟烈,奏议章表之论思献纳,经纶匡济,可谓丽正之臣矣。诗赋颂箴记序论说志铭之作,则出其余绪者也。至于柄文衡造多士,词章骋浮靡者必斥,虚寂立门户者必辩,一时士风翕然顿变,公之有功文教也大矣。[3]

---

① 见陈纶绪《记明天顺成化间大臣南北之争》引,包遵彭编《明代政治》,台北:学生书局,1968年,第274页。

② 陈纶绪《记明天顺成化间大臣南北之争》引,包遵彭编《明代政治》,台北:学生书局,1968年,第274页。

③ 黄佐《琼台会稿序》,见《琼台会稿》卷首,嘉靖三十二年郑廷鹄刻本,第1页下~4页上。

谷应泰《明史纪事本末》的《弘治君臣》条分析孝宗一朝的政治时说：

> 三代而上，成、康、启、甲，尚矣。降是，其汉文、宋仁乎？乃予所闻，于明之孝宗近是。……孝宗之世，明有天下百余年矣。海内乂安，户口繁多，兵革休息，盗贼不作，可谓和乐者乎！而孝宗恭俭仁明，勤求治理，置亮弼之辅，召敢言之臣，求方正之士，绝嬖倖之门，却珍奇，放鹰犬，抑外戚，裁中官，平台煖阁，经筵午朝，无不访问疾苦，旁求治安。……当是时，冰鉴则有王恕、彭韶，练达则有马文升、刘大夏，老成则有刘健、谢迁，文章则有王鏊、丘濬，刑宪则有闵珪、戴珊。①

钱谦益《列朝诗集小传》称明孝宗朱祐樘为“本朝之周成王、汉孝文”，这与孝宗本人的励精图治自然有密切关系，但弘治年间人才辈出，大臣的尽忠职守，亦不能抹煞。其中丘濬在弘治初年对孝宗的影响，更为重要。陈建《皇明纪要》谈及丘濬所上的奏疏时说：“圣心益加嚮用，然丘濬时年已耄矣。其后，上日英明，颇远近习，而听信内阁，实濬有以启之也。”②所以，凌迪知《国朝名世类苑》称颂丘濬为“中兴贤辅”，实非溢美之词。作为海南的伟人，丘濬在事功、学术、文章三方面，都可说有显赫的表现，深受后人所称颂。

---

① 谷应泰《明史纪事本末》卷四二，北京：中华书局，1977 年，第 436 页。

② 陈建《皇明纪要》卷六，第 24 页下。

附录一

丘濬生卒年考

历史人物研究最重要的环节之一是人物的生卒年和生平。但偏偏对丘濬的生卒年，学者便没有详细地去考究，以致出现了不同的错误说法。当然，丘濬的生卒年在史籍中没有一个明确记载也是导致错误的原因之一。如吴海林、李延沛合编的《中国历史人物生卒年表》(1981 年，黑龙江人民出版社)承习了姜亮夫先生《历代人物年里碑传综表》的说法，认为丘濬生于明永乐十八年(1420)，卒于弘治八年(1495)。1983 年黑龙江人民出版社出版的《中国历史人物辞典》(吴海林、李延沛编)是一本深受历史工作者欢迎的工具书，但丘濬一条编者仍是采用 1420～1495 年的说法，而在简介之后则说，“生年亦作 1418 年或 1421 年。”显然编者对丘濬的生年未能确定。近年，中国发表关于丘濬的研究一般采用 1420～1495 年为丘濬的生卒年，而其中也有认为丘濬生于明永乐十七年(1419)者。但无论是永乐十八年或是永乐十七年的说法，都是不正确的。

关于丘濬的生年，史籍无明确记载，后人只是根据其卒年去推算他的生年。但由于丘濬的享寿的记载比较含糊，故所推论的生年也就不太可靠。我们知道他的卒年是孝宗弘治八年(1495)。这个年份在史籍里也有明确的记载，如《明孝宗实录》云：

> (弘治八年二月戊午)少保兼太子太保户部尚书武英殿大学士丘濬卒。[1]

何乔新(1427～1503)是和丘濬同时期的人物，且两人相交甚厚，他后来为丘濬写的《赠特进左柱国太傅谥文庄公墓志铭》亦记：

> 弘治八年春，以少保兼太子太保户部尚书武英殿大学士丘公以疾卧家，连章乞致仕，优诏不允。遣医赐药，中官问疾，赐食物。是年二月戊午，薨于城东之私第。讣闻，天子嗟悼，辍视朝一日。[2]

可见丘濬卒于弘治八年二月戊午(初四日，1495年2月6日)是非常可靠的。可是，对于丘濬的生年，史籍里却没有清楚的交待。张廷玉等修的《明史》和王鸿绪的《明史稿》都只记载，

---

① 李东阳、焦芳等修《明孝宗实录》卷九七，台湾：中央研究院重影明钞本，第1页上。

② 何乔新《椒丘文集》嘉靖元年宏昌刊本，第19页上～下。

“(弘治)八年卒,年七十六”,[①]而其他的明清史籍,也只提及他的卒年和享寿,没有确切地说明他的生年。如涂山(约生于1560年)的《明政统宗》云:

> 二月,少保大学士丘濬卒,赐太傅左柱国,谥文庄。……年七十六岁。[②]

陈建(1497～1567)的《皇明从信录》中记:

> 乙卯弘治八年二月,少保大学士丘濬卒,年七十六。[③]

傅维麟(卒于1667年)的《明书》又记:

> 乙卯春二月戊午卒,年七十六。[④]

其他如谭希思(1542～1610)的《明大政纂要》,陈鹤(1757～1811)的《明纪》等史籍,都有相同的记载。我们知道丘濬是在弘治八年去世,如果他去世时享年七十六岁的话,论理他的生年是很容易计算出来的。我们只要向上推算,就可以知道他是出于明成祖永乐十八年。可是《明史》中的丘濬传,却又有

---

① 张廷玉等《明史》卷一八一,中华书局本,第4809页。王鸿绪《明史稿》列传五九,第11页下。

② 涂山《明政统宗》卷一七,万历四十三年刻本,第1页上～2页下。

③ 陈建《皇明从信录》卷二四,万历四十八年刻本,第22页下。

④ 傅维麟《明书》卷一一二,《丛书集成》本,第21册,第2247页。

这样的一段记载：

> 弘治四年，书(宪宗实录)成，加太子太保，寻命兼文渊阁大学士，参预机务。尚书入阁，自濬始，时年七十一矣。①

如果丘濬在弘治四年(1491)是七十一岁的话，上推他的生年应该是永乐十九年(1421)，不是永乐十八年。而弘治八年他去世时，享年只有七十五岁，并非七十六。显然其中必有误讹的地方。其实这个问题早有学者注意到。1967 年吴缉华先生曾在台湾的《大陆杂志》发表他的《明代丘濬的生卒年》②的一篇简短研究，文中举出了丘濬文集中的一条证据，辨清了丘濬享寿记载的混淆。丘濬在弘治四年所上的《入阁辞任第二奏》说：

> 本年(弘治四年)十月二十四日，钦蒙圣恩，命臣以本职兼文渊阁大学士……臣闻人臣竭诚尽忠以报国，必于少壮之时，强力之日。其力既足以有为，其势又足以有待，然后能谋参赞，以成一代之治。……今犬马之齿，七十有一矣，年岁已去，病势日加，无能为之力，无可待之势。古人所谓日暮途穷，钟鸣漏尽

① 《明史》卷一八一，第 4809 页。

② 见《大陆杂志》卷 35 第 2 期，1967 年 7 月，第 10～12 页。

之时也。臣所以不避严诛,恳求辞免。①

丘濬自己说明了在弘治四年时是七十一岁,至此可以确定丘濬的生年是永乐十九年,弘治八年去世时享年七十五岁。经过吴缉华先生的考证,丘濬的生年和享寿的疑惑,可以说一扫而清,真相大白了。可是后来谈丘濬的许多学者,仍然谨守永乐十八年生,或甚至永乐十七年的说法,显然是对吴先生的考证未曾注意。又也许因吴文只举出一条资料,证据较为薄弱,未能令人信服。这是何以笔者不厌其烦地在此文中再提出来供大家研究。其实,丘濬文集中关于丘濬年岁的证据,不仅是吴先生所引过的一条,笔者在翻阅丘濬后人丘尔谷(1606 年举人)编的《琼台诗文会稿重编》②时,也发现了另外四条足以证明丘濬年岁的资料,兹更缉载于后,作为吴说的补充。

(一) 卷六,诗余,《癸巳初度·水龙吟》

今朝五十三,年年岁岁平平过,如斯而已。不须更问,如何则可。自有前程,别无外事,但求诸我。把眼界挣开,肚皮宽放,偃然坐,忙中躲。少日东涂西抹,到如今,要他作么。深知物理,饱谙世味,不过些个。好植深根,更安固蒂,冀成结果。待从今,向

① 注云原出《丘文庄公集》卷一,章奏,清同治十年重刊《丘海二公合集》本,第 4 页上～下。

② 丘尔谷、丘尔懿合编,清顺治刊本。后收台湾丘文庄公丛书辑印委员会编《丘文庄公丛书》下册,1972 年初版。

后年添一岁，受人拜贺。①

癸巳是宪宗成化九年(1473)。如果这年他是53岁的话，上推则应生于成祖永乐十九年。

(二) 卷六，七言排律，《首尾吟》解题曰：

邵尧夫作《首尾吟》一百三十六首，《性理》书摘取其中六首。予在学校时每闻乡先达冯本清教谕者，去其首尾而次第其中，联句以为排律。时寓斋舍，闭目讽诵。予卧听之，心窃感焉，尝欲效其体作之，未果也。岁壬寅孟冬，享太庙斋，居不成寐，偶忆往事，因缀缉成百韵，而贯以首尾云。时予年六十二，距闻诗时四十余年矣。②

壬寅是指宪宗成化十八年(1482)，上推丘濬亦应生于成祖永乐十九年。

(三) 卷五，七言律诗，《己酉秋思》

客里非秋亦自悲，可堪临老苦思归，厌行西月闻鸡叫，愁看南风见雁飞。伉俪人稀心事功，囊书无补

① 《琼台诗文会稿重编》卷六，第22页下。

② 《琼台诗文会稿重编》卷六，第1页上～下。

宦情微，衰迟自合抽身退，况复明年届古稀。①

己酉即孝宗弘治二年(1489)。古稀一般是指七十岁。如果明年是七十岁，则丘濬在弘治二年是六十九岁，这又与生于永乐十九年之说合。

(四) 卷五，七言律诗，《甲寅初度》

人生七十古来稀，我度稀年又四期，窃比梦楹加一岁，如方易箦活多时。平生切切怀三戒，此日休休有万宜，所欠是归兼是死，四分百岁过三之。②

甲寅是孝宗弘治七年(1494)，诗中说明了他当时是七十四岁，上推即生于永乐十九年。

从以上所举证据，说明了丘濬在成化九年是五十三岁，在成化十八年是六十二岁，在弘治二年是六十九岁，在弘治七年是七十四岁，这便足以证明丘濬应生于明成祖永乐十九年，卒于明孝宗弘治八年，卒时享寿七十五岁。

其次，丘濬去世后，孝宗皇帝于三月十二日颁示的《特赠谥策文》也说明了丘濬去世时的年岁。策文中有如下的颂词：

故光禄大夫柱国少保兼太子太保户部尚书武英

① 《琼台诗文会稿重编》卷五，第47页上。

② 《琼台诗文会稿重编》卷五，第59页上。

> 殿大学士丘濬，海邦间气，翰苑名流，绩学群经，留心广务，久居清秩，晚佐钧衡，官八轱而至三孤，于今为重，寿七旬而加五岁，在古尤稀。[①]

可见《明史》及其他史籍说丘濬享寿七十六岁是不可靠的。而且，据清人王国宪撰《丘文庄公年谱》的记载，丘濬是在永乐十九年十一月初十日（1421 年 2 月 4 日）出生[②]，如果要算足龄的话，他还未满七十五岁呢。

---

① 张岳松《琼州府志》卷四三，道光二十一年修，光绪十六年补刊本，第 33 页下～34 页上。

② 王国宪《丘文庄公年谱》，琼山：研经书院，1898 年刊本，第 1 页下。

附录二

丘濬年谱

本年谱的编纂，主要根据王国宪的《丘文庄公年谱》、王万福的《明丘文庄公濬年谱》、黄培平的《丘濬年谱》、周伟民和唐玲玲的《丘濬年谱》等前人的成果，加以补充而成。

明永乐十九年（1421）　辛丑

十一月初十日生

出生于琼山西厢下田村（今琼山市府城镇金花村），由祖父命名濬。

明永乐二十年（1422）　壬寅

二岁

祖父教礼认字。

明永乐二十一年（1423）　癸卯

三岁

明永乐二十二年（1424）　甲辰

四岁

明洪熙元年(1425)　乙巳

五岁

祖父以临邑医官任满,考赴铨曹,留京师。

明宣德元年(1426)　丙午

六岁

自幼颖异,读书过目成诵。甫六岁作五指山诗,矢口成章,夐异绝伦,识者知为国器。《琼台诗话》云,先生少时曾作琼山八景诗。其首一章《五指参天》诗云:"五峰如指翠相连,撑起炎州半壁天;夜盥银河摘星斗,朝探碧落弄云烟。雨余玉笋空中现,月出明珠掌上悬;岂是巨灵伸一臂,遥从海外数中原。"其盥摘探弄等字,及玉笋见于空中,明珠悬于掌上等句,皆自指字中来。而撑起炎州伸臂数中原二语,意见于言外,非但咏山也。盖以先生今日所至言之,尤足征云。

明宣德二年(1427)　丁未

七岁

案《愿丰轩记》云,七岁入小学。

九月二十一日父卒。案《可继堂记》云:"洪熙改元。先祖思诒公以临邑医官满考赴铨曹。留京师。又明年是为宣德丁未。先考学士公卒于家。时先祖年五十九,伯兄源甫十岁。濬七岁。"又《藏书石室记》云:"予生七岁而孤。"

明宣德三年(1428)　戊申

八岁

写诗如流,《琼台诗话》云:"七八岁时从大父往乡间,过道旁学馆。适教者以鸲鹆为题,命学子作诗。因属先生作,先生即口占以答之。其中一联云:应与凤凰为近侍,敢同鹦鹉斗聪明。教者惊曰:是儿年少如此,而能作此诗,他日所就其可量乎。遂加礼待之。且每向人称叹不已。"

明宣德四年(1429) 己酉

九岁

入社学读书。《琼台诗话》云:“先生八九岁时,社学师命作东坡祠。诗中一联云:儿童到处知迁叟,草木犹堪敬醉翁。冕叩其全篇,则曰,岁久不复记忆。”

明宣德五年(1430) 庚戌

十岁

明宣德六年(1431) 辛亥

十一岁

明宣德七年(1432) 壬子

十二岁

《琼台诗话》云:“年甫十二,即偶成唐律一首,云:绝嶋穷荒面面墙,偶从窗隙得余光;浮云敛尽天还碧,斗柄初昏夜未央。燕语莺啼春在在,鸢飞鱼跃景洋洋;收来一担都担着,肯厌人间岁月长。”其任重道远之意,凛然于末二句十四字之间。

明宣德八年(1433) 癸丑

十三岁

明宣德九年(1434) 甲寅

十四岁

是年郡垣大祲,饥殍遍原野。祖父普,舍地为义塚,瘗枯骼为第一水桥等处,封茔累累,凡百余所。每遇清明,必酒饭设奠,幽明寿享期颐,论者咸谓阴德之报。《杂志遗事》亦云:“丘普之掩骨,至孙位极人臣。”阴德有后之说。岂无验欤。

明宣德十年(1435) 乙卯

十五岁

明正统元年(1436) 丙辰

十六岁

是年祖父丘普逝世。案《可继堂记》云:“兄年十有九,濬少兄三岁，而先祖弃世，时正统丙辰岁也。”

明正统二年（1437） 丁巳

十七岁

公始习举子业，落笔为文，数千言立就，夐出伦辈。

明正统三年（1438） 戊午

十八岁

明正统四年（1439） 己未

十九岁

补郡庠弟子员，其时按察副使童贞拔取其文冠一郡。《可继堂记》云：“岁已未，濬始补郡庠生。”《藏书石室记》云：“岁已未，补郡庠弟子员。”《愿丰轩记》云：“十九补庠生。”

明正统五年（1440） 庚申

二十岁

明正统六年（1441） 辛酉

二十一岁

明正统七年（1442） 壬戌

二十二岁

公补廪饩。案公撰《郑德崇墓表》云：“予偕试于按察使副使王公琼祐。时郡邑二学试者，毋虑数十人。惟三人中式，得预廪食之数。三人者，予与德崇。及今林宪副廷宾是也。”时肄业学宫，有雁自北而南。集于学宫，洿池之中。作《雁集琼庠记》，又作《许文正公论》，其略云：“无能改于其俗，必不能行已之志。许子则学道者，以一世之功名而论，许子固众人中之山斗江汉也。若以万世之道概焉，恐不能以无过耳。虽然许子之自处者，亦未必自谓，至此一时，为门人者尊之过其实。后人因之，又往往不之考焉。此予不能已于言之。”

明正统八年（1443） 癸亥

二十三岁

明正统九年(1444) 甲子

二十四岁

举乡试第一名。主试为舒宗辰、王来,录其五策传诵当时。公《可继堂记》云:"甲子,领乡闱首荐。"《藏书石室记》云:"甲子,领乡贤。"《愿丰轩记》云:"年二十有四,领乡解。"

明正统十年(1445) 乙丑

二十五岁

是年娶崖州金百户桂公之女。案《悼亡诗》云:"结发六星霜,欢会恰岁半。"又云:"同牢未周岁。"据此诗作于三十一岁。公二十七岁赴试春官,不第,留读太学。至景泰二年再试,不第,归省亲,遂有金夫人之丧。以时考之,是年娶金夫人无疑。

明正统十一年(1446) 丙寅

二十六岁

编写《投笔记》传奇。

明正统十二年(1447) 丁卯

二十七岁

是年赴试礼闱,过梅关。有《初过梅关》诗,《题张丞相庙》诗。舟过鄱阳,遥望鞋山,因忆解学士吊李白诗,戏作一首《过采石吊李白》诸作。

明正统十三年(1448) 戊辰

二十八岁

是年试春官,名在乙榜,得校官,不就。卒业太学,祭酒萧镃深器之。案《尚约先生集序》云:"正统戊辰,濬试礼部,下第。首见大司成萧先生于太学。先生西昌人也。濬时杂诸生中,季试,先生得所作,特召以见,且加奖励。"

明正统十四年(1449) 己巳

二十九岁

是年留读太学。

案《琼台诗话》云:"先生自少有大志。故虽未登仕版,而忠君爱国之情,已略见于诗词间。正统己巳,车驾北狩。先生作《捣衣曲》以寄意。又拟古作选诗四首。"参与于谦发起之京师保卫战争。

是年作《莆田柯氏祠堂记》。

明景泰元年(1450) 庚午

三十岁

案《夜宿江馆诗序》云:"岁庚午,归至今陵,寓新河客邸。乡友冯元吉诵宋人周明《老龟山回文》诗,命予两和其韵,以夜宿江馆为题。明老诗云:潮随暗浪雪山倾,远浦渔舟钓月明;桥对寺门松径小,槛当泉眼石波清。迢迢绿水连天碧,蔼蔼红霞映日晴;遥望四郊云接海,碧波千点数鸥轻。"《琼台诗话》亦详载之,有《客中重九》一首。

明景泰二年(1451) 辛未

三十一岁

是年再试礼部,不第,告归省亲,所与厚者咸赠以诗。编修岳正序而送之,有《一笑》三首,《辛未岁过扬州怀古》一首,《辛未下第还至今陵寄友》一首,《和李太白寄题金陵》诸作。过石门作《贪泉对》。

是年元配金氏逝世于乡,无子。《悼亡诗》云:"我行逾四载,之子苦幽闲。"又云:"嗟汝止一弟,情义深以长。汝没仅阅月,汝弟亦继亡。"《祭妻弟金陵文》云:"姊兮既亡,弟也随没。"是此年悼亡无疑。有《悼亡诗》,五言古十首,五律三首,集句五首。《桐墩记》、《林弁宗敬字说》。

明景泰三年(1452) 壬申

三十二岁

明景泰四年(1453) 癸酉

三十三岁

是年三赴试礼部。有《岁癸酉赴京至羊城有感》一首,《舟中遇重九示同行友曾光启》一首。

明景泰五年(1454)　甲戌

三十四岁

是年登进士。主试为礼部学士商辂、洗马李绍,阅卷至论策,意出濬手。及榜既放,果然,众服二公之鉴。廷试,刑部尚书刘云蕃为读卷官,得公所对策,置之举首。因策中微触时讳,置二甲第一,选入翰林为庶吉士。

案《藏书石室记》云:"甲戌,成进士。"《可继堂记》云:"濬登甲戌进士,选入翰林院为庶吉士。寻被命同修《寰宇通志》。"留居京师,得数十楹于禁城之东偏,可一亩许。因辟一室为修藏之所,名曰槐阴书屋,有记以纪其事。有《初入翰诗》、《初读书中秘预修天下志书》诸作。

明景泰六年(1455)　乙亥

三十五岁

春二月,琼州府黄瓒言、琼山县知县陈用已,详请公母李太夫人咨部旌表。

是年同修《寰宇通志》。作《延祥寺浮图记》云:"夫佛之教以寂灭为宗,固无有所谓身,乌有所谓寺。宇像设,固无所谓寺;宇像设。乌有所谓浮图,故无所谓浮图,又何影之有?是皆知奉其教之外,而不知其内者也。若是者非直,吾儒所不道。而深于其教者亦所不取焉。"

明景泰七年(1456)　丙子

三十六岁

五月《寰宇通志》成,上之。大学士高谷晋少保,陈循以下皆加兼官,濬授翰林院修编。同年,娶同乡吴姓女子为继室。有《送邢侍御克宽归省诗后序》、《赠乡友林廷宾南台御史序》。

明天顺元年(1457)　丁丑

三十七岁

是年宪臣奏公母李太夫人苦节，礼部请如例表其门曰“贞节”。

撰《说舟》赠林宗敬，其略云：“方其在学校也，固尝博习夫诗书之文，讲明乎古今之变，印正之以明师，积累之以岁月。其制作也，惟恐不合有司之程度。其强记以待问也，惟恐一理之不明，一事之不知。其进也，既由其道，其用也，又适其时，若可以得志矣。及其群试有司也，有利有不利。其利也，固若舟之遇风，一日千里，直易易耳。其不利也，夫何以异于舟之阻风，而不得行者乎。行不行，风也，非舟之罪也。利不利，命也，非学之尤也。虽然，有舟矣，然后可以归其咎于风。使吾材之不良，制之不合度，器用之不素，具舣之非其地，行之有所碍，风虽顺也，其能行乎哉？舟譬则学也，风譬则时也，有舟而无风，固不可行也，有风而无舟，将何以行之哉？”

有《送陈缉熙修撰使高丽诗》、《甫中有怀》、《放隶送张正夫》，写成《举鼎记》传奇。

明天顺二年(1458)　戊寅

三十八岁

八月诏修《一统志》，命李贤等为总裁官，濬为纂修。

是年有《送陈廷玉教桂平序》、《送琼郡叶知府序》、《大司寇刘公哀辞》。

明天顺三年(1459)　己卯

三十九岁

有《松轩记》、《筠庄记》、《送云南傅参议序》。

明天顺四年(1460)　庚辰

四十岁

三月，为会试同考官，总裁大学士吕原，少卿柯潜。公阅卷得陈选，曰此古君子也，置第一。是年长子敦生，吴夫人出。

有《李布政颙旌异卷诗》、《南海亭冈黄氏祠堂记》、《偏凉亭记》、《送郑钧州序》、《送梁景熙知萧山县序》、《送张城中书使朝鲜国》。

明天顺五年(1461) 辛巳

四十一岁

四月十六日《一统志》成,奏进。御制序文冠其首。

有《拟进大明一统志表》、《送乡友冯元吉教谕序》。

明天顺六年(1462) 壬午

四十二岁

有《题蓝天图跋》、《别知己赋》、《赠广西按察使江君诗序》、《赠新兴贺知州序》、《送钱学士使交南》、《送王给事中使交南》。

明天顺七年(1463) 癸未

四十三岁

《朱子学的》成。其自序略云:"人之为学,必自下学人事,始下学则可以上达矣,是则儒者之学也。儒者之学,学所以至乎圣人之道也,其要莫先于为己为人之辨。《大学》一书,为己之学也。欲为为己之学,必先效法于人而后用功于己。其用功之要,程子所谓涵养须用敬,进学则在致知是也。以此立志,用功循序积累,则知与行偕进,心与理昭融,中外本末,隐现精粗,一一周遍,是则儒者之学矣。古之学者,始乎士而终于圣人,不过下学上达而已矣。若通论其一书,则首篇是其凡,其第二篇、第三篇是其用功之要,是则程子两语也。盖今人既无小学工夫,须必先于持敬,敬不可不立,而理不可以不穷。彼夫四书五经以及近世诸儒之书,穷理之具也,必欲穷理,而又不可不知理之所以名,故以字训继焉。既穷理矣,由是而治心,由是而治身,以之正伦理,成治功,以至于穷神知化,参天地赞化育,而极其功用也全,是则所谓圣神之能事,学问之极功也。学者下学人事,而至于上达天理,如此岂非儒者全体大用之学乎?此四篇至九篇之大意,其第十篇仿《论语》之乡党,举朱子平生言行出处,示学者以标的也。前十篇已备矣,而又续以后十篇何?上编如小学之内篇,下编则其外篇也。上编由事以达于理,下编则由理而散之事，一以进德言，一以成德言也。穷理略于格物，而详于读书何？读书亦格物之一事。今之学者无师授，而欲舍读书以穷理，吾见其泛而无归宿矣。”

前此，海南卫军苦远调。是年上奏免专防海黎贼寇，上嘉纳之。

有《送广东夏廉宪诗》一首，《闻人说海北事有感》二首，《题谢氏先人》、《赠韩敬夫序》。

明天顺八年(1464)　甲申

四十四岁

八月二日，上首开经筵，濬充讲官。案《经筵进讲诗序》云：“天顺八年二日，今上首开经筵，时知经筵官太保会昌侯孙继宗，少宝吏部尚书兼华益殿大学士李贤，濬于是时叨充讲官。”寻朝廷进大学生于内廷群试之，简其文合程度者，授以师儒之职，分教天下府州县学，濬充考官。

诏修《英宗实录》，为纂修官。有言于谦之死，当以不轨书者，濬曰：“己巳之变，微于公社稷危矣。事久论定，诬不可不白。”其持正又如此。

有《秋兴诗》、《送尚宝凌卿使交南》。

明成化元年(1465)　乙酉

四十五岁

是年擢升侍讲，主试应天。案《应天府乡试录序》云：“圣天子思以人文化成天下，乃于嗣大历服之初，建号以表年，诏告中外。”又云：“上以命侍讲臣濬，编修臣华等。”则是此年为应天大考官。

六月上《两广用兵事宜》，书与大学士李贤云：“贼在广东者，宜驱。在广西者，宜困。欲宿兵大藤峡，扼其出入，揉其禾稼，期一二年尽贼。”贤献之于朝，诏录示诸将。

又有《两广备御猺寇事宜》，是年作《琼山县学记》、《留耕亭记》。

明成化二年(1466) 丙戌

四十六岁

官侍讲。有《赠琼郡林同知序》、《毛宗吉传》、《学拙先生传》。

明成化三年(1467) 丁亥

四十七岁

八月二十四日,《英宗实录》成,升侍讲学士。有《史馆进书诗》、《奉天侍宴》。

是年母李太夫人奉旨建坊,大学士彭时为铭。次子昆生。

有《寿夏太常八十岁诗序》、《霸州县儒学记》。

明成化四年(1468) 戊子

四十八岁

官侍讲学士。有《石钟山赋》、《德馨堂铭》、《赠廉州邢知府序》、《陈庄靖公哀辞》、《霸州庙学记》、《东莞县儒学记》。

明成化五年(1469) 己丑

四十九岁

三月十五日,充殿试读卷官,得状元张升,二名丁溥,三名董越。又于馆阁群书中,手钞张文献《曲江集》及余靖《武溪集》。作《怀乡赋》、《赠曲靖蔡知府序》、《送徐庶子归省序》、《寿古藤两傅先生序》。

是年丁李太夫人忧。案《曲江集序》云:"岁己丑,得公《曲江集》于馆阁群书中,手自钞录,仅成帙。闻先妣太宜人丧,因归。"又《野花亭记》云:"岁己丑闻先妣丧,归自禁林,明年抵家。"

明成化六年(1470) 庚寅

五十岁

在家守制。作《后幽怀赋》。

明成化七年(1471) 辛卯

五十一岁

二月，宪宗遣琼州府谕祭太夫人。案成化七年辛卯，二月庚戌，遣琼州府知府吴琛谕祭翰林院侍讲学士丘濬母太孺人李氏，曰："守节教子，妇人所难，兼致旌褒，惟尔所独。生有足尚，死可悼伤，爰超常典，特赐以祭，尔灵不昧，尚克享之。"作《琼山县学记》。

明成化八年(1472)　壬辰

五十二岁

八月作《南海县学记》、《送张方伯入覲序》。案序云："予家琼海，去会府三千里，而近适免丧，闻邦人士言而释其意，且笔之简据。"此濬免丧始作文。

明成化九年(1473)　癸巳

五十三岁

是年创建石室落成，藏书其中，以培后学。作《藏书石室记》，以纪其事。

有《癸巳初度词》、《琼州府学祭器记》、《崖州学记》、《学士庄记》、《野花亭记》、《封州县修城记》、《武溪集序》、《曲江集序》。

明成化十年(1474)　甲午

五十四岁

入京供原职。

是年《家礼仪节》成。案濬读礼，家居采取诸儒之说，成《家礼仪节》二卷，以补《朱子家礼》所未备。

是年按察司副使涂棐，筑表贤亭于城西，为多士矜式，以濬与薛尚书远、邢总宪宥、林侍御杰为"四贤"，提学胡荣为记。

有《甲午岁舟中偶书》、《重过新河有感》、《题古康三洲岩》、《甲午除夕诗》五首、《梧州府宪学宫记》。

明成化十一年(1475)　乙未

五十五岁

三月，充会试副总裁，拔取王鏊冠南宫，谢迁状元，时称得人。

案《会试录序》云：今兹当会试天下士，礼部臣以考试官请。陛下以命臣溥、臣濬之语，是公为副总裁。考《明贡举考略》云："初命彭华为考官，华以从子入场，疏辞，遂改命丘濬。"是濬为总裁，因彭华疏辞，方有此命。本传不载，据此足补其缺。

其会试发策云："古者道德一，风俗同。秦汉而下，武帝表章六经，世之所谓儒者，咸知尊孔氏，黜百家。及观其于立论行事之间，则有不同焉者。其大略有三：工文辞者则有司马迁之徒，论政事者则有刘向之辈，谈理道者则有董生之流。其后精于文者有韩愈氏、有欧阳修氏；达于治者有陆贽氏、范仲淹氏；深于道者有二程子、朱子。焉之数子者，其于前诸子，果若是班乎？其子孔子之道，亦有所合乎？我朝崇儒重道，教人取士，一惟经术，是用道德可谓一矣。然至于今，风俗犹有未尽同者，何也？曩时文章之士，固多浑厚和平之作，近或厌其浅易，而肆为艰深怪奇之辞，韩欧之文，果若是乎？议政之臣，固多救时济世之策，近或厌其循常，而过为闳润矫激之论。陆范之见，果若是乎？至若讲学明道，学者分内事也。近或大言润视，以求独异于一世之人。程朱之学，果若是乎？伊欲操觚染翰，主于明理而不在于骋辞；封章投匦者，志于匡时而不在于立名；讲学明道者，有此实功而不立此门户。不厌常而喜新，各矫偏而归正，必使风俗同而道德一，以复古昔之盛焉。"案策中所发三略，于治道学术，殷殷以复古相期，欲救当时学者之失。后之论者，谓发策有意托讽，陈文恭是以迹疑之。亦即策而深思之耳。策中言讲学明道，欲人以程朱为法，此正丘濬之一生得力处。必执此以疑公，则前二间为文为政者，果何所指乎？是不得不为濬辨其诬也。又考《双槐岁钞》云："成化癸卯，陈白沙至京与谈，不合。人谓濬沮之，不得留用。"时犹未入阁也。安有沮之之事乎？案黄廷美去濬未远，欲为濬辩白其事，其说仍未深考。濬主试发策时，文恭尚未至京，安有托讽之意？及考文恭祭丘濬文，有足不至先生之门之语，则延美谓与谈不合者，亦无其事。后之疑濬沮文恭者，其诬不待辨而已明也。

作《左右箴铭》。其序曰:“人苦不安分,汲汲然常有不足之念。迨其老也,犹不息心。予今年五十有五矣,忝以文字为职业,然往往用于空言。平生所学,竟不得一施为者,人或予惜,然不知此予分也。况骎骎老境,虽或见用,而亦气衰志惰,不能以有为矣。间于宴息小窗之中,仿古人捐箴铭以自警,左箴曰安分,右铭曰息心。夫箴铭体制,必为韵语,庶其可成诵以自警也。予不能文,其所谓箴铭,惟用一言,不敢多及。所以然者,取其简径,不费辞而易领会也。遇有事焉,或相知者之相慰藉,则随所寓以自解,云其左箴曰命,其右铭曰罢。”

是年三子仑卒。有《题文公手迹后》。

明成化十二年(1476) 丙申

五十六岁

是年五月,兄丘源卒。案《先兄临高县医学训科公圹志》云:“正统己巳,有司以通医荐起继祖职,为临高医学训科。成化乙未,始致其事。公历官二十三年卒,家居奉亲,莅任者仅四之一。致仕之明年,丙申五月十六日终干家。”

十一月初九日,纂修《续修通鉴纲目》成。内阁大学士商辂为总裁,有上表。

又自出己意撰史略,谓朱子《纲目》以正统为宗,然秦隋之末,有不可遽夺,汉唐之初,有未可遽予者,乃作《世史正纲》,以著世变之升降,明正统之偏全,有裨世道。

有《闲中有怀伯兄》、《雨中待朝偶成》、《茅山复古堂记》、《可继堂记》。

明成化十三年(1477) 丁酉

五十七岁

是年升国子监祭酒。时经生文士,为文以奇怪相高,或不可句读。濬主考南京乡试及礼部会试,怪词险语,必痛斥之,怨诽不恤。

及为祭酒，尤为注重，文体乃复浑厚，论者谓师道尊严，无愧李文庄公，综理细微，则文忠公不及。

有《太学私试策》三首、《丁酉春偶诗》、《会通河土桥石闸记》。

明成化十四年（1478） 戊戌

五十八岁

官国子监祭酒。是年粤西蒋冕来学，濬与冕论学曰："小子知夫圣贤之学乎？所谓圣贤之学，无他焉，日心而已矣。其所以求心之要，亦无他焉，日静而已矣。静以学焉，学以求诸心，而无所放焉，学之道得矣。今夫静者，非处夫穷山深谷者也，非杜绝人事而不与之交接者也。使必处穷山深谷，杜绝人事，而后学焉，则通都大道之中，无一日可学也，无一人能学也，则学终不可为哉。是故学不在外而在内，静不在境而在心。心在乎内，则虽日处尘寰可也，虽日接人事可也。由是于《易》、《书》、《诗》、《春秋》、《礼》、《乐》之经，左氏公谷、孔郑诸子之传，濂洛关闽诸孺之书，迁固而降以及胜国之史，董贾韩柳欧苏而降以及当代名人才士之文，皆于是乎含英而咀华，大肆其力焉。凡夫所谓身心体任之实者，使皆有以得之。为圣贤之学在是矣。小子勉之。"

二子昆殇。案《送蒋生归省序》云："岁戊戌，予年五十有八矣。离礼老而传之岁，仅十有二年焉耳，适有子丧之戚。"又，案《课牧菴记》云："予尝延振明教幼子昆，不幸殇亡。"《哭子崑诗》四首中有句云："汗血谩夸千里骥，与元亦似九龄乌"之句，盖用杨雄子童乌之事。由诗意推之，昆年不过十岁无疑。家谱不载昆生卒，以其生在京师，未及成人，故略而不书，未可知也。

有《除夕诗》、《送刘端本知兴化府序》、《故都御史姑苏韩公挽诗序》。

明成化十五年（1479） 己亥

五十九岁

正月十日大祀郊，奉旨分献中镇。案《郊祀议》云："臣按分祀天地之说，始见于《周礼》。虽曰必顺阴阳，因高下各从其类以求，庶得其神之来享。然天与地对，皇天与后土对，六经并祭，犹父与母同牢也，岂得为渎乎？况一年之间，夏在冬前，并祭天地，则以为渎乱庞杂。地先天祭，岂非越次先食乎？虞夏祀地之礼与其时，俱不经见，惟《周礼》祭天，则用冬之日至，盖成周以建子之月为正岁也。岁正之首，未遑他事，首举上天之祭，至于建午之月，乃祀地耳。是盖一代之制，后世因之，可也。别以义起，亦可也。夫类于上帝，经有明言，舍周而从虞，又何不可哉？乌可以合祭之礼起于王莽，而以为不经？夫事苟合义，固不当以人废。我圣祖初得天下，即筑坛为南北郊，冬至祀天于圜丘，夏至祀地于方丘，一如《周礼》之祭，行之数年，风甫不时。天多变异，乃断自宸衷，复为合祭之礼，而以正月行礼。凡所谓六宗山川，群臣皆各为坛以从祀，盖复有虞之典，于四千余载之后。每正岁之吉，天子躬祀天地，而以祖宗配享，分命群臣，各献尔十四坦。行之百年，神祇享答，休徵屡应，其克享天地之心，而偏致明灵之格者，非一日矣。又按先儒谓以形体而言，谓之天以主宰而言，谓之帝天与帝一也。《周礼》言祀昊天上帝，而后又言祀五帝，亦如之所谓。昊天上帝者，兼天与帝言之，盖以主宰乎？天者，其神之大者在此也。所谓五帝者，言帝而不言天，盖随时方而立名，其神各主宰一方之气也。汉儒不明此义，附会而为六天之说，既有昊天上帝，又有天皇大帝，又有太一感生帝之类，皆非正礼也。盖天无二日，民无二王，固无二帝之礼，况五六哉。本朝惟于大祀昊天大帝，凡所谓天皇太一天帝之类，一切革去。三代以下，祀典之正，所仅见也。”

其蒋冕《敬之字词》云：圣贤之业，几于敬之一言，尚其念念不忘，而进进不已云云。案丘濬为居敬穷理之学，宗法朱子，其于门人，命字犹谆谆诲之。文定后传濬学为一代名臣，皆身体力行，濬之所教。是年始辑《大学衍义补》，又有《元旦试举》、《己亥初度词》、《偶成杂感诗》四首，作《文昌邢氏族谱序》。

明成化十六年(1480) 庚子

六十岁

是年加礼部侍郎,掌国子监事。长子敦来京省亲。纳侧室唐氏。

有《瀛洲桥记》、《天妃宫碑》、《口占鹧鸪天词》。

刻行《程子全书》,并作《程子全书序》。

明成化十七年(1481) 辛丑

六十一岁

五月,门人蒋冕辑濬遗诗为《琼台诗话》二卷,又上书。

七月十八日得蒋冕上书,二十五日得蒋冕再上书。

十月既望得蒋冕三上书。

是年《世史正纲》成,依春秋纲目之旨,严华夷之分,阐正统偏全,明父子君臣之义。

有《辛丑初度诗》、《岁暮书怀》、《送林黄门使满剌加国序》、《送琼州知府彭公赴任序》、《送国子监司业费先生归荣序》、《送陈秉和南归诗序》、《余姚县学进士题名记》。

明成化十八年(1482) 壬寅

六十二岁

正月十日得门人蒋冕四上书。

孟冬上祭大庙,濬与祀,有《大庙斋居》诸诗,以纪其事。有《岁暮偶书》、《明故中顺大夫都察院左佥都御史邢公墓志铭》。

明成化十九年(1483) 癸卯

六十三岁

是年推恩,赠先祖为通议大夫礼部右侍郎。

有《书十八学士图》、《寿严陵先生七十岁诗序》、《金侍郎传》。

明成化二十年(1484) 甲辰

六十四岁

有《甲辰初度诗》。

明成化二十一年(1485)　乙巳

六十五岁

是年再成侄来京。乡试报罢,授例卒业南雍,未几南归。诸名流赋诗赠之,为绘《金台别意图》,蒋文定为之序。

有《乙巳初度》诗。

明成化二十二年(1486)　丙午

六十六岁

成《平定交南录》一卷,有《萧阁先生赞》。

明成化二十三年(1487)　丁未

六十七岁

十一月《大学衍义补》成,一百六十卷,以真德秀《大学衍义》止述修身齐家,而治国平天下阙焉,乃博采经子史,有及治平者以补之,附以己案语于每条之下。为目凡十有二:曰正朝廷,其目六;曰正百官,其目十有一;曰固邦本,其目十有一;曰制国用,其目十有一;曰明礼乐,其目六;曰秩祭祀,其目七;曰敦教化,其目十有一;曰备规制,其目十有六;曰慎刑宪,其目十有四;曰严武备,其目十有六;曰驭边方,其目九;曰成功化,其目一。而其大要,则尤在于审察其几微之先,以化天下之务。故又首补诚意正心之要,曰审几微,自为一卷。其目有四,曰谨理欲之初分,审事几之萌动,防奸萌之渐长,炳治乱之几先,着论发明慎独,内省真切,有先儒所未及者,盖其独得之见也。值孝宗嗣位,乃表上之,上览之甚喜,批答有云:卿所纂书,考据精详,论述该博,有裨政治,朕甚嘉之。赉金币命所司刊行其书。至万历重刊,御制叙冠其首。

有《进大学衍义补表》,特进礼部尚书掌詹事府事。又上漕运议云:"臣按海运之法,自秦已有之,而唐人亦转东吴粳稻以给幽燕,然以给边方之用而已。用之以足国,则始于元焉。初巴延平宋,命张瑄等以宋图籍自崇明由海道入京师,至元十九年始建海运之策,命罗壁等造平底海船,运粮从海道抵直沽,是时犹中有滦之运,不专于海道也。二十八年立都漕运万户府以督岁运,至大中以江淮、江浙赋每岁所办粮充运,自此以至末年,专仰海运之道。其初也,自平刘家港入海至海门县界,开洋月余始抵成山,计其水程自上海至阳邨马头凡一万三千三百五十里,最后千户殷明略者又开明新道,从刘家港至崇明州三沙放洋,向东行入黑水大洋,取成山转西至刘家岛,又至登州沙门岛,于莱州大洋入界河。当舟行风顺时,有自浙西至京师不过旬日而已。说者谓其虽有风涛漂溺之虞,然视河漕之费所得盖多,故终元之世,海运不废。我朝洪武三十年,海运粮七十万石给辽东军饷。永乐初,海运七十万石至北京,至十三会通河通利始罢海运。臣考《元史食货志》论海运有云:民无挽输之劳,国有储蓄之富,以为一代良法。又云:海运视河漕之数所得盖多。作元史者皆国初史臣,其人皆生长胜国之时,习见海运之利,所言非无征者。臣窃谓:自古漕运所从之道有三,曰陆、曰海、曰河。河漕视陆运之费省什三四,海运视陆运之费省什七八。盖河漕虽免陆行,而人挽如故。海运虽有漂溺之患,而省牵卒之劳。较其利害,盖亦相当。今漕河通利,岁运充积,固无资于海运也。然善谋国者,恒于未事之先,而为意外之虑,宁过虑而不为临事之悔。今国家都燕,盖北之地,而财赋之人皆自东南而来。会通一河,譬人身之咽喉也,一日食不下咽,立有死亡之祸。况自古皆是转般而以盐为佣直,今则专役军夫长运而加以兑支之耗岁。岁常运储积之粮虽多,而正戍之卒日少,食固足矣,如兵之不足,何迂儒过为远虑。请于无事之秋,寻元人海运之故道,别通海运,一路与河漕并行,江西、湖广、江东之粟照旧河运,而以浙西东濒海一带由海通运,使人习知海道,一旦漕渠少有滞塞,北不来而彼来,是亦思患豫防之先计也。臣家居海隅,颇知海舟之便,舟行海洋不畏深而畏浅,不虑风而虑礁,故制海舟者,必为尖底,首尾必俱置柁,猝遇风暴转帆为难,极以尾为首。纵其所如,且暴风之作多在盛夏,今后率以正月以后开船,置长篙以料角定盘针以取向,一如番舶之制。夫海运之利，以其放洋，而其险亦以其放洋。今欲免放洋之害，宜豫遣习知海道者，起有苏州刘家港，访问傍海居民，捕鱼渔户煎盐灶丁，逐一次第踏视海涯有无行舟潢道，泊舟港汊，沙石多寡，洲渚远近，亲行试验，委曲为之设法。可通则通，可塞则塞，可回避则回避，画图具本以为傍海通运之法，万一可行是亦良便。若夫占视风候之说，见于沈氏笔谈。每日五鼓初起，视星月明洁四际，至地皆无云气，便可行舟，于巳时即止，则不遇风暴矣。中道忽见云起，即便易柁回舟，仍泊旧处，如此可保万全，永无沉溺之患。万一臣言可采，乞先行下闽广二藩，访寻旧时通番航海之人。及行广东盐课提举司归德等场，起取惯驾海舟灶丁，令有司优给津遣。即至访询其中知海道曲折者，以海道事宜许以事成，加以官赏，俾其监工，照依海舶式样造运舟及一应合用器物，就行委官督领其人，起自苏州历扬淮青登等府，直抵沽滨海去处，踏看可行与否。先成运舟十数艘，付与驾使给以月粮，俾其沿海按视径行停泊去处，所至以山岛港汊为标识，询看是何州县地方，一一记录，造成图册。纵其往来十数次，既已通习，保其决然，可行无疑。然后于昆山太仓，起盖船厂，将工部原派料差官于此收贮，照依现式造为海运尖底船只，每船量定军夫若干，装载若干。大抵海舟与河舟不同，海舟畏浅，故宜轻，海舟畏漂，故宜重。假如海艘载八百石，则为造一千石舟，许其以二百石载私货。三年之后，运夫自载者三十税一，客商附载者照依税课常例，就于直沽立一宣课司收贮，以为岁造船料之费。其粮既从海运脚费比漕河，为其兑支之加耗，宜量为减杀，大约海舟一载千石，则可当河舟所载之三河舟，用卒十人，海舟加五或倍，则漕卒亦比旧省矣。此非独可以足国用，自此京城百货骈集，而公私俱足矣。考宋《朱子文集》，其奏札言：广东海路至浙东为近，宜于福建广东沿海去处，招邀米客。元史载顺帝末年，山东河南之路不通，国用不继。至正十九年议遣户部尚书贡师泰往福建以盐易粮给京，得数十万石，京师赖焉。其后陈友定亦自闽中海运，进奉不绝。然则此道若通闽广之海运，亦可以来，不但两浙也。况今京师公私所用，多资南方货物，而货物之来，苦于运河窄浅，船舻挤塞，脚费倍于物直，货物所以踊贵，而用度为艰。此策既行，则南货日集于此，北空船南回者，必须货实而北，货亦流于南矣。今日富国足用之策，莫大于此。说者若谓海运险远，恐其损人废财，请以元史质之。其海运自至元二十年始，至天历二年止，备载逐年所至之数，以见其所说不无意也。窃恐今日河运之粮，每年所失不止此数，况海运无剥浅之费，无挨次之守，而支兑之加耗，每石须有所减，恐亦浮于所失之数矣。此策既行，果利多而害少，又量将江淮荆湖之漕折半入海运，除减军卒以还队伍，则兵食两足，而国家亦有水战之备，可以制伏朝鲜、安南边海之夷，此诚万世之利也。”疏上，帝不纳。

是年门人蒋冕获进士，授翰林院庶吉士，有《丁未偶书》、《梁父吟》诸作。

明弘治元年(1488)　戊申

六十八岁

二月末，帝耕耤田，拟《贺耕耤田表》、《皇上躬耕耤田诗》。命修《宪宗实录》，濬充副总裁。幼子京生，侧室唐夫人所出，荫中书舍人。

有《戊申岁次韵》、《尚约先生集序》、《送董尚矩庶子颁诏朝鲜》、《冯氏族谱序》。

明弘治二年(1489)　己酉

六十九岁

是年子敦与门人蒋冕编《琼台类稿》五十二卷、《吟稿》十二卷、程敏政、何乔新、蒋冕有序。

有《己酉秋思》诗、《孔侍郎传》、《余肃敏传》、《重修凤阳县学记》。

明弘治三年(1490)　庚戌

七十岁

三月廷试,充读卷官。案《赐进士题名》云:"太岁上章阉茂,是为大明弘治三年。是年开进士,皇上奉天承运,贤俊登庸之第一榜也。故事既赐进士第,必立石太学,以示久远。礼部臣以题名记请,皇上以命臣濬,臣于是时叨居读卷之列。"是濬为廷试读卷官。

三次上疏陈情,乞恩休致,未蒙允许,令朔望朝参,以终史事。是年长子敦卒。有《送太子少保礼部尚书涪陵刘公致仕序》。

明弘治四年(1491)　辛亥

七十一岁

八月二十四日,《宪宗实录》成,进呈有表,加太子太保。

十月二十四日,进升文渊阁大学士,典机务。二十五日,具表辞入阁,云:顾臣何人,敢膺此任?方臣虽壮之时,反躬自省,尚不敢受此重任,况当衰老之年,垂死之日,屡陈求退,反得超升,进之密勿之地,委以机务之重,力小任大,必至颠覆云云。奉旨:卿历任年深,兹特擢用,不允所辞。

二十七、八日,再三表辞,云:一言失当,或以贻四海之忧;一事误处,或以为无穷之害。然事务头绪多端,章奏书画细渺,有非老人心志摧颓,目力昏耗者之所能干也。若不反己自揣,而冒昧以尝试之,则是为身家富贵之谋耳。国家事大,身家事小,岂敢以草木微妙之躯,当国家重大之任。臣委实衰老,日甚一日,食少事烦,自知不久于人世,若使逐日午时趋朝,晡时方退,自量筋力必不能支。设使真有益于明时,粉身碎骨,亦所不辞。臣实自知,决无所补,恐有负皇上之所委任,误国家之大事,妨天下之贤才,臣于严命,以死为期,不敢祗受云云。奉旨:"朝廷以卿学行老成,特加任用,当勉图报,不允固辞。"濬于是择《大学衍义补》中要务上献,奉下内阁议行之,报可。有《入阁谢恩表》、《初入阁诗》、《思偶归书》、《辛亥除夕》、《凤翔府重修儒学记》、《唐丞相张文献公开凿庾岭碑阴记》。

明弘治五年(1492) 壬子

七十二岁

以目疾，再上疏乞致仕。奉旨:“朕擢卿重任，当勉图尽职，岂可以目疾求退。今后凡大风雨雪，俱免早朝，不允所请。”

三月二十三日，上《乞严禁自宫人犯奏》。

四月十日，因太监李广渐进左道，亲近用事，濬上《论厘革时政奏》其略云:成化间，彗星三见，遍扫三垣，地震无虑五百六次。比年彗见天津，而地震无虚日，异鸟三鸣禁中。考诸经史，天变莫大彗孛在三垣，三台尤重;地震莫大震在京师，边防尤急;翙禽鸟动物，得气之先。《春秋》书彗孛三、地震五、飞禽二，盖二百四十二年之间。今迭见二十五、六年之内，变不虚生，甚可畏也。陛下改元，岁在戊申，与太祖初元同符。宜体上天仁爱，念祖宗基业，修德以立本，清心以应务。谨好尚，节财贿，公任用，禁私谒，厘革庶政，尽复国初之旧，庶可回天变、消物异。因拟二十二事:曰佛教道教，可延福祚;曰修炼金丹，可致长生;曰创建寺观，可植福田;曰印造经忏，可冀利益;曰修斋设醮，须丰盛;曰诵经持咒，可禳度;曰崇重西僧求秘术;曰祀神可福佑;曰宴享品物须丰侈;曰匪颁赒赐如旧例;曰宝石可服玩;曰欲街市和买，应用取直取官府;曰求闲田为己业;曰差官于外织造措办;曰献珍异器希赏赐;曰宫室损坏须改作;曰折粮备颜料;曰工作人劳苦希升赏;曰所司使用乏人，当额外增置;曰工巧人授以职;曰技艺杂流欲得文武要秩;曰无出身人欲于文武官常员铨注。皆请有言及而以理折之。盖广所欲请于上，而濬先发者。疏几万余言，上虽嘉纳，未能行也。

五月十二日，奏请求遗书云:“高皇帝当至正丙午之岁，始肇帝业，首求遗书。既平元都，得其馆阁秘册，又广购民间，一时所积，不减前代。太宗当多事之时，犹集儒臣纂《永乐大典》以备考究。今承平百年，中外无事，乌可使经籍废坠。夫庶民之家迁徙不常，好尚不一，既不能广有储藏，即储藏亦不能久远，所赖石渠邃阁积聚之多，收藏之富，扃钥之固。类聚者有掌故之官，阙略者有缮写之官吏，损攘者有修补之工，散佚者有购访之令，然后不致废坏阙失。前代藏书之多，有至三十七万卷者，近内阁书目不能什一，数十年来，在内未闻考核，在外未闻购求，及今失恐遂放佚。自古藏书不一所，汉有东观兰台鸿都，唐有秘书监集贤院，宋有崇文馆秘书省。国朝罢前代台监馆省之官，并其任于翰林院，设典籍二员，掌文渊阁书籍。南京国子监，虽设典籍，仅掌累朝颁降之书及旧锓书版而已。今请敕内阁所藏书籍，令学士以下督典籍官，汇若干册若干卷，检其有副本者，分贮一册于两京国子监。若内阁所无或不备者，乞敕礼部行天下提学官榜示购访，俾所在有司校录呈送。其藏书之所二，一在京师曰内阁、曰国子监，一在南京曰国子监。使一书而存数本，一本而藏三所。每岁三伏时，令翰林院僚属同赴阁监曝书。毕事，局鐍廷有事欲稽考者，奏请诣阅以为常规，则于文治有裨焉。”疏入，上嘉纳之，遂下诏求遗书。

是年内弟李思学来京省亲。上请建储三表。有《庆成宴偶成》、《内阁晚归口号》、《二月偶成》、《四月有感》、《九月偶书》、《十月望雪》、《闲中书怀》、《颁秝日有感》、《除夕偶书》。

明弘治六年(1493)年　癸丑

七十三岁

正月，言于上曰：“唐虞三载考绩，三考黜陟，今有居官未及一载而黜者，所黜徒信人言，未必皆实，此非唐虞之法，亦非祖宗旧制也。”上深然之，敕吏部凡历官未及三载者，俱令复任，虽经三考，非有贪暴实迹，亦勿黜。盖用濬言也。

二月，赐内宴。四月，太医院院判刘文泰劾吏部尚书王恕。恕疑文泰受濬指，而言者哗然，言疏稿出濬手，恕竟坐罢。王国宪谓此事当时未考颠末，竟诬疏稿出濬手，是不得不辨其诬者。史明言：“文泰自为奏草，示除名都御史吴祯润色之。”则疏出文泰与祯之手，于濬无与。恕竟谓有老于文学多阴谋者主之，诬濬以阴使，其宜辨者一也。王世贞云:"案缙绅之论,皆以文泰此举出自丘公,然三原止合略办其事,力求归休,不当疏请廷鞫。又以老学阴谋肆加诋斥大臣,恬静之体,与事君恭顺之道,惜乎无为三原谋者。盖公北人伉直少文之故,而宪章实录为贤者讳,亦似未考其事之颠末也。"据此则当日事情非出自丘濬,凤洲早已知之。史臣回护三原,以此诬濬,后之论者,往往过为苛刻,不略迹以原心,所赖凤洲为持平之论,不为群言所惑,其宜辨者二也。黄氏《双槐岁钞》云:"及入阁与王三原皆太子太保,偶坐其上,啧有烦言。会太医院院判刘文泰失职,奏三原变法变选,以所刻传封进,内多详述留中之疏,上责其沽名,致仕去人。"以此议丘濬,濬实不知也。夫以濬不知之事,而责以为主使,诬濬实甚,其宜辨者三也。三原里居之日,作传镂板以行,濬谓其沽直谤君,最中其失。人臣罢政退间,自宜杜门静守,不谈时事。恕乃不出于此,故丘濬以此讥之,原不为过。史明言文泰心动,乃自为奏草,是文泰自为而自奏之,细玩心动乃自为数字,不特非濬所不知,亦非濬所及料,其宜辨者四也。三载黜陟,濬以未及三载者,俱令复任,虽经三考,非有贪暴实迹者,亦勿黜,最为得体,三原与之力争,自可不必。夫黜陟自以三载为定制,濬于二千人调旨留之者九十余人,大抵在任未满三载而未有贪暴之实迹者。若果实迹昭然,三原据濬所奏以争之,濬亦无辞以对。则知当日三原之争,亦争无可争也。观叶台山云:"郑端简称公好议论,上下千古,尤熟国家典故。政事可否,反复与大臣言,官争是非,其风概如此。"今政归六曹,权操台省,辅臣缄默充位而已,不能半语。则当日濬所争论,正一朝之治法,所关不使政归六曹,操权台省,是何等措置。论者因三原故诬濬,以不能相其宜,辨者五也。又案《祁顺传》,寻转江西布政使,按抚交章特荐,王恕在吏部亦疏引之,内阁丘濬、刘健皆荐顺,顺辞甚力。据此则三原所疏荐者,濬未尝不引用,则知濬所调留者,非为私也,其宜辨六也。

有《癸丑科传胪侍班口占》、《首夏偶书》、《内阁晚归口号》诸作,《道南书院记》。

明弘治七年(1494)　甲寅

七十四岁

上《请昧爽视朝奏》,复三上疏乞致仕,不允。八月,进太保兼武英殿大学士,复以疾辞,温旨慰留。

有《进秩偶书》、《受一品封》诸作,《甲寅初度感怀》。

明弘治八年(1495)　乙卯

七十五岁

正月,有《京师元夕月圆》诗。

二月初四日,卒于官。上闻嗟悼,辍朝一日,赙宝钞一万贯,遣礼部尚书倪岳谕祭曰:"惟卿早擢高科,历事累朝,博学能文,名闻允昭,简在朕心,置卿近密,入告谋猷,每多裨益。胡为婴疾,竟尔告终,爰念往劳,深恻予衷。特颁恤典,有赠有谥,给驿还丧,并赐塟祭。君臣义笃,终始克全,卿灵如在,其歆鉴焉。"

十二日,特赠谥:"奉天承运,皇帝制曰:朕惟赞斡化机,必资考寿,吁谋治道,须藉博闻。故既优其请老之期,而复厚以恤终之典。故光禄大夫柱国少保兼太子太保户部尚书武英殿大学士丘濬,海邦间气,翰苑名流,绩学群经,留心庶务,久居清秘,晚佐钧衡,官八转而至三孤,于今为重,寿七旬而加五岁,在古尤稀。方深倚任之怀,弗听归休之请,逾年赐告,一旦云亡,天不慭遗,朕殊伤悼。兹特赠太傅进左柱国,谥文庄。于戏朝以爵乡以年,并系一时之望,官有赠行有谥,永贻百世之荣,不朽者存,尚其祗服。"

二十四日,遣礼部左侍郎徐琼谕祭曰:"卿以文学擢居重任,方切倚毗,遽云长逝,中心悼伤,其何能也。兹临三七,特用遣祭,卿灵不昧,庶其歆享。"命行人宋恺,护丧南归。行装自钦赐白金绮币外,惟图书数万卷而已。赐御葬于郡城西八里水头邨五龙池之原,赐建专祠祀于乡。

其椟归羊城时，陈文恭公(白沙)为文祭之曰:“于乎先生之志，见于行事;先生之言，存乎著述。既大显于当时，必有闻于异代。某一病当年，老于林下，足不至先生之门，目不睹先生之书。比岁得遗《琼台稿》，才一编而已，而何足以知先生之大全哉？于乎有言依乎教，有行概乎道，行由教宣，言以道传，没而有知，尚鉴斯言。”案:后之疑濬与文恭公不合者，观此可释其疑。

正德初，武宗素知其名，遣礼部尚书刘春特命赐扁曰:仰止堂。御祭文曰:“文章炳耀，学问渊源，气节凌霜，经纶弥天。”并赐额曰:景贤祠。配宋学士苏文忠以风示天下，文臣恩眷之隆，近世未之有也。

何乔新公神道碑云:“弘治八年春，少保兼太子太保户尚书武英殿大学士丘公以疾卧家，连章乞致仕，优诏不允，遣医赐药，中官问疾，赐食物。是岁二月戊午，薨于城东私第。讣闻，天子嗟悼，辍视朝一日，赙宝钞一万贯，赠特进左柱国，谥文庄，命礼部尚书倪岳、左侍郎徐琼谕祭。葬及祥禫，亦皆有祭，遣官次第行之，工部差官造坟，及官其孙营尚宝司丞。仍命行人宋恺护其丧归，将以丙辰年十二月乙酉日葬于五龙池之原。时乔新致仕家居，营遣使以公门生翰林院编修蒋冕所述行状求玄堂之铭，且致其祖母夫人之言曰:公治命也幸毋辞，予忆在朝时，公暇辄与公相过从，论古今事得失，公尝语予曰:予与子相知，不啻君实、景仁，不幸死则后死者铭之。予曰:诺哉。意公言直戏耳。别去四五年，公犹不忘前言，乃知非戏也。呜呼。方今作者如林，予何人敢铭公墓，然欲固辞又负公久要之言，乃叙而铭之。公讳濬，字仲深，其先世家泉之晋江，元季有官于琼者，遭乱不能归，遂占籍琼山。曾祖讳均禄，隐居不仕。祖讳普，临高医学训科考，讳传贤而早卒。及公贵，曾祖考皆赠官同于公。曾祖妣李氏、祖妣柯氏、妣李氏，皆赠一品夫人。公举进士，改翰林庶吉士。与修《寰宇通志》书成，擢翰林院编修。宪宗皇帝即位初，开经筵，以公充讲官，有白金文绮之赐。成化元年，以九载秩满升侍讲，修《英宗皇帝实录》成，升侍讲学。士丁母夫人忧，解官归服，阕诣京复旧职，奉命修《宋元通鉴纲目》成，升翰林院学士。十三年升国子监祭酒，十六年进礼部右侍郎，仍掌监事。二十三年冬，升礼部尚书，掌詹事府事，修《宪宗皇帝实录》，公充副总裁。弘治四年八月，《实录》成，加太子太保职如故。是岁十月，命兼文渊阁大学士，入内阁制诰，典机务。公三上章辞，上不允，久之乃就职。七年，升少保户部尚书武英殿大学士，仍兼太子太保。自始仕至今，四十有二年矣。公少孤力学，六岁能诗，弱冠着论，谓许文正公仕元，无能改于其俗，又不得行已之道，不仕可也。耆儒硕师见其论，初甚骇之，已而又大服，以为先儒未有言及此者。正统甲子举于乡，为广东试第一名。两试礼部，名在乙榜，当授教职，辞。卒业太学，祭酒萧先生镃深器重之，为之延誉，繇是名益重。景泰甲戌，复试于礼部，名在前列，廷试为第二甲第一名，及选为庶吉士，读书秘阁。自六经诸史九流笺之书，古今词人之诗文，下至医卜老释之说，靡不探究，发之文章，雄浑壮丽，四方求者沓至。碑碣志序记：词赋之作，流布远迩，然非其人，虽以厚币请之，不与。修英庙实录，或谓少保于谦之死，当着其不轨之迹。公曰：即己巳之变，微于公，天下不知何如武，臣挟私怨诬其不轨，是岂可信哉？众以为然，功过皆从实书之。两广用兵，公上书李文达公，且陈平寇方略，文达上之，诏以策付总师。其后削平，用公策为多。时经生文士为文以奇怪相高，或不可句读。公考南京乡试及礼部会试，怪词险语必痛斥之，怨诽不恤也。及为祭酒，凡尤谆谆为学者言之。请访求遗书，上皆嘉纳。洪武、永乐以来，凡百司朝觐，命吏部都察院考，其尤不职者乃黜之，不过数十人。其后吏部患人言，务以多黜为公，方岳以下少有暇辄黜之，黜者亦不敢诉。公深知其弊，言于上曰：唐虞三载考绩，三考黜陟，今有官未半岁而黜者，所黜徒信人言，未必皆实，此非唐虞三代之法，亦非祖宗旧例也。上深然之。会吏部上大小庶官当黜者几二千人，乃敕凡历官未及三载者，俱复其任。虽一考未有贪暴实迹者，亦勿黜，盖用公之言也。医官有疗疾，往来公家者，以失职怨冢宰王公，奏讦其短。众疑奏出公，科道以为言。上察其诬，待公益厚。公性刚直，与大臣论议所未安，必反复辩论。言官论事，必以是非诘之，不肯婾婀取悦。公无岁不求归，前后凡十三疏，上皆不允，问劳赐赉之使踵接于门，文臣承恩眷未有如公者。先娶金氏，继娶吴氏，赠封皆一品夫人。子男四，长曰敦，吴夫人出，以荫补国子生，博学工文章，先公五年卒。次昆、次仑，皆殇亡，季曰京，侧室唐氏出。女二，适冯颙、岑英。孙男二，长莹，次甸。平生著述甚多，有《琼台吟稿》、《琼台类稿》、《家礼仪节》、《朱子学的》、《世史正纲》、《大学衍义补》行于世。又作《庄子直解》，未成。公博极群书，凡举僻事问之，则曰出某书某篇，退取书阅之良是。尤熟本朝典故，乐为学者道之，缅缅如目前事。公今已矣，世岂复斯人哉？岭南人物自张文献公有声于唐，余襄公、崔清献公有声于宋，迨公四人焉。公晚登政府，疾病半之，故见于功业者仅若此。然《大学衍义补》一书，其经济可见矣。《朱子学的》一书，其为理学亦可知矣。理学经济兼而有之，使得久其位，尽行其言，相业岂三君子可及哉？铭曰：岭南之陬，灵气充塞，挺生伟人，翊我皇极。其人伊何曰：惟文庄醕懿内实，英华外彰，乃官词林，乃登廷阁，乃侍经筵，乃典国学，穹碑厚碣，辉映四方，缃篇青简，百世有光。皇帝咨汝其代，予言服休迓衡，时惟汝贤，公拜稽首，臣老勿克宠命，荐临公乃就职。公之在位，调濡均平，百吏奉法，百度惟贞。文为国华，位居保傅，天之生公，夺之何遽？立言则多，蓄未尽施，方策所存，百世之师。石麟峨峨，南海之隩，文庄之坟，过者必肃。”

附录三

丘濬著述考

虽然在中国历史上，尤其在明中叶时期，丘濬具有举足轻重的地位，然而他的著作一直没有得到重视。只有到了最近几十年，一些学者开始对于他的生平和事业，或其思想政论进行初步的探讨和研究。近年来，丘濬的《大学衍义补》亦引起了中国大陆学者的注意，自1981年以来，有关文章的发表不下十数篇。这些作品包括《中国十五世纪经济思想的卓越代表人物》、[1]《被遗忘的经济学家丘濬》[2]等，而丘公的毕生巨著《大学衍义补》亦多次由不同出版社重新排版翻印。不过研究的范围还是相当狭隘的，学者们的注意力只集中于个别的问题上，有关丘濬的整体研究仍是甚为缺乏。

---

① 赵靖《丘濬：中国十五世纪经济思想的卓越代表人物》，《北京大学学报》，1981年，第2期，第47～53页。

② 文浅父《被遗忘的经济学家丘濬》，《羊城晚报》，1981年5月14日。

要深入了解丘濬的政绩和思想，主要还是通过其著述。丘濬一生著作如林，总数超过二十多种、三百多卷。在明清时期，丘氏作品受到广泛的重视，一些作品还多次被官方或私人重编、翻印。部分又经后世学者重编、选辑，使其著述种类更多，而这些作品也提升了我们对丘濬和他的思想的认识。

是篇之作，旨在给丘濬的论著作一概括的分析考述，其中包括丘濬在世时所著，后来其门人与子孙所编，以及其他不同版本的作品。这里所列举之著述包括见于明、清和现今的典籍，但不复存在的作品；及典藏处于各大图书馆，但作者未有机会翻阅者。丘濬为官四十二年，自 1454 至 1495 年，其间参与多项国家主导之历史纂修工作，此类作品将列于其个人著述之后。

(一)《琼台先生文集》

根据王家槐所记，《琼台先生文集》为丘濬的幼子丘一成和弟子蒋冕(1463～1533)合编，程敏政(1445～1499)序，[①]于弘治二年刊印。然而，丘濬的幼子一成当时才一岁，故王家槐先生的记载或许有误。如果在弘治二年确有《琼台先生文集》的出版，丘濬长子丘敦(1460～1490)或被误认为幼子丘一成，而这部《琼台先生文集》相信也是丘濬最早的合集，然而这部合集尚存与否，仍属存疑。

① 王家槐《海南文献丛谈》，台湾，1974 年，第 197 页。

(二)《琼台类稿》七十卷

是书为丘氏作品总集,也是最完整的丘氏作品总集。《琼台类稿》包括了赋铭、记、序、论、表、章奏、策问、杂说、杂著、赞、哀辞、祭文、传、神道牌、墓志铭、墓表、事宜等大类。中国国家图书馆藏弘治五年闵珪刊本,卷前有程敏政和何乔新(1427~1454)序,共计二十册。国家图书馆的藏书纪录记载此书刊于 1492 年。[①] 但经笔者翻阅考证,发现该书还收录 1493 和 1494 年上孝宗的奏疏。其次,丘濬去世后(1495)所追封的谥号和封衔,也列在每一卷首,与作者姓名并列。从以上的证据来看,《琼台类稿》并非刊于 1492 年,而是在 1495 年后才刊印的。以内容来看,或可推断是书在 1517 年刊印,因为在杨一清(1454~1530)的序言中曾提及吴廷举(1461~1526)在 1517 年的刊本,该书可能是在闵珪刊本的基础上重编,闵珪刊本亦可能已不流传。

从国家图书馆所藏刊本来看,是书编印并不严谨,编排错误、次序混淆、篇章缺漏、空页屡见,而目录中所记录篇章不见与内文、或文章见于内文而目录不载亦有。[②] 据记载万历年间南京礼部尚书王宏诲曾翻印《琼台类稿》,丘濬曾孙丘宗另题书名为《重刻琼台类稿》。[③] 然而笔者至今仍未发现有《重刻琼台类稿》存本。根据《内阁文库汉籍分类目录》,日本内阁

---

① 《北京图书馆善本书目》卷七,北京:中华书局,1959 年,第 25 页下。

② 详参拙稿《丘濬及其〈琼台类稿〉》,载于中国明代研究会主编《明人文集与明代研究》,台北:中国明代研究会,2001 年,第 69~86 页。

③ 王万福《明代大儒丘琼山之著述与思想》,《广东文献》3 卷 1 期,1973 年,第 17 页。

文库藏 1492 年《琼台类稿》刊本四十九卷，[①]和国家图书馆的《琼台类稿》七十卷刊本所注明的刊年和记载相同。经比较两个藏本，笔者发现内阁文库所存的四十九卷和国家图书馆七十卷的前四十九卷内容排版相同。只是内阁文库缺卷五十至七十。最近，中国台湾中央图书馆收藏东京内阁文库的版本的缩微胶卷。[②]《明史艺文志》和《琼山县志》都记载《琼台类稿》共五十二卷[③]，弘治年何乔新编。[④] 但至今仍未发现有此刊本流传和收藏。

（三）《琼台吟稿》十卷

此书为丘濬诗集，弘治年间由丘氏弟子蒋冕所编印。中国国家图书馆和上海市图书馆均藏有蒋云汉(1434～1506)刊本，两册，注明刊于弘治五年(1492)。[⑤] 蒋云汉刊本共收录诗七百零五首，卷一、二为五言古诗，卷三为拟古乐府，卷四为七言古诗，卷五为五言绝句，卷六为五言排律，卷七为七言绝句，卷八、九为七言律诗，卷十为七言排律。是书可能早在 1489 年刊印，因是书卷末题："弘治三年(1489)春三月望日男敦编次，学生傅佐录刊"，故蒋云汉刊本相信为重刊本。

---

① 《内阁文库分类目录》，东京：内阁文库，1956 年，第 347 页。

② 中国台湾中央图书馆出版《汉学研究通讯》，1 卷 1 期，1982 年，第 34 页。

③ 《明史》卷九九，北京：中华书局，1974 年，第 2470 页；《琼山县志》卷二〇，1911 年刊本，第 6 页上。

④ 王万福，《明代大儒丘琼山之著述与思想》，第 17 页。

⑤ 黄荫普《广东文献书目知见录》(以后简称《知见录》)，香港：忆江南馆，1978 年，第 160～161 页。

（四）《琼台会稿》十二卷

明嘉靖三十二年(1553)郑廷鹄编，主要根据《琼台类稿》和《琼台吟稿》两书所收作品辑录，中国国家图书馆和台湾中央图书馆各藏十册本。[①]《琼台会稿》曾于1609年重刊，日本尊经阁文库和蓬左文库均藏此刊本，六册。[②] 国家图书馆另藏1613年重刊本，卷前有黄佐(1490～1566)和丘尔谷序。

（五）《重编琼台会稿》廿四卷

是书亦题《琼台诗文会稿重编》，收丘濬诗文、奏议等篇章，由贵县县令丘尔谷与凤阳县县令丘尔懿兄弟合编，二人皆为丘濬的第七代孙。此刊本以1490年丘敦所编刊本为据，于天启元年(1621)完成。《四库全书总目提要》谓是书内容五分之一来自《类稿》，十分之三来自《会稿》，此外，尚有取自《吟稿》之诗作。《四库提要》对是书评价甚高，认为虽无《类稿》和《会稿》详尽，但甄选严谨："其文集世不一本，初其门人蒋冕等刻其诗曰《吟稿》，续又裒其记序表奏曰《类稿》。嘉靖中郑廷鹄合二稿所载，益以所得写本，厘为十二卷，名曰《会稿》。天启初，其裔孙尔榖遴《类稿》十之二，增《会稿》十之三，并《吟稿》合刊，曰《重编会稿》，即此本也。虽不及《类稿》、《会稿》之

---

① 中国台湾中央图书馆编《国立中央图书馆善本书目》，台北：中央图书馆，1967年，第1017页。

② 黄荫普《知见录》，第161页。

完备，而简汰颇严，菁华具在，足以括溍之著作矣。”[1]《琼台会稿重稿》原刊有叶向高（1559～1627）、周延儒（1588～1644）、陈熙昌和编者丘尔穀序，并收录丘氏其他作品中的几篇序。是书除1621年刊本，根据《广东文献书目知见录》记载，尚有1621年佟湘年修订本，现存台湾中央图书馆、内阁文库、静嘉堂文库和尊经阁文库，十二册。[2] 清朝时期，《琼台会稿重编》曾多次重印。现日本东北大学藏1638年清重印本，共二十四卷，附录诗话二卷。[3] 1879年，雁峰书院重印《琼台会稿重编》，另题《琼台会稿诗文集》。[4] 此书后收入《四库全书》和1973年台湾商务印书馆出版的《四库全书珍本》之第4辑。1973年，日本京都大学文学部重印是书，另题《丘文庄公集》。

（六）《丘文庄公集》十卷

是书来自《丘海二公合集》十六卷，清康熙四十七年(1708)焦映汉编，同治十年(1781)丘氏可继堂重刊。卷前有焦映汉和贾棠序，皆题1708年。其中卷一共收丘公奏疏十一篇及其他议论文，卷十收诗二百零九首。清乾隆十八年(1753)吴位和等曾重编《丘文庄公集》十卷，今见日本内阁文

① 纪昀等编《四库全书总目提要》(以后简称《四库提要》)卷一七〇，上海：商务印书馆，1933年，第3630页。

② 黄荫普《知见录》，第161页。

③ 日本东北大学图书馆《东北大学所藏和汉书古典分类目录：汉籍》，仙台：东北大学，第555页上。

④ 黄荫普《知见录》，第161页。

库和广东省立图书馆藏，分别为十四册和六册。[1] 国家图书馆藏清乾隆(1736～1795)间丘名邦重刊本，六册。[2] 另黄荫普《广东文献书目知见录》记载1753年丘氏可继堂集丘濬及海瑞(1514～1587)作品，成《丘海二公文集合编》，[3]并于1935年，由海口的海南书局重印。

(七)《琼台集》

据黄荫普记载，是书于1864年罗学鹏编，后收录在《广东文献初集》。此书为广东顺德罗氏春晖堂编印，共七十卷。其后重印，另题《丘文庄公琼台集》。[4] 是书笔者未及见，内容可能根据《琼台类稿》七十卷而成。

(八)《琼台会稿》十卷

是书辑选丘氏作品，收于《海南丛书》第1辑，1935年由海南书局编印。[5]

(九)《丘仲深集》一卷

丘濬作品选集，收于清范鄗鼎编选《广理学备考》四十八卷中，并于1825年由张恢重编和补遗。广东省图书馆和国家

① 黄荫普《知见录》，第161页。

② 国家图书馆编《馆藏普通线装书名目录》，北京：国家图书馆，1982年，第4册，第1011页。

③ 黄荫普《知见录》，第226页；《四库全书总目提要》卷一九四，第4337页。

④ 黄荫普《知见录》，第397页。

⑤ 黄荫普《知见录》，第397页。

图书馆分别藏 1825 年刊本,四十八册。[①] 丘氏《丘仲深集》见于第四七卷。

(十)《世史正纲》三十二卷

《世史正纲》乃仿效朱熹(1130~1200)《通鉴纲目》和吕祖谦(1137~1181)《大事记》而作。此书在书法方面采用《通鉴纲目》的褒贬笔法,并上溯《春秋》大义。在形式方面,仿效《大事记》的解题,在各条史事之后,附评论以抒己见。纪事内容起自秦始皇二十六年统一六国(公元前 221),终于明朝建国洪武元年(1368),首尾凡一千五百八十九年。是书 1488 年初版,有丘濬 1482 年序,及丘濬门人费訚(1469 年进士)后序。序中丘公表示《史世正纲》和朱氏和吕氏作品的不同处,在于其直接简明的叙述方法,希望藉此启发当代的年轻学子。其成书宗旨,丘氏于序中说:"著世变也,纪事始也。其事则记乎其大者,其义则明夫统之正而已。"《世史正纲》的"宏纲大旨"为:一、严华夷之分;二、立君臣之义;三、原父子之心。《四库提要》批评是书致力于分辨朝代之正统,强调华夷有别,认为丘氏的观点是"率臆妄作,为史家未有之变例,可谓谬诞"。[②]《世史正纲》曾在明朝多次翻印,其中有 1563 年和 1568 年重刊本。台湾中央图书馆藏 1488 年原刊本十册,日本尊经阁文库藏 30 册本,广东中山图书馆藏十六册本。[③] 日

---

① 黄荫普《知见录》,第 161 页。

② 《四库提要》卷四八,第 1058~1059 页。有关《世史证纲》的研究,参考拙稿《丘濬之史学——读丘濬〈世史证纲〉札记》,台湾《明史研究专刊》第 7 期,1984 年,第 163~208 页。

③ 黄荫普《知见录》,第 14 页。

本内阁文库藏江户时期(1603～1867)日本抄本,十册。[1] 台湾中央图书馆亦藏 1563 年孙应鳌于秦中印刊本,计二十四册。[2] 另有海南文昌郭新 1936 年刊本,现藏英国伦敦大学亚非研究学院图书馆、[3]芝加哥大学亚洲图书馆、[4]加利福尼亚大学东亚研究图书馆[5]和新加坡国立大学图书馆。

(十一)《大学衍义补》一百六十卷、附录一卷

真德秀(1178～1235)于宋理宗绍定二年(1229)完成《大学衍义》四十三卷,发挥《大学》纲领,作为君主修身、齐家、治国之借鉴。丘濬以《大学衍义》为依据,补充其遗漏,历引史例作为佐证,并附以己见,编成《大学衍义补》一百六十卷。此书网罗丰富,可谓历代政事的百科全书,有助于了解明初政治、社会和经济情况,同时也是了解丘濬的政治思想的重要材料。是书分为 12 大目:(一) 正朝廷、(二) 正百官、(三) 固邦本、(四) 治国用、(五) 明礼乐、(六) 秩祭祀、(七) 崇教化、(八) 备规制、(九) 慎刑宪、(十) 严武备、(十一) 驭夷狄、(十二) 成功化。书成于 1487 年,时孝宗刚登基,丘濬上《进大学衍义补奏》,指出《大学衍义》于《大学》八条目中有格物致

---

① 《内阁文库汉籍分类目录》,第 74 页。

② 《中央图书馆善本书目》,第 146 页。

③ *Library Catalogue of the School of Oriental and African Studies, University of London*, Massachusetts: G. K. Hall & Co., 1963, Vol 25, p. 292.

④ *Catalogs of the Asia Library, University of Michigan*, Massachusetts: G. K. Hall & Co., 1975, Vol. 1, p. 116.

⑤ *Library Catalog of the East Asiatic Library, University of California at Berkeley*, Massachusetts: G. K. Hall & Co., 1968, Supplementary Catalog, Vol. 1, p. 123.

知之要、诚意正心之要、修身之要、齐家之要，而独缺治国平天下之要。所以仿德秀凡例，采辑五经诸史百氏之言，补其缺略。以为治国平天下之要。孝宗嘉许是书考据精详，论述该博，有补于政治，赏银二十两、纻丝二表里，并誊抄副本发福建布政司交书坊刊行。《四库全书总目提要》赞扬是书，认为丘氏的言论"元元本本，贯串古今"，体现了丘濬广博的学识，可与真德秀《大学衍义》互补。[①]

《大学衍义补》在明清两代曾多次刊行。目前加拿大英属哥伦比亚大学图书馆藏 1487 年抄本，计四十册。[②] 是书除了 1488 年建宁原刻本外，1506 年、1535 年、1559 年、1605 年均有重刊，万历三十四年(1606)更有神宗(1573～1620)赐序的官刻本。1632 年又有陈仁锡(1579～1634)校正本。满清时期，是书亦多次重刊，现存的清刊本有 1837 和 1895 年本。[③]《大学衍义补》其后亦被收入《四库全书》之中。1971 年，此书被编入台湾商务印书馆出版的《四库全书珍本》第二辑。目前日本东洋文库藏明正德元年(1506)宗文堂刊本及民国二十年(1931)海口海南书局据陈仁锡评刊的排印本。《大学衍义补》的影响亦广及海外，据笔者所知，目前最少有 1792 年日本刊

---

① 《四库提要》卷九三，第 1926～1927 页。有关《大学衍义补》的研究，可参考拙稿《〈大学〉与儒家的君主教育——论〈大学衍义〉及〈大学衍义补〉对〈大学〉的阐释与发挥》，见《儒学传统与思想变迁》，香港：香港教育图书公司，2003 年，第 100～122 页。

② 《知见录》，第 85 页。

③ 《知见录》，第 85～86 页。

本和约 1487 年的朝鲜本。[①]

明、清期间学人对《大学衍义补》有极高的评价，所以除了有学者和出版商翻印外，其间也有重编和删简《大学衍义补》者，使原本卷数庞大的内容更易于阅读。现存的简本包括：

(Ⅰ)《衍义补英华》十八卷

明人凌遇之编选《大学衍义补》中政务理念的精粹，精简为十八卷，万历间初版。南京图书馆藏原版四册。近代学人邵懿辰的《增订四库简明目录标注》记载凌迪知著《衍义补精华》十七卷。[②] 是书未见，书名或许有误。

(Ⅱ)《大学衍义补摘粹》十二卷

明朝许国(1527～1596)编选《大学衍义补》的重点而成，1567 年查铎校正，查策刊行。日本东京大学东洋文化研究所图书馆藏原刊本四册，卷前有查铎序。

(Ⅲ)《大学衍义补删》三十卷

清朝期间地方学官张能麟编，精简为三十卷，删除有欠妥当的部分，尤以《驭夷狄》章节。1656 年刊行并由张氏上呈清政府。日本东京大学东洋文化研究所图书馆藏 1656 年刊本，计二十三册，此书卷前有杨廷鉴、吕宫和张能麟序。

---

① 《内阁文库汉籍分类目录》，第 171～172 页；《朝鲜王朝实录》，汉城，1955～1958 年刊，第 12 期，第 286～462 页；Wolfgang Franke, *An Introduction to the Sources of Ming History*, Kuala Lumpur: University of Malaya Press, 1968, p. 312.

② 邵懿辰《增订四库简明目录标注》，上海：上海古籍书店，1979 年，第 401～402 页。

（Ⅳ）《大学衍义补节略》廿一卷

清人王铮（1550进士）于嘉庆四十一年（1562）刊印。此书与王氏所编《大学衍义通略》合订成书，共三十一卷，其中分为两部分：《大学衍义通略》十卷和《大学衍义补节略》二十一卷。此辑取真德修秀和丘濬两书的中心言论，并附以编者己见。

（Ⅴ）《大学衍义补纂要》六卷

徐栻（1519～1581）摘《大学衍义补》的观点而成，1558年在建宁出版。江西赣州官员黄学海于1572年在赣州重印。是书的内容编排有所更动，并不以原书分类为标准，而以六部：吏、户、礼、工、兵、刑为根据。美国国会图书馆藏隆庆六年（1572）黄学海刊本，十二册，卷首有黄学海序。[①] 日本东京大学东洋文化研究所图书馆藏明刊本两种：袁州府学刊本，前有1558年尤烈序和1572年徐轼序，袁州府知府程文著校对；石渠阁刊本，聂明弼评。目前南京图书馆、国家图书馆均藏隆庆间版本，十六册。[②]

（Ⅵ）《大学衍义补辑要》十二卷

清陈弘谋（1696～1771）编，1737年云南刊行。其后陈氏培远堂将此书编入《培远堂全集》，于1763年刊印，[③]1842年有宝恕堂重刊本。目前两个版本均藏于日本东京大学东洋文

---

① 《国家图书馆善本书目》卷四，第14页上。

② Wang Chung-min，comp.，T. L. Yüan，ed.，*A Descriptive Catalog of Rare Chinese Books in the Library of Congress*，Washington：Library of Congress，1957，Vol. 1，pp. 42～43.

③ 上海图书馆编《中国丛书综录》，北京：中华书局，1961年，第2册，第720页。

化研究所图书馆。另国家图书馆藏1842年刊本和1847年来鹿堂翻刻本，美国普林斯顿大学葛思图书馆藏1866年赵培桂重刊本。

（十二）《家礼仪节》八卷

是书为丘濬根据朱熹《家礼》，并依据当时实际情况作增补删改而成。书中参考司马光（1019～1086）的《书仪》、二程和张载（1020～1077）的著述，在每一则之下附以己见。丘濬在序中认为朱熹《家礼》是历久不衰的经典，但一般人难以理解其中深奥的道理，影响此书的流行，然而"礼之在天下，不可一日无也。中国所以光于四表，人类所以灵于万物，以其有礼也"。《四库提要》对此书提出质疑，并指出《家礼仪节》中有些地方与《家礼》不符，且《家礼》亦无附图，而《家礼仪节》则多有附图。《四库提要》亦指出《家礼仪节》所示的礼仪部分来自佛教做法，此为丘濬最反对者，故编者认为可能是后来的出版者或对内容有所更动和捏造。[①]《家礼仪节》在明朝的社会深受欢迎，曾多次重刊。目前可见，除了成化十年（1474）的原刊本外，尚有弘治三年（1490）顺德知县吴廷举刊本、正德十三年（1518）常州重刊本、嘉靖十八年（1539）修补本、万历三十六年（1608）常州钱时刊本、万历四十六年（1618）何士晋刊本，及清朝咸丰五年（1855）年刊本。[②] 因为朱熹的《家礼》在日本及韩国影响深远，以致《仪节》本也可以在日本和韩国找到刻本。如日本大阪大学怀

---

① 《四库提要》卷二五，第505～506页。

② 《知见录》，第5页。

德堂文库藏江户间种秀堂藏版、金阁舒瀛溪刊行本朱熹《家礼》八卷,但内文则题"宋新安朱熹编、明琼山丘濬辑",其实就是丘濬的《家礼仪节》。

(十三)《朱子学的》二卷

是书为编选朱熹对儒家经典及为学之言论而成,取名来自宋儒杨时(1053～1135)"学以圣人为的"之句。全书分为上、下两卷,每卷再分十篇,共二十篇。康熙四十八年蔡衍晃序云:"琼山丘文庄先生,雅摭其言,分上下卷以拟《小学》,总二十篇以拟《论语》。上篇自下学以至天德,由事以达理,而终之以韦斋,所以纪朱子之生平言行,犹《论语》之有乡党也。下篇自上达以至斯文,由理而散事,而终之以道统,所以纪濂、洛、关、闽之学之所由来,犹《论语》之有尧曰也。"

书末有丘濬天顺七年(1463)后序,其总结全书的编排说:"上编既言敬矣,而下编又专以仁礼为一编何?孔门教人,以仁为先,求仁之要,由礼而入,言礼则敬在其中矣。"《四库提要》批评丘濬欲尊朱熹为圣人,如果希望以朱熹之说教人,则取《近思录》之体裁便可,无需仿效《论语》。再者,朱熹曾讥讽扬雄(公元前53～18年)和王通(584～618)伪揑儒家经典,丘氏此举实有违朱熹之意?[1] 此书于1468年初版,1508和1606年再版。自王阳明(1472～1528)心学在明朝中叶后崛起,此书在晚明已不复盛行。目前可知,尚有清朝1709、1820和1866年翻刻本,及1653年的日本

---

① 《四库提要》卷九五,第1967～1968页。

刊本。[1] 福州正谊堂1709刊本卷前有张伯行(1651～1725)题1709年序、朱吾弼题1606年序、蔡衍鎤题1709年序三篇,及丘濬写于1468年和郭敛写于1508年的两篇后序。1866年张伯行将此书编入《正义堂全书》,计一百六十册,福州正谊书院刊印。

(十四)《平定交南录》不分卷

是书记录1406至1407年间明朝政府平定安南的军事活动,和张辅(1375～1449)于1407至1416年间在安南平乱的经过。此书亦题《定兴忠烈王平定交南录》。事件始于永乐五年(1406)六月,明成祖决定派遣军队远征安南(亦称"交趾"),命成国公朱能(1370～1406)为主帅,张辅为将军,率兵支持被推翻的陈氏王朝,清剿叛军黎季犁。朱能不幸在广西的征途上逝世,后张辅被委任为主帅,1408年以战功封为英国公。1408至1416年间,张辅再次被征召前往安南,平定叛军余力。张辅其后在1449年的土木堡之役惨烈阵亡,被追封为定兴王。丘濬根据《交趾郡志》、平安南碑、张氏家族保留之文献,记述了张辅所经历的事件和战役。丘濬写此书时六十六岁,当时的明朝已经放弃安南为附属国。此书约五千字,其中一些史事的记载在明清社会可谓脍炙人口。虽为此篇为丘濬著述之一,过去一般收入其全集中,但一些出版商以其受欢迎,作单行本刊印,目前最少有二十多个版本传世,其中包括

① 《知见录》,第86页。

收录在多种丛书之中。①

（十五）《盐法考略》一卷

明清史料并无此书的记载。是书其实为曹溶（1613～1685）摘录《大学衍义补》中有关盐法的史料，单独成章，并编入清初曹氏所编的《学海类编》八二七卷中，曹溶另题此书为《盐法考略》。除《学海类编》外，1920 年涵芬楼据 1831 年晁氏刊本再版。②

（十六）《钱法纂要》一卷

曹溶摘录《大学衍义补》有关钱法的内容编辑而成，题名为《钱法纂要》，和《盐法考略》一起编入其所编《学海类编》中。③《四库提要》批评作者和此举，"摘录互帙之一篇，即别立新名，亦犹之乎作伪也"。④

（十七）《元海运志》一卷

收录在清初曹溶《学海类编》中，原题作者为"危素"（1303～1372）。《四库提要》指出"验其文，乃丘濬《大学衍义补》之海运一条也，亦不善作伪矣"。⑤

---

① 《知见录》，第 72 页；《中国丛书综录》，第 2 册，第 308 页。

② 《知见录》第 76 页。

③ 《知见录》第 76 页。

④ 《四库提要》卷四八，第 1759 页。

⑤ 《四库提要》卷四八，第 1758 页。

（十八）《群书钞方》一卷

是书采辑自段成式、苏东坡、朱熹、洪迈、叶梦得、周密等三十六位前人的笔记中所收录的医药处方。国家图书馆藏明何孟春（1474～1536）刊本一卷，附《群方续钞》，序题1540年。① 此书的编撰或与丘氏家庭背景有密切关系。丘濬的祖父丘普为琼州临高县的地方医学训科。1436年丘濬祖父去世后，濬兄长源便继承祖父的医职，其家庭背景或使丘濬对医学深感兴趣而编辑是书。明刊本有丘濬1474年序，序中说："仆偶读宋刘跂暇日记，见其所载避难止小儿哭法，因叹此法平世诚无所用之，不幸而遭祸乱，其全活婴孺之命当不可胜计。然单方不能以孤行，自是读诸家书遇有成方，辄手抄之，积久成帙，名曰《群书钞方》。"目前除明刊本外，还有1840年日本写本。②

（十九）《本草格式》

是书为丘濬所编，《琼台会稿重编》收是书序，丘公解释其编纂目得说："窃念医书之有本草，如儒家之有字书也。不识字义者断不能为文，不识药性者又安能治病哉？是故欲识药性，先识药形。然所生之物，地各不同，不皆聚于目前也。不有纂要之书，又何自而识之哉？予以此故，即邵子观物之说，本《周礼》五药之目，拟为《本草格式》，及采取条

---

① 《知见录》，第91页。

② 《知见录》，第91页。

例一编，藏之中笥以俟后人用焉。”①目前此书未见有收藏，可能已失传。

（二十）《成语考》二卷

此书效仿梁朝(502～557)《千字文》的风格，按不同题目分类。卷上分为：天文、地舆、岁时、朝廷、文臣、武职、祖孙父子、兄弟、夫妇、叔侄、师生、朋友宾主、婚姻、女子、外戚、老寿幼诞、身体、宫室、器用。卷下分为：花木、鸟兽、衣服、饮食、珍宝、制作、文事、科第、释道鬼神、技艺、讼狱、贫富、人事、疾病死丧。丘濬搜集有关类别的术语、成语和谚语，编辑而成，并附以己见，以作为教育年青学子之用。除明清期间刻本外，目前尚有天和元年(1681～683)日本刊本，卢元昌注和补充，题为《新镌详解丘琼山故事必读成语考》，②另题《幼学须知必读成语考》。③是书在二十世纪初期由民智书局曾经再版，书名为《石刻大字成语考》，上首并题《经训读本》四字。④ 丘氏的《成语考》在清代曾多次翻刻再版，一些重印本甚至更动书名，若不核对内容，后来学者将被不同书名的刊本所混淆。清时期广东福建书商重刻宝华阁刊本《幼学故事寻源》，共十卷，附

① 《琼台诗文会稿重编》卷九，明 1621 年丘尔谷刊本，第 33 页下～35 页下。

② 见《知见录》，第 112 页；《静嘉堂文库汉籍分类目录》，东京：静嘉堂，1930 年，第 563 页。

③ *Library Catalog of the East Asiatic Library, University of California at Berkeley*, Supplementary Catalog, Vol. 1, p. 153.

④ *The Library Catalogs of the Hoover Institution, Stanford University*, Massachusetts: G. K. Hall & Co., 1969, Catalog of the Chinese Collection, Vol. 3, p. 734.

有杨应象注释，但考察其内容，不难发现与《成语考》并无太大出入，可见坊刻之乱。目前芝加哥大学远东图书馆藏有福建刊本，五册[①]；另有 1726 年日本刊本，题为《新刻丘琼山故事雕龙》。[②]

（二十一）《史略》二卷

明清史籍并无记载此书。光绪末年琼山乐昌县教谕王国宪所编，选取晚明期间传为袁黄（1553～1606）和王世贞（1526～1509）所编《史鉴》中有关丘濬对史事的评论而成。其最早未必为出版流通，目前原版抄本是否尚存，仍属疑问。[③]

（二十二）《琼台诗话》二卷

是书为丘濬门生蒋冕所编，包括丘濬的轶事及其诗论。台湾丘海学会所编《丘文庄公丛书》收录是书抄本，许自昌校，张璀订，丘公裔孙丘兆昌、期昌抄录。美国国会图书馆藏万历间重刊本，一册，收五十二条丘氏诗论和相关的探讨。[④]是书的著述时间已无法考究，根据李熙（1898 年进士）等编的《琼山县志》，最早约在弘治年间在北京刊印，明清期

---

① *Library Catalog of the Far Eastern Library, University of Chicago*, Massachusetts: G K. Hall & Co., 1973, Vol. 2, p. 241.

② 《内阁文库汉籍分类目录》，第 298 页。

③ 王万福《明代大儒丘琼山之著述与思想》，《广东文献》3:1，1973 年，3 月号，第 18 页。

④ *A Descriptive Catalog of Rare Chinese Books in the Library of Congress*, p. 114.

间至少有五种不同的版本。[①] 近年则有 1972 年台湾学生书局重印本。[②]

（二十三）《丘文庄公丛书》

是书为台湾丘文庄公丛书编印委员会编辑，台湾丘海学会刊印，1972 年出版，二册。《丛书》的出版由台湾、泰国等地海外侨领及丘氏宗亲集资完成，免费赠送，以广流传。卷末有曼谷郭远功的《丘文庄公丛书筹印经过》。全书包括丘濬的主要著作如下：

（ⅰ）	《大学衍义补》	一百六十卷	万历三十三年(1606)官刻本
（ⅱ）	《世史正纲》	三十二卷	弘治元年(1488)费訚刊本
（ⅲ）	《朱子学的》	二卷	康熙四十八年(1820)福州正谊堂刊本
（ⅳ）	《家礼仪节》	八卷	乾隆庚寅(1770)重刊本
（ⅴ）	《重编琼台会稿》	二十四卷	天启元年(1621)丘尔穀刊本
（ⅵ）	《投笔记》	四卷	1954 据罗懋登刊本重印
（ⅶ）	《成语考》	二卷	清刊本

① 李熙《琼山县志》卷二〇，第 27 页下。

② *Catalogs of the Asia Library*, *University of Michigan*, p. 116.

(ⅷ)《琼台诗话》 二卷 清抄本

(二十四)《伍伦全备》四卷

根据明清文学著作,丘濬著有传奇作品四种,分别为《伍伦全备》、《投笔记》、《举鼎记》和《罗囊记》。[①]《伍伦全备》可

① 明人著述曾记丘濬为《伍伦全备》和《投笔记》的作者,至于《举鼎记》和《罗囊记》则鲜有提及其作者。然而,大部分的清人和现代学者都相信丘濬是以上四部作品的作者。下表列出明清和现代学者所记《伍伦全备》、《投笔记》、《举鼎记》和《罗囊记》这四部作品的作者,包括吕天成的《曲品》、祁彪佳的《明曲品》、支凤宜的《传奇汇考标目》和《曲目新编》、笠阁渔翁的《笠阁批评旧戏曲》、黄文旸的《曲海总目》、梁廷枏的《曲话》、高奕的《新传奇品》、姚燮《今乐考证》、王国维的《曲录》和傅惜华《明代传奇全目》。加星号"*"为丘濬之作,未有"*"的则不是。特别注明一点,祁彪佳记载《投笔记》的作者为华山居士,而《举鼎记》的作者则匿名。

		《伍伦全备》	《投笔记》	《举鼎记》	《罗囊记》
1	《曲品》	*	*		
2	《明曲品》	*	华山居士	匿名	
3	《传奇汇考标目》	*	*	*	
4	《曲目新编》	*	*	*	*
5	《笠阁批评旧戏曲》	*			
6	《曲海总目》	*	*	*	*
7	《曲话》	*	*	*	*
8	《新传奇品》	*	*	*	*
9	《今乐考证》	*	*	*	*
10	《曲录》	*	*	*	*
11	《明代传奇全目》	*	*	*	*

说是丘氏最受欢迎的传奇作品，也因为如此，后世学者研究此作的人亦较多。顾名思义，《伍伦全备》内容着重探讨五伦关系：君臣、父子、兄弟、夫妇、朋友。故事环绕一对名伍伦全和伦备的兄弟的经历，讲述兄弟二人与妻子、母亲和朋友的交往而诠释五伦关系。他们的忠孝仁义，最终都得到回报，故事尾声，伍家成员的德行都为上天所肯定，死后都升天成仙。但因为作者急于表达道家成仁成仙的思想，反而限制了作品的文学价值。王世贞在其《艺苑卮言》中批评《伍伦全备》过分强调道德意识。[①] 此剧后编选入《古本戏曲丛刊初集》，上海商务印书馆 1954 年重刊，并题为《新刊重订附释伍伦全备忠孝记》。

（二十五）《投笔记》四卷

《投笔记》为传奇作品，共分为三十九出。是书叙述后汉文人班超(33～103)尽忠报国的故事。他身为一名文员，满腔热血却苦于无法将才华贡献给国家。班超最后投笔从戎，经过二十年苦征北伐，他成功地把北方各部落团结起来，一起抵抗匈奴势力。然而，他的老母亲和妻子却只能留在家乡，无法侍奉。故事带出忠孝两难全的矛盾，并总结出“无忠则无孝”的道理，同时也体现出“忠”和“孝”的紧密关联。是书在明时期多次翻印，如富春堂和世德堂刊本，《三宝太监西洋记》作者

① 王国维《曲目》卷四，也作《海宁王静安先生遗书》，长沙：商务印书馆，1940 年，第 4 页上。

罗懋登评注本,及魏仲雪刊评点本。[①] 1936 年上海世界书局重印罗懋登刊本,之后台湾启明书局亦有重印,其后并列入"世界文学大系"。[②] 魏仲雪刊本后收入《新刻魏仲雪先生批评投笔记》。

(二十六)《举鼎记》二卷

现存为明长乐郑氏《举鼎记》抄本,后收录在上海商务印书馆编的《古本戏曲丛刊》,1954 年出版。然而,现存版本可能并不完整,因为故事似乎并不完整,亦无结语。故事以春秋时期为背景,描述智勇双全的伍员(公元前 484 卒)如何在太上老君的协助下,识破秦人意图推翻周皇室的阴谋。

(二十七)《罗囊记》一卷

是书相信已不存在。近人书目中记载胡文涣编《群英类选》收录《罗囊记》的几个片断。[③] 1980 年北京中华书局重印明刊本《群英类选》,卷一五《官腔类》中有《罗囊记》的四出戏,计"相赠罗囊"、"春游锡山"、"刘公赏菊"、"罗囊重会",然文中并无提及剧本作者。

---

① 《知见录》,第 248 页。罗懋登注《投笔记》四卷,另有万历间富春堂刊印,现藏中国台湾中央图书馆。此版本还包括了页末的注释和插图,并题《全像注释投笔记四卷》。

② 王万福《明代大儒丘琼山之著述与思想》,《广东文献》3:1,1973 年 3 月号,第 18 页。

③ 王万福《明代大儒丘琼山之著述与思想》,《广东文献》3:1,1973 年 3 月号,第 17 页。

(二十八)《钟情丽记》二卷

据明清人的笔记,艳情故事《钟情丽记》为丘濬年轻时所写。书上所题作者为“玉峰主人”。部分剧评人及学者认为“玉峰主人”是丘濬的号,故应该是他无疑。① 然要完全确认丘濬就是是书的作者,还需要更进一步的考究。现存的《钟情丽记》为万历间赤心子编的《绣谷春容》本,收卷一一至卷一二,另题《辜生钟情丽集》。亦见收入《风流十种》、《万锦情林》、《花阵绮言》、《国色天香》等明代通俗小说选本中。近年上海古籍出版社出版《古本小说集成》,收大连图书馆藏抄本《辜生钟情丽集》,卷前有徐朔方《前言》指出是书应不是丘濬所作。

(二十九)《皇明二祖十四宗增补标题评断实纪》廿七卷

是书记载明朝历史,亦作《皇明通纪辑录》,晚明陈龙可(1622 年进士)编。卷一至卷一五是陈建(1497～1567)所著《皇明通纪》,据称为丘濬眉批,包括明初至正德末年(1521)史事。卷一六陈龙可撰,陈子壮(1596～1647)评校,包括嘉靖前期 1522 年至 1543 年,共二十二年史事。卷一七至卷二四陈龙可撰,丘尔穀评校,包括嘉靖二十三年(1544)至天启二年(1622)史事。卷二五至卷二七无注明编者,包括天启三年

① 参考傅惜华《明代传奇全目》,北京:人民文学出版社,1959,第 5 页;陶辅《桑榆漫志》,《今献汇言》本,上海:商务印书馆,1937,第 6 页下;沈德符《顾曲杂书》,《学海类编》本,上海:涵芬楼,1920 年,第 15 页上～下。

(1623)至天启七年(1627)史事。晚清刊本有陈仁锡序,[①]中央图书馆记是书为陈仁锡编。Wolfang Franke 的 *Introduction to the Sources of Ming History* 中曾质疑此书的作者和编者。丘濬在 1495 年去世,故不可能参与编写一本涵盖 1495 年以后历史的作品。[②]

(三十)《寰宇通志》一百十九卷

是书记录明皇朝与周边区域的地理情况。景泰五年(1454),帝以古代舆地之书,非详于古则略于今,非失于简陋则伤于浩繁,不能称意,遂命文渊阁大学士陈循(1385～1461),东阁大学士高穀(1391～1460),翰林院萧镃、彭时、商辂等担任总裁及编纂等官,纂修《寰宇通志》,丘濬时为庶吉士,亦参与纂修工作。此书完成于 1456 年,丘濬因编纂之功而擢升为翰林院编修。[③]

(三十一)《大明一统志》九十卷

天顺二年(1458)英宗朱祁镇(1427～1464)复位,指出:"朕惟天下舆地之广,不可无纪载以备观览,古昔帝王,率留意焉。我太宗文皇帝尝命儒臣修之,未底于成,景泰间虽已成书,而繁简宜,去取失当。"遂命吏部尚书李贤(1427～1464)为总裁,翰林学士彭时(1416～1475)、吕原(1418～1462)为副总

---

① 《中央图书馆善本书目》,第 153 页。

② Wolfgang Franke *Introduction to the Sources of Ming History*, Kuala Lumpur: University of Malaya Press, 1968, p. 35.

③ Wolfgang Franke, *Introduction to the Sources of Ming History*, p. 237;李晋华《明代敕撰书考》,北平:燕京大学图书馆,1932 年,第 45 页。

裁,编纂《大明一统志》。丘濬也被任命为纂修。此书和1456年编《寰宇通志》相似,甚至有些重复的成分。《大明一统志》的成书意不在记载史料,而更着重政治的目的。《寰宇通志》完成于代宗朱祁钰(1428～1457)时期,1449年土木堡之变,英宗被外族瓦剌俘虏,朝廷大臣拥立代宗为帝,1457年英宗回朝后发动政变再次登位,为了重新建立自己的政权和威望,谴责皇弟代宗所为,故下令重编一统志。《大明一统志》完成于1461年,由李贤上献英宗,并上丘濬代写的《进大明一统志表》,此表可在丘公的文集中找到。《大明一统志》曾于1505年、1559年和1599年重刊,并有1564年朝鲜刊本和1713年日本刊本。①

(三十二)《英宗睿皇帝实录》三百六十一卷

天顺八年(1464)八月,英宗驾崩,宪宗朱见濡(1447～1487)继位。宪宗登基后不久即命编纂英宗的实录。会昌侯孙继宗(1395～1479)被任命为监修官,吏部尚书李贤、翰林学士陈文(1405～1468)、彭时为总裁官。丘濬当时是翰林院侍读学士,同时被任命为修纂。是书包括宣德十年(1435)一月至天顺八年(1464)一月史事。卷一至卷一八六叙述英宗的前期统治,直至正统十四年(1450)。卷一八七至卷二七三记录代宗自1451至1456年的统治,题《废帝郕戾王附录》。卷二七四至卷三六一则为英宗从1457年开始的第二阶段的统治

① *Introduction to the Sources of Ming History*, p. 237；李晋华,《明代敕撰书考》,第48～49页。

时期。[1] 此书完成于 1467 年,丘濬因编纂之功而擢升为翰林院侍讲。

(三十三)《宪宗纯皇帝实录》二百九十三卷

是书的纂修始于弘治元年(1488)正月,英国公张懋(1441~1515)被任命为监修官,吏部尚书刘吉(1427~1493)、礼部尚书徐溥(1428~1499)和翰林院学士刘健(1433~1526)为总裁官。丘濬当时为礼部尚书,同被任命为副总裁官。纂修工作在弘治四年(1491)八月正式完成,是书涵盖天顺八年(1464)至成化二十三年(1487)史事。[2] 丘濬因编撰之功而擢升为文渊阁大学士。

(三十四)《续资治通鉴纲目》廿七卷

成化九年(1470)二月,宪宗命儒臣考订朱熹的《资治通鉴纲目》,并效《通鉴纲目》的书法和体例,纂修宋、元二史,以续前书。大学士彭时、吏部尚书商辂(1414~1486,1445 年进士),户部尚书万安(1489 年卒)为总裁。丘濬被任命为修纂。其实这项工作早在景泰六年(1455)就开始,当时代宗皇帝任命陈循、商辂等人编纂宋元历史,并建议名为《宋元通鉴纲目》,然而自从 1457 年英宗复辟后,纂修工作便被搁置。[3] 成化十二年十一月书成奉表上呈,宪宗并亲为之序。

---

① *Introduction to the Sources of Ming History*, p. 31;李晋华,《明代敕撰书考》,第 49 页。

② *Introduction to the Sources of Ming History*, p. 45;李晋华,《明代敕撰书考》,第 51 页。

③ 李晋华,《明代敕撰书考》,第 45 页,第 49~50 页。

附录四

附表所列丘濬著作收藏地省略

上海	上海图书馆,上海
大阪	大阪大学怀德堂文库,大阪
天一	天一阁图书馆,宁波
中山	广东省中山图书馆,广东
中央	中央图书馆,台北
中研	中央研究院历史语言研究所图书馆,台北
内阁	内阁文库,东京
加大	East Asiatic Library, University of California at Berkeley
北大	北京大学图书馆,北京
国图	国家图书馆,北京
芝大	Far Eastern Library, University of Chicago
东大	东京大学文学部中国哲学、中国文学研究室图书馆,东京

东北	东北大学图书馆，仙台
东洋	东洋文库，东京
东海	东海大学图书馆，台中
东研	东京大学东洋文化研究所图书馆，东京
京大	京都大学文学部图书馆，京都
杭大	杭州大学图书馆，杭州
哈佛	Harvard-Yenching Institute, Harvard University
南大	南京大学图书馆，南京
南京	南京图书馆，南京
故宫	故宫博物院，台北
胡佛	Hoover Institution, Stanford University
英大	University of British Columbia Library, Canada
伦大	School of Oriental and African Studies Library, University of London
港大	香港大学冯平山图书馆，香港
密大	Asia Library, University of Michigan
国会	Library of Congress, Washington, D. C.
尊经	尊经阁文库，东京
新大	新加坡国立大学图书馆，新加坡
台大	台湾大学图书馆，台北
汉城	汉城国立中央图书馆，汉城
葛思	Gest Oriental Library, Princeton University
广东	广东省立图书馆，广东
蓬左	蓬左文库，名古屋
学海	学海书楼，香港
静嘉	静嘉堂文集，东京

附录五

现存丘濬著作之版本及收藏地简表

书名	卷数	版本	年份	收藏地	册数	备注
琼台类稿	70	闵珪?	1492?	国图	20	
	49	闵珪?	1492?	内阁	14	缺卷二一～二三、
琼台吟稿	10	蒋云汉	1492	国图、上海	2	
琼台会稿	12	郑廷鹄	1553	国图、中央	10	
	12		1609	尊经、蓬左	6	
	12		1613	广东、北大	6	
琼台诗文会稿重编	24	丘尔榖	1621	广东	8	《四库全书》、《四库全书珍本》收
	24	丘尔榖	1621	国图	10	
	24	丘尔榖	1621	中央、葛思	16	

续 表

书名	卷数	版本	年份	收藏地	册数	备注
	24	丘尔穀	1621	中研、哈佛	24	
	24	佟湘年	1621	中央、静嘉、内阁、尊经	12	
	24		1623	内阁	16	
	24		清刊	东北	14	据1638刊本重印
	24		清刊	故宫	16	《四库全书》本
	24	京都大学	1973	京大、密大		据1621刊本景印
琼台会稿诗文集	24	雁峰书院	1879	芝大、胡佛、国会	6	
	24	雁峰书院	1978	国图、南京	12	
	24	雁峰书院	1879	中山	10	
	24		1880	台大		
丘文庄公集	10	焦映汉	1708	东洋		《丘海二公合集》本
	10		1781	广东	10	
	10	丘名邦	乾隆	国图	6	据1708刊本重印
	10	可继堂	1753	中山	10	
	10	可继堂	同治	南大	6	

续 表

书名	卷数	版本	年份	收藏地	册数	备注
	10	可继堂	1753	学海	12	《丘海二公文集合编》本
	10	可继堂	1871	加大	10	
	10	海南书院	1927	芝大、加大、密大、港大	1	据焦映汉本重刊
	10	吴位和	1753	内阁	14	
	10	吴位和	1753	广东	6	
琼台集		春晖堂	1864	广东		《广东文献》本
琼台会稿	10	海南书局	1935	国会		《海南丛书》本
丘仲深集	1		1825	广东、国图		《广理学备考》本
世史正纲	32	费訚	1488	中央	10	
	32	费訚	1488	尊经	30	
	32	费訚	1488	中山	16	
	32			内阁	10	日本江户间钞本
	32	孙应鳌	1563	中央	24	
	32		嘉靖	中研、上海、国图、国会	10	
	32		1568	内阁	12	
	32		明刊	天一	14	

续表

书名	卷数	版本	年份	收藏地	册数	备注
	32		明刊	中研	5	
	32	郭氏家塾	1936	中研、台大、南大、伦大、密大、加大、新大	10	据明刊本重印
大学衍义补	160	钞本	1487	英大	40	
	160		1488	内阁	20	周洪谟等校刊本
	160	建宁府	1488	中央	32	《四库全书》、《四库全书珍本》、《四库荟要》收
	160	建宁府	1488	胡佛	15	
	160	建宁府	1488	葛思	60	
	160	宗文堂	1506	东研、东洋	64	据弘治间刊本重印
	160	吉澄	1535	杭大	64	
	160		1556	芝大	32	
	160	吉澄	1559	中央、故宫	35	
	160	吉澄	1559	内阁、东研	40	
	160			国会、港大	40	明隆庆、万历间刊本

续 表

书名	卷数	版本	年份	收藏地	册数	备注
	160	乔应甲	1606	国图、南大	24	扬州府官学员校本
	160	内府	1606	中央、东海、台大	40	
	160		万历	上海、静嘉	32	
	160		万历	故宫、港大、国会、东海	48	
	160		明刊	南大	24	
	160		明刊	国图	36	
	160		明刊	静嘉	30	
	160		明刊	国图	40	
	160	建安宗文堂	明刊	中央	30	
	160	陈仁锡	1632	中央、国图	28	陈仁锡评刊本
	160	陈仁锡	1632	内阁、葛思	36	
	160	陈仁锡	1632	故宫	32	
	160	陈仁锡	1632	尊经	60	
	160	石渠阁	明刊	密大、东研	32	
	160		明刊	中央	28	闽刊黑口大字本
	160		明刊	中央	17	小字十二行本、缺卷一～九

续　表

书名	卷数	版本	年份	收藏地	册数	备注
	160		1792	内阁、台大、东北	60	日本重刊本
	160		1793	大阪	60	日本宽政四年福井敬斋序刊本
	160		1837	故宫	40	
	160	云邑郭氏塾	1874	国图	36	
	160		清刊	中山	30	
	160		清刊	国会	40	据明刊本重景
	160	桂垣书局	1895	东洋		
	160	海南书局	1931	港大、东洋	20	据陈仁锡评本排印
衍义补英华	18	凌遇之	万历	南京	4	
大学衍义补纂要	6	明钞本		中央	6	
	6	徐栻	隆庆	国图、南大、南京	6	张应治等校正本
	6	赣州府学	1572	国会	6	黄学海等校正本
	6	袁州府学	明刊	东研	6	程文著校正本
	6	梅墅石渠阁	明刊	东研		陈可先校、聂明弼评

续 表

书名	卷数	版本	年份	收藏地	册数	备注
大学衍义补辑要	12	培远堂	1763	东研、南京、南大	6	陈弘谋《培远堂全集》本
	12	宝恕堂	1842	东研、国图	6	
	12	来鹿堂	1847	国图	12	
	12	赵培桂	1866	葛思		
大学衍义补摘粹	12	查策	1567	东研	4	查铎校正本
	12	查策	1567	葛思	6	
大学衍义补略	21	王诤	1562	国图	4	《大学衍义通略》合刊本
大学衍义补删	30	张能麟	1656	东研	32	
家礼仪节	8	钞本	1474	中山、英大	4	
	8	吴廷举	1490	中央	6	缺卷五～八
	8	常州	1518	中央、尊经	8	据成化间刊本重刊
	8		1539	中央	4	据 1490 刊本修定
	8	常州钱时	1608	中央、内阁、京大	4	杨廷筠校正
	8	常州钱时	1608	国图	6	
	8	何士晋	1618	国图、葛思	6	

续 表

书名	卷数	版本	年份	收藏地	册数	备注
	4	书林熊氏	万历	东研	2	封题《重刻丘阁老校正朱文公家礼宗》
	5	赵本立	明刊	东研	10	毕懋康重编，余自强校正
	8	宝敕楼	1770	东海		
	8		1855	中山	6	
	8		1855	广东	2	
	8		清刊	东研	5	据1701年刊本重刊
	8		江户	东北、大阪	4	日本重刊本
	8	种秀堂	1659	东研、京大	4	日本据杨慎校正本重刊
朱子学的	2		明刊	国图	4	封题《学的》
	2	琼山丘氏	明刊	广东	1	
	2	朱崇沐	1606	内阁	2	
	2	村上平乐寺	1653	内阁、静嘉、尊经	2	日本刊本、石菴鹅信之训点
	2	正谊堂	1709	东北、东海	2	《丘文庄公丛书》收
	2	高兴郡署	清刊	国图	2	

续表

书名	卷数	版本	年份	收藏地	册数	备注
	2		1820	中山	2	
	2	福州正谊书局	1866	东大、汉城、东北、哈佛、尊经、密大	1	《昭代丛书》、《丛书集成初编》收
	2	福建经学会	1917	台大	1	
	2	上海商务印书馆	1936	加大	1	
平定交南录	1	蓝格钞本	明	中央	1	封题《定兴忠烈王平定交南录》
	1	陈于廷	1617	国图、中央	1	《纪录汇编》、《说郛续编》、《国朝典故》、《龙威秘书》、《岭南遗书》、《借月山房汇钞》、《今献汇言》、《泽古斋重钞》、《五朝小说大观》、《史料三编》
	1	李文田钞本	清	中央	1	

续 表

书名	卷数	版本	年份	收藏地	册数	备注
钱法纂要	1	涵芬楼	1831	广东、港大、中央、北京	1	《学海类编》本,《丛书集成》
盐法纂略	1	涵芬楼	1831	广东、港大、中央、北京	1	《学海类编》本,《丛书集成》
备忘录	6	海南书局	1935	国会	1	《海南丛书》本
群书钞方	1		明刊	国图	1	
	1	日本写本	1840	内阁	1	
成语考	2	民智书局	民初	胡佛	1	《丘文庄公丛书》收
	2		1682	静嘉、加大	2	日本刊本、卢元昌补及注
	2	平安仰山堂	1726	内阁、东北	2	日本刊本、题《丘琼山故事雕龙》
	3		1878	内阁	1	日本刊本、市川清流注
	10	宝华阁	清刊	芝大	5	杨应象注本、题《幼学故事源》
伍伦全备忠孝记	4	世德堂	明刊	中央	2	《古本戏曲丛刊初集》

续 表

书名	卷数	版本	年份	收藏地	册数	备注
投笔记	4	文林阁	明刊	中央、国图	1	罗懋登注释本
	4	富春堂	明刊	中央	1	《绣像演剧》本
	2		明刊	台大	1	封题《班超投笔记》
	2	书林存诚堂	明刊	国图	2	魏浣初评、李裔蕃注,《古本戏曲丛刊初集》收
	2	环翠楼	1924	国图	1	封题《投笔记传奇》
举鼎集	2	明钞本		国图	1	《古本戏曲丛刊初集》
钟情丽集	2	赤心子	明刊	中央	1	《绣谷春容》本
琼台诗话	2	许自昌钞本	清	中央	1	《丘文庄公丛书》收
	2	钞本		国图	2	封题《琼台先生诗话》
	1		万历	国会	1	

索　引

人名索引

T

W

X

文献索引

B

C

D

E

F

N

P

Q

S

T

W

X

Y

Z

参考书目

中、日文文献

A

安部健夫,《中国人の天下观念》,京都:同志社大学,1956 年。

B

班固,《汉书》,香港:中华书局,1970 年。

鲍彦邦,《明代漕运的形成及其赋投性质》,《中国社会经济史论丛》,陕西:人民出版社,1981 年,第 292～351 页。

C

曹思彬,《海南岛随笔》,广东:广东人民出版社,1957 年。

车载,《论大学的大学之道》,《中国哲学史论文集》第 2 卷,北京:中华书局,1965 年,第 127～157 页。

陈邦瞻,《宋史纪事本末》,北京:中华书局,1977 年。

陈登原,《国史旧闻》,北京:中华书局,1980 年。

陈登原,《古今典籍聚散考》,上海:商务印书馆,1936 年。

陈鼎,《东林列传》,见《四库全书珍本》,台北:商务印书馆,1978～1982。

陈芳明,《宋代正统论的形成背景及其内容》,《食货月刊》第1卷第8期,1971年11月,第16～28页。

陈芳明,《宋辽金史的纂修与正统之争》,《食货月刊》第2卷第8期,1972年11月,第10～23页。

陈高华,《从明大诰看明初之专制政治》,《中国史研究》第1期,1981年,第3～13页。

陈澔,《礼记集说》,台北:世界书局,1969年。

陈恒升,《明儒丘濬台的思想概观》,《人生》第35卷第5期,1966年月9月,第22～27页。

陈洪谟,《治世余闻》,长沙:商务印书馆据《纪录汇编》本重印,1937年。

陈建,《皇明纪要》,台北:商务印书馆,据明刻本影印,1973年。

陈纶绪,《记明天顺成化间大臣南北之争》,包遵彭编《明代政治》,台北:学生书局,1968年,第249～278页。

陈仁锡,《皇明世法录》,台北:学生书局,据明末1632年刻本重印,1965年。

陈荣捷,《朱学论集》,台北:学生书局,1982年。

陈弱水,《追求完美的梦——儒家政治思想的乌托邦性格》,《中国文化新论:思想篇》,台北:联经出版社,1982年,第1卷,第211～241页。

陈弱水,《内圣外王观念的原始纠结与儒家政治思想的根本疑难》,《史学评论》第3期,1981年3月,第79～116页。

陈绍闻,《中国古代经济文选》,上海:人民出版社,1982年。

陈寿,《三国志》,北京:中华书局,1959年。

陈文石,《明代武嘉靖间的海禁政策》,台北:国立台湾大学,1966年。

陈文石,《明代马政研究之一——民间孳牧》,《食货月刊》第2卷第4期,1972年7月,第27～42页;1972年7月,第7～19页;1973年1

月，第 7～19 页。

陈学霖，《明代土木之役史事拾遗》，《食货月刊》第 12 卷 1 期，1982 年 4 月，第 1～3 页。

陈学霖，《明代人物与传说》，香港：中文大学出版社，1997 年。

陈献章，《白沙子全集》，1771 年刻本。

陈郁夫，《内圣外王之学的复兴——新儒家的发展》，《中国文化新论：学术篇》，台北：联经出版社，1981 年，第 231～284 页。

陈沆，《丘海里墓记》，《韵古楼丛书》本。

陈子壮，《昭代经济言》，上海：商务印书馆，《丛书集成》本，1935～1937 年。

陈子龙，《明经世文编》，北京：中华书局，1962 年。

程颐、程颢，《二程全书》，《四部备要》本。

程敏政，《道一编》，明弘治间刻本。

程敏政，《篁墩程先生文集》，明正德年间刻本。

D

岛田虔次，《朱子学と阳明学》，东京：岩波书店，1967 年。

邓球，《皇明泳化类编》，台北：国风出版社，据明刻本影印，1965 年。

邓嗣禹，《中国考试制度史》，台北：学生书局，1966 年。

荻原淳平，《土本木の变前后》，《东洋史研究》，第 11 卷第 3 期，1951 年 10 月，第 1～20 页。

东一夫，《王安石新法の研究》，东京：风间书房，1970 年。

F

范祖禹，《唐鉴》，台北：商务印书馆，1973 年。

范文澜，《论正统》，上海：知识书店，1949 年。

方楫，《明代的海运和造船工业》，《文史哲》第 5 期，1957 年，第 17～24 页。

方楫，《明代治河和通漕的关系》，《历史教学》第 9 期，1957 年，第

17～24 页。

方孝孺,《逊志斋全集》,1846 年刻本。

房玄龄,《晋书》,北京：中华书局,1974 年。

冯友兰,《中国哲学史新编》,北京：人民出版社,1964 年。

傅惜华,《明代传奇全目》,北京：人民文学出版社,1959 年。

傅维鳞,《明书》,《丛书集成》本。

G

高鸣凤,《今献汇言》,上海：商务印书馆,1937 年。

冈田武彦,《宋明哲学序说》,东京：文言社,1977 年。

冈田武彦,《中国思想における理想と现實》,东京;木耳社,1983 年。

宫崎市定,《洪武かり永乐人——初期明朝政权の性格》,《东洋史研究》第 27 卷第 4 期,1969 年 3 月,第 16～23 页。

宫崎市定,《宋の太祖被杀说について》,《东洋史研究》第 9 卷第 4 期,1952 年,第 1～16 页。

谷光隆,《明代茶马贸易の研究》,《史林》第 49 卷第 5&6,1966 年,第 733～751 页,第 861～879 页。

谷光隆,《明代马政の研究》,京都：东洋史研究会,1972 年。

谷应泰,《明史纪事本末》,北京：中华书局,1977 年。

H

海南省文物保护管理办公室等编,《海南丘濬故居修缮工程报告》,北京：文物出版社,2003。

韩愈,《韩昌黎全集》,《四部备要》本。

何乔新,《椒丘文集》,明 1522 年刻本。

何良俊,《四友斋丛说》,北京：中华书局,1959 年。

何炼成,《明清思想家的价格理论评介》,《社会科学辑刊》第 5 期,1982 年,第 62～70 页。

和田清,《东亚史研究——蒙古篇》,东京：东洋文库,1959 年。

户田豊三郎,《宋代における大学篇表章の始末》,《东方学》,1961

年3月,第46～56页。

胡寄窗,《中国经济思想史简编》,北京:中国社会科学出版社,1981年。

胡居仁,《居业录》,《正谊堂全书》本,1870年。

胡居仁,《胡敬斋集》,《正谊堂全书》本。

胡广等编,《明实录》,台北:中央研究院,据明刊本影印,1962～1967年。

胡应麟,《少室山房笔丛》,北京:中华书局,1958年。

胡玉缙,《四库全书总目提要补正》,北京:中华书局 ,1964年。

荒木见悟,《丘琼山の思想》,《九州中国学会报》第12卷,1966年,第1～16页。

荒木见悟,《思想家としての宋濂》,《明代思想研究》,东京:创文社,1979年,第3～22页。

黄清莲,《元代户计制度研究》,台北:国立台湾大学,1977年。

黄俊杰,《内圣与外王——儒家传统中道德政治观念的形成与发展》,《中国文化新论》第2期,第245～283页。

黄国强,《略论丘濬的经济思想》,《华南师范大学学报》第3期,1983年,第84～90页。

黄文旸,《曲海总目提要》,北京:中华书局,1959年。

黄荫普,《广东文献书目知见录》,香港:黄氏忆江南馆,1978年。

黄有琚,《关于丘文庄先生著述的传说》,《民族》第112期,1933年3月,第20～22页。

黄瑜,《双槐岁钞》,明刻本。

黄宗羲,《宋元学案》,台北:商务印书馆,1968年。

黄宗羲,《明儒学案》,《国学基本丛书》本。

黄宗羲,《明夷待访录》,北京:古今出版社,1955年。

J

纪昀等撰,《四库全书总目提要》,上海:商务印书馆,1933年。

纪昀等撰,《续文献通考》,上海：商务印书馆,《十通》本,1935～1937年。

简又文,《白沙子研究》,香港：简氏猛进书屋,1970年。

蒋冕,《湘皋集》,明1554年刻本。

蒋廷锡等编,《古今图书集成》,上海：中华书局,1934年。

金耀基,《中国民本思想之史底发展》,台北：嘉新水泥公司,1964年。

金毓黻,《中国史学史》,北京：中华书局,1962年。

今永清二,《丘濬の思想とその限界に關おろ一考察》,《别府大学纪要》第9期,1959年。

间野潜龙,《大学衍义补成立について》,《太谷史学》第10期,1963年11月,第1～18页。

间野潜龙,《大学衍义补の正朝廷について》,《中山八郎教授颂寿纪念明清史论丛》,东京：燎原书店,1977年,第89～110页。

间野潜龙,《明代文化史研究》,东京：同朋社,1979年。

间野潜龙,《祝允明の史学》,《史林》第51卷第1期,1968年,第26～43页。

焦竑,《国朝献征录》,台北：学生书局,据明1616年刻本重印,1965年。

焦竑,《皇明人物考》,明万历间刻本。

焦竑,《玉堂丛语》,北京：中华书局,1981年。

K

柯绍忞,《新元》,1919年版本。

柯维骐,《宋史新编》,香港：龙门书店,1973年。

孔颖达,《礼记注疏》,《四部备要》本。

L

赖家度、李家壁,《于谦和北京》,北京：北京出版社,1961年。

李东阳,《大明会典》,台北：东南书报社,据1587年刻本影印。

李光壁,《明朝对瓦剌的战争》,上海:人民出版社,1955年。

李光壁,《明朝史略》,武汉:湖北人民出版社,1957年。

李光壁,《明代御倭战争》,上海:人民出版社,1956年。

李晋华,《明代敕撰书考》,北平:哈佛燕京学社,1932年。

李晋华,《关于明实录问题材料汇辑》,《大陆杂志》第42卷第3期,1971年,第41~57页。

李剑农,《宋元明经济史稿》,北京:三联书店,1957年。

李龙华,《明代的开中法》,《香港中文大学中国文化研究所学报》第4卷2期,1971年,第371~494页。

李默,《孤树裒谈》,明刻本。

李普国,《论丘濬的经济思想》,《江淮论坛》第3期,1981年,第70~76页。

李绍文,《皇明世说新语》,明1610年刻本。

李熙、王国宪等编,《琼山县志》,1911年刻本。

李颙,《李二曲先生全集》,上海:扫业山房,1918年。

李贽,《续藏书》,北京:中华书局,1961年。

李宗侗,《中国史学史》,台北:中华文化出版事业委员会,1955年。

李焯然,《焦竑之史学思想》,《书目季刊》第15卷第4期,1982年,第33~46页。

李焯然,《丘濬之史学——读丘濬〈世史正纲〉札记》,《明史研究专刊》第7期,1984年,第163~208页。

李焯然,《丘濬生卒年考》,《明代史研究》第15号,日本:明代史研究会,1987年,第41~45页。

李焯然,《关于丘濬生卒年的一点补充》,《丘海季刊》第5&6期,1982年9月,第40~41页。

李焯然,《王通元经之正统论:南北朝正统问题的一个解释》,《东方文化》第19卷,1981年,第90~99页。

李焯然,《丘濬之史学》,《明史研究专刊》第7期,1984年,第163~

208 页。

李焯然,《大学与儒家的君主教育：论〈大学衍义〉及〈大学衍义补〉对〈大学〉的阐释与发挥》,《汉学研究》第 7 卷第 1 期,1989 年,第 1～16 页。

李焯然,《丘濬〈大学衍义补〉对明代边防的检讨》,《山根幸夫教授退休纪念明代史论丛》,日本：汲古书院,1990 年,第 627～644 年。

李焯然,《儒家思想的理想与实践——谈明代海南先贤丘濬与海瑞》,陈川强等编《学海集萃——琼州会馆专题讲座丛书》,新加坡：琼州会馆,1992 年,第 190～199 页。

李焯然,《丘濬及其〈琼台类稿〉》,中国明代研究学会编《明人文集与明代研究》,台北：中国明代研究学会,2001 年,第 69～86 页。

李焯然,《明史散论》,台北：允晨文化实业股份有限公司,1987 年。

李焯然,毛佩琦,《明成祖史论》,台北：文津出版社,1994。

李焯然,《儒学传统与思想变迁》,亚洲学术文库 16,香港：香港教育图书公司,2003。

李焯然,《丘濬著述考》,中国社会科学院历研究所明史研究室编《明史研究论丛：中国社会科学院历史研究所暨明史研究室成立 50 周年纪念专辑》,第 6 辑,合肥：黄山书社,2004,第 99～124 页。

粟劲、孔庆明撰,《中国法律思想史》,哈尔滨：黑龙江人民出版社,1983 年。

林仁川,《论永乐帝》,《北方论丛》第 4 期,1982 年,第 96～100 页。

林兆灏,《明代大儒丘琼山幼年趣事》,《艺文志》第 6 期,1966 年,第 10～13 页。

林兆灏,《丘濬山诗话》,《广东文献》第 7 卷第 2 期,1977 年,第66～69 页。

林天蔚,《明代广东之傜区与傜乱》,《边政研究所年报》第 14 期,1983 年 10 月,第 227～264 页。

凌迪知,《国朝名世类苑》,明万历间刻本。

刘节,《中国史学史稿》,湖南:中州书画社,1982年。

刘重日,《试论明代的编民养马》,《中华文史论丛》第2期,1981年,第163～180页。

刘廷元,《国朝名臣言行略》,明万历间刻本。

刘昫,《旧唐书》,北京:中华书局,1975年。

刘汝锡,《宋濂之政治思想》,《思与言》第17卷第2期,1979年7月,第63～71页。

刘述先,《朱子哲学思想的发展与完成》,台北:学生书局,1982年。

刘子健,《岳飞——从史学史和思想史来看》,《中国学人》第2期,1970年,第43～58页。

柳存仁,《明儒与道教》,《和风堂读书记》,香港:龙门书店,第233～259页。

柳诒徵,《述宋史质》,《史学杂志》(南京)第1期,1929年,第1～4页。

柳诒徵,《国史要义》,台北:中华书局,1976年。

雷礼,《国朝列公卿记》,台北:成文出版社,据明刊本重印,1971年。

雷礼,《国朝列卿年表》,明万历间刻本。

梁启超,《中国历史研究法》,上海:商务印书馆,1934年。

廖道南,《殿阁词林记》,明1545年刻本。

罗锦堂,《锦堂论曲》,台北:联经出版社,1977年。

龙文彬,《明会要》,北京:中华书局,1956年。

陆九渊,《象山先生全集》,《四部丛刊》本。

陆琛,《春雨堂随笔》,《今献汇言》版本,上海:商务印书馆,1937年。

吕本编,《皇明宝训》,台北:中央研究院,据1602年刻本影印,1967年。

M

毛一波,《明清间流行的中国通史——纲鉴》,《大陆杂志》第42卷第5期,1971年,第26~29页。

孟森,《明清史论著集刊》,北京:中华书局,1959年。

孟森,《明清史讲义》,北京:中华书局,1981年。

蒙思明,《元代社会阶级制度》,北京:中华书局,1980年。

N

楠本正继,《宋明时代儒学思想の研究》,千叶柏市:广池学园,1962年。

楠本正继,《中国哲学研究》,东京:国士馆大学图书馆,1975年。

南炳文,《明代两畿鲁豫的民养官马制度》,《中华文献论丛》第2期,1981年,第69~98页。

内田直作著、王怀中译,《明代的朝贡贸易制度》,包遵彭编《明代国际贸易》,台北:学生书局,1968年。

内藤虎次郎,《支那史学史》,东京:弘文堂,1950年。

O

欧阳修、宋祁,《新唐书》,北京:中华书局,1975年。

欧阳修,《新五代史》,北京:中华书局,1974年。

P

彭信威,《中国货币史》,上海:人民出版社,1958年。

彭云鹤,《试论明代的漕运》,《明清史国际讨论会论文集》,天津:人民出版社,1982年,第516~535页。

Q

钱谦益,《国初群雄事略》,《适园丛书》本。

钱谦益,《列朝诗集小传》,北京:古典文学出版社,1957年。

钱穆,《朱子之通鉴纲目》,《寿罗香林教授论文集》,香港:香港大学出版社,1970年,第1~11页。

钱穆,《朱子新学案》,台北:三民书局,1971年。

钱穆,《国史大纲》,上海:国立编译馆,1948年。

钱穆,《中国史学名著》,台北:三民书局,1973 年。

钱穆,《明初朱子学流行考》,《中国学术思想史论丛》第 7 卷,台北:东大图书公司,第 1～33 页。

钱穆,《读明初开国诸臣诗文集》,包遵彭编《明代政治》,第 7～90 页。

钱穆,《读明初开国诸臣诗文集续篇》,《中国学术思想史论丛》第 6 卷,第 172～200 页。

钱穆,《读程篁墩文集》,《中国学术思想史论丛》第 6 卷,第 34～44 页。

青木正儿著、王古鲁译,《中国近世戏曲史》,长沙:商务印书馆,1938 年。

清水泰次,《明代之漕运》,《明代经济》,台北:学生书局,1968 年,第 165～187 页。

清水泰次,《自官宦官の研究》,《史学杂志》,1932 年,第 83～128 页。

丘濬,《琼台类稿》,明闵珪刻本。

丘濬,《琼台吟稿》,明 1492 年刻本 。

丘濬,《琼台诗文会稿重编》,明 1621 年刻本。

丘濬,《丘文庄公集》,见《丘海二公合集》,1753 年可继堂版。

丘濬,《丘文庄公集》,广东:海口书局,1927 年。

丘濬,《世史正纲》,明 1488 年刻本。

丘濬,《大学衍义补》,明 1606 年刻本。

丘濬,《群学钞方》,明刻本。

丘濬,《朱子学的》,福州正谊堂刻本 ,1709 年。

丘濬,《朱子学的》,清高兴县刻本。

丘濬,《学的》,明刻本 。

丘濬,《家礼仪节》,明 1618 年刻本。

丘濬,《家礼仪节》,清 1770 年刻本。

丘濬,《家礼仪节》,明 1608 年刻本。

丘濬,《成语考》,清刻本。

丘濬,《幼学故事寻源》,清杨应象刻本。

丘濬,《琼台诗话》,清抄本。

丘濬,《丘文庄公丛书》,台北:丘海学会,1972 年。

丘濬,《投笔记》,1936 年刻本。

丘濬,《伍伦全备》,《古本戏曲丛刊初集》本,上海:商务印书馆,1954 年。

丘濬,《举鼎记》,《古本戏曲丛刊初集》本,上海:商务印书馆,1954 年。

丘濬,《罗囊记》,见《群音类选》,北京:中华书局,1980 年。

丘濬,《钟情丽集》,见赤公子编《绣谷春容》,明万历间刻本。

丘汉生,《四书集注简论》,北京:中国社会科学出版社,1980 年。

R

饶宗颐,《中国史学上之正统论》,香港:龙门书店,1977 年。

容肇祖,《明代思想史》,台北:开明书店,1973 年。

容肇祖,《刘基的哲学及其社会政治观点》,《哲学研究》第 3 期,1961 年,第 25～41 页。

S

商辂,《续资治通鉴纲目》,《今献汇编》本。

邵懿辰,《增订四库简明目录标注》,上海:上海古籍书店,1979 年。

沈刚伯,《方孝孺的政治学说》,《大陆杂志》第 22 卷第 5 卷,1961 年 3 月。

沈德符,《顾曲杂言》,《学海类编》本,1920 年。

沈德符,《万历野获编》,北京:中华书局,1959 年。

施一揆,《元代海运锁谈》,《南京大学学报》第 3 期,1981 年 8 月,第 82～85 页。

石田和夫,《程敏政について——朱陆异同についての一考察》,九

州大学《中国哲学论集》,1981 年 3 月,第 23～40 页。

司马迁,《史记》,北京：中华书局,1972 年。

司马光,《资治通鉴》,北京：中华书局,1956 年。

岑仲勉,《黄河变迁史》,北京：人民出版社,1947 年。

苏云峰,《丘濬——一位遥从海外类中原的布衣卿相》,《丘海季刊》第 5&6 期,1982 年 9 月,第 9～20 页。

宋濂等编,《元史》,北京：中华书局,1976 年。

T

唐枢,《国琛集》,《纪录汇编》本。

陶辅,《桑榆漫志》,据《今献汇编》刻本重印,上海：商务印书馆,1937 年。

陶希圣、沈任远,《明清政治制度》,台北：商务印书馆,1967 年。

田村实造,《丘濬の大学衍义补》,载于《东方学论集》,1962 年 7 月,第 156～165 页。

田中麻纱已,《何休の夷狄观について》,《日本中国学会报》第 34 期,1982 年,第 70～82 页。

脱脱等编,《辽史》,北京：中华书局,1974 年。

脱脱等编,《金史》,北京：中华书局,1975 年。

脱脱等编,《宋史》,北京：中华书局,1977 年。

杜信孚,《明代版刻综录》,扬州：广陵古籍刻印社,1983 年。

杜乃济,《明代内阁制度》,台北：商务印书馆,1967 年。

涂山,《明政统宗》,明 1615 年刻本。

W

王崇武,《明靖难史事考证稿》,上海：商务印书馆,1948 年。

王崇武,《春天靖难记注》,上海：商务印书馆,1948 年。

王德毅,《由宋史质谈到明朝人的宋史观》,国立台湾大学《历史系学报》,第 4 期,1977 年,第 221～234 页。

王夫之,《噩梦》,北京：古今出版社,1956 年。

王夫之,《宋论》,北京：中华书局,1964年。

王国宪,《丘文庄公年谱》,琼山：琼经书院,1898年。

王国维,《曲录》,见《海宁王静安先生遗书》,长沙：商务印书馆,1940年。

王鸿绪,《明史稿》,台北：文海出版社,据1723刻本影印,1962年。

王家槐,《海南文献丛谈》,高雄：知止斋,1974年。

王明荪,《略述元代朱学之盛》,《中华文化复兴月刊》第16卷第12期,1972年12月,第12～18页。

王兆云,《皇明词林人物考》,明1604年刻本。

王万福,《丘濬山之著述与思想》,《广东文献》第3卷第1期,1973年,第11～24页。

王万福,《丘文庄年谱》,《广东文献》第6卷第4期,1976年,第40～44页。

王万福,《明丘文庄公濬年谱》,台北：台湾商务印书馆,1980年。

王云五,《明代政治思想》,台北：商务印书馆,1971年。

王宗沐,《皇明名臣言行录》,明嘉靖间刻本。

王洙,《宋史质》,台北：大华书局,据明刻本影印,1977年。

魏应麟,《中国史学史》,上海：商务印书馆,1941年。

文浅父,《被遗忘的经济学家丘濬》,《羊城晚报》,1981年5月14日。

温心园,《丘濬山的民族思想》,《南方杂志》第1卷第2期,1946年9月,第16～19页。

吴伯与,《国朝内阁名臣事略》,明末刻本。

吴道镕,《广东文征》,香港：珠海书院和香港中文大学出版,1972～1978年。

吴晗,《元帝国之崩溃与明之建国》,《清华学报》第11卷第2期,1936年4月,第359～423页。

吴晗,《读史劄记》,北京：三联书店,1961年。

吴缉华,《明代丘濬的生卒年》,《大陆杂志》第 35 卷第 2 期,1967 年,第 10～12 页。

吴缉华,《明史丘濬传补正》,《大陆杂志》第 35 卷第 9 期,1967 年,第 7～14 页。

吴缉华,《元朝与明初的海运》,《明代社会经济史论丛》,台北:学生书局,1970 年,第 125～154 页。

吴缉华,《明代海运及运河的研究》,台北:中央研究院,1961 年。

吴缉华,《明成祖向北方的发展与南北转运的建立》,《明代社会经济史论丛》第 1 卷,第 155～173 页。

吴缉华,《明代的海陆兼运及运河的濬通》,《明代社会经济史论丛》第 1 卷,台北:学生书局,第 175～235 页。

吴缉华,《论明代北方边防内移及影响》,《新亚学报》第 13 卷,1980 年 6 月,第 363～370 页。

吴缉华,《论明代边防内移与长城修筑》,东海大学《历史学报》第 4 期,1981 年,第 25～47 页。

吴申元,《丘濬经济思想初探》,《内蒙古财经学院学报》第 1 期,1981 年,第 44～51 页。

吴泰,《试论宋辽金对峙时期民族关系的几个问题》,《北方论丛》第 3 期,1982 年 5 月,第 86～92 页。

吴廷燮,《永乐别录》,辽海书社,1934 年。

吴与弼,《吴康斋集》,明 1526 年刻本。

吴智和,《明代正统国变与景泰复兴》,《史学汇刊》第 8 卷,1977 年 7 月,第 227～282 页。

吴泽编,《中国史学史论集》,上海:人民出版社,1980 年。

X

西顺藏,《北宋その他の正统论》,《一桥论丛》第 30 卷第 5 期,1953 年,第 48～70 页。

西田太一郎,《儒教的财政思想の一类型:大学洐义补制国用を読む》,《东亚人文学报》第3卷第4期,1944年,第95～137页。

萧启庆,《西域人与明元初政治》,台北:国立台湾大学,1966年。

萧启庆,《元代的儒户——儒士地位演进史上的一章》,《东方文化》第16卷第1&2期,1978年,第151～178页。

萧公权,《中国政治思想史》,台北:华冈出版公司,1971年。

小仓芳彦,《华夷思想の形成》,《思想》第503期,1966年,第23～32页。

夏燮,《明通鉴》,北京:中华书局,1959年。

解缙,《天潢玉牒》,《纪录汇编》本,上海:商务印书馆,1938年。

薛居正,《旧五代史》,北京:中华书局,1976年。

薛瑄,《读书续录》,清1746年刻本。

薛应旗,《宋元通鉴》,明1626年刻本。

谢迁,《国榷》,北京:古今出版社,1958年。

谢枋得,《谢疊山集》,长沙:商务印书馆,1941年。

项笃寿,《令献备遗》,明万历年间刻本。

项维新,《中国哲学思想论集:宋明篇》,台北:牧童出版社,1976年。

邢义田,《天下一家:中国人的天下观念》,《中国文化新论:根源编》,第425～479页。

熊鸣岐,《昭代王章》,台北:正中书局,据《玄览堂丛书》刻本影印,1981年。

星斌夫,《明代漕运の研究》,东京:日本学术振兴会,1963年。

星斌夫,《明代海运の推移》,《清水博士追悼纪念明代史论丛》,东京:大安出版社,1962年,第518～549页。

徐坚,《初学记》,台北:艺文印书馆,据宋刻本影印,1976年。

徐道麟,《明太祖与中国专制政权》,《清华学报》第8卷第1&2期,1970年8月,第350～372页。

徐学聚,《国朝典汇》,台北:学生书局,据1634年刻本影印,

1965年。

徐州师范学院历史系编,《历代官制、兵制、科举制表绎》,苏州,1980年。

冼玉清,《借书苦读的丘濬》,《广东文献丛谈》,香港:中华书局,1975年,第30～31页。

Y

岩间一雄,《明代以降の思想动向と阳明学の形成》,名古屋大学《法政论集》第34期,1966年,第68～93页。

杨启樵,《明代诸帝之崇尚方术及其影响》,《新亚学术年刊》第6卷,1962年,第40～60页。

杨群,《明代大儒丘文庄公》,《华学月刊》,第50期,1976年2月,第46～52页。

杨时乔,《皇明马政记》,台北:正中书局,据《玄览堂丛书》本重印,1981年。

杨树藩,《元代科举制度》,《国立政治大学学报》第17期,1968年5月,第100～120页。

姚覲元,《清代禁毁书目》,上海:商务印书馆,1957年。

姚夔,《成化五年进士登科录》,见《明代登科录汇编》,台北:学生书局,据明刻本影印,1969年。

姚燧,《牧庵集》,《四部丛刊》本。

姚大力,《元朝科举制度的行废及其社会背景》,《元史及北方民族史研究集刊》第6期,1982年12月,第26～59页。

叶世昌,《中国历史上的主要货币理论》,《内蒙古财经学院学报》第1期,1982年12月,第26～59页。

尹直,《謇斋琐缀录》,《历代小史》本,长沙:商务印书馆,1940年。

余英时,《从宋明儒學的发展论清代思想史》,《中国学人》第12期,1970年,第19～41页。

俞宪,《皇明进士登科录》,明嘉靖刻本。

袁衮,《皇明献实》,台北：文海出版社,据明刻本影印,1970年。

Z

湛若水,《圣学格物通》,明嘉靖间刻本。

章学诚,《文史通义》,台北：世界出版社,1974年。

张瑞穗,《仁与礼：道德自主与社会制约》,《中国文化新论：思想篇》,台北：联经出版社,1981年,第107～171页。

张廷玉等撰,《明史》,北京：中华书局,1974年。

张维华,《明代海外贸易简论》,上海：学习生活出版社,1955年。

张萱编,《西园闻见录》,北平：哈佛燕京学社,1940年。

张荫麟,《宋太宗继统考实》,《宋辽金元史论集》,香港,1971年,第5～11页。

张岳松编,《琼州府志》,台北：成文出版社,据光绪十六年(1890)刻本重印,1967年。

赵令扬,《关于历代正统问题之争论》,香港：学津出版社,1976年。

赵令扬,《论明代之宦祸》,《联合学院学报》第3卷,1964年,第1～23页。

赵令扬,《李贽之史学》,《东方文化》第1卷第1期,1973年,第121～140页。

赵令扬,《论明太祖政权下之知识分子》,《明史论集》,香港：史学研究会 ,1975年,第1～13页。

赵靖,《丘濬：中国十五世纪经济思想的卓越代表人物》,《北京大学学报》第2期,1981年,第47～53页。

赵翼,《廿二史劄记》,台北：洪氏出版社,1974年。

赵泽厚,《大学研究》,台北：中华书局,1972年。

真德秀,《真文忠公全集》,台北：文友书店,1968年。

真德秀,《大学衍义》,清1738年刻本。

郑思肖,《铁函心史》,台北：世界书局,1962年。

中山久四郎,《朱熹の史学：特にその资治通鉴纲目について》,

《史潮》第 1 卷第 3 期，1931 年 10 月，第 33～60 页；1932 年，第 72～98 页。

中山久四郎，《朱子の学风——特に其史学につまて》，《斯文》第 13 卷第 11 期，1931 年 11 月，第 865～888 页。

周长耀，《大学衍义补的研究》，《丘海学术研究汇编》第 1 卷，1978 年 10 月，第 75～96 页；第 2 卷，1979 年 10 月，第 75～85 页；第 3 卷(1980 年 6 月)第 85～104 页。

周明初，《〈伍伦全备记〉非丘濬所作考——兼考成书地域及年代》，《文史》第 1 辑(2000)，第 287～297 页。

周柏棣，《中国财政史》，上海：人民出版社，1981 年。

周伟民，《论海南旧谱牒的功能和新谱牒纂修中的民间立场》，见纪宝坤、崔贵强、庄国土编《族谱与海外华人移民研究》，新加坡华裔馆、厦门大学东南亚研究中心联合出版，2002 年，第 1～20 页。

朱棣，《燕王令旨》，明朱丝栏抄本。

朱鸿，《真德秀及其对时政的认识 》，《食货学刊》第 9 卷第 5&6 期，1979 年 10 月，第 49～56 页。

朱玲玲，《明代对大运河的治理》，《中国史学研究》第 2 期，1980 年，第 38～48 页。

朱权，《通鉴博论》，明内府刻本 。

朱权，《天运绍统》，明永乐间刻本。

朱熹，《朱子语类》，台北：正中书局，据 1473 年刻本重印，1970 年。

朱熹，《御纂朱子全书》，清 1713 年刻本。

朱熹，《晦庵先生朱文公文集》，《四部备要》本。

朱熹，《四书集注》，《四部备要》本。

朱熹，《资治通鉴纲目》，《御批通鉴纲目》本，上海：同文书局，1887 年。

朱元璋，《明太祖御制文集》，台北：学生书局，据明刻本影印，1965 年。

祝允明,《祝子罪知录》,明万历间刻本。

佐野公治,《明代前半期の思想动向》,《日本中国学会报》第26期,1974年,第112～126页。

WORKS IN WESTERN LANGUAGES

Ames, Roger T. , *The Art of Rulership: A study in Ancient Chinese Political Thought*, Honolulu: University of Hawaii Press, 1983.

Balazs, Etienne, *Political Theory and Administrative Reality in Traditional China*, London: School of Oriental and African Studies, 1965.

Barnes, Harry Elmer, *A History of Historical Writing*, London: Constable and Company Ltd. , 1963.

Bodde, Derk & Clarence Morris, *Law in Imperial China*, Harvard University Press, 1967.

Buckley, Nora, "The Disaster of T'u-mu", in *History Today*, No. 26(1976), pp. 452～461.

Chai, Ch'u & Winberg Chai, *The Sacred Books of Confucius and Other Confucian Classics*, New York: University Books, 1965.

Chan, Albert, *The Golory and Fall of the Ming Dynasty*, University of Oklahoma Press, 1982.

Chan, David B, *The Usurpation of the Prince of Yen 1389～1402*, San Francisco: Chinese Materials Center, 1976.

Chan, Hok-Lam & Wm. Theodore de Bary, eds, *Yuan Thought: Chinese Thought and Religion Under the Mongols*, New York: Columbia University Press, 1982.

Chan, Hok-Lam, "Liu Chi(1311～75)and His Models: The Image Building of a Chinese Imperial Advisor", in *Oriens Extremus*, 15:1 (1968), pp. 34～55.

Chan, Hok-Lam, "The Rise of Ming T'ai-tsu(1369～1388): Facts and Fictions in Early Ming Official Historiography", in *Journal of the American Oriental Society*, No 95(1975), pp. 679～715.

Chan, Hok-Lam, *The Historiography of the Chin Dynasty: Three Studies*, Wiesbaden: Franz Steiner Verlag Gmbh, 1970.

Chan, Hok-Lam, "Chinese Official Historiography at the Yüan Court: The Compilation of the Liao, Chin, and Sung Histories", in J. D. Langlois, Jr., ed., *China Under Mongol Rule*, Princeton University Press, 1981, pp. 56～106.

Chan, Hok-Lam, *Theories of Legitimacy in Imperial China: Discussions on "Legitimate Succession" under the Jurchen-Chin Dynasty(1115～1234)*, Seattle: University of Washington Press, forthcoming.

Chan, Ming K, "The Historiography of the Tzu-chih t'ung-chien: A Survey", in *Monumenta Serica*, Vol. XXXI(1974～1975), pp. 1～38.

Chan, Wing-tsit, *A source Book in Chinese Philosophy*, Princeton University Press, 1963.

Chan, Wing-tsit, "The Ch'eng-Chu School of Early Ming", in W. T. de Bary, ed., *Self and Society in Ming Thought*, New York: Columbia University Press, 1970, pp. 29～52.

Chan, Wing-tsit, "Chu Hsi and Yüan Neo-Confucianism", in Chan Hok-Lam & Wm. De Bary, eds., *Yüan Thought: Chinese Thought and Religion Under the Mongols*, New York: Columbia University Press, 1982, pp. 197～232.

Chan, Wing-tsit, "Chu His's Completion of Neo-Confucianism", in Francoise Aubin, ed., *Etudes Song/Sung Studies: In Memorian Etienne Balazs*, Hague: Mouton, 1973, Series II, Vol. 1, pp. 59～90.

Chan, Wing-tsit, "Patterns for Neo-Confucianism: Why Chu His differed from Ch'eng I", in *Journal of Chinese philosophy*, 5:2(June 1978), pp. 101～126.

Chang, Chung Curtis, "Inheritance Problems in the First Two Reigns of the Sung Dynasty", in *Chinese Culture*, 9:4(Dec. 1968), pp. 10～14.

Chang, Carson, *The Development of Neo-Confucian Thought*, New York:Bookman Association, 1962.

Ching, Julia, "Neo-Confucian Utopian Theories and Political Ethics", in *Monumenta Serica*, Vol. XXX(1972～1973), pp. 1～56.

Ching, Julia, "Truth and Ideology: the Confucian Way(Tao) and its Transmission (Tao-t'ung)", in *Journal of the History of Ideas*, 35:3(July-Sept. 1974), pp. 371～388.

Ching, Julia, "The Record of the Ming Philosophers: An Introduction", in *Oriens Extremus*, Jahrang 23(1976), pp. 191～212.

Chin, Ling-yeong, "The Compilation of the Ming History and the Question of Southern Ming Legitimacy", Seminar paper given in the Department of Far Eastern History, The Australian National University, on July 20, 1978.

Chin, Ling-yeong, "The Consolidation of the Empire: Hsüan-te Emperor's Policy on Northern Frontier Defence of the Ming Dynasty", Paper presented at the Fourth National Conference of the Asian Studies Association of Australia, 1982.

Chou, Chin-sheng(trans. Edward H. kaplan), *An Economic History of China*, *Washington*: Western Washington State College, 1974.

Chu, Hung-lam, "Chiu Chun (1421～1495) and the Ta-hsueh Yen-yi Pu: Statecraft Thought in Fifteenth-century China", Unpublished Ph. D. Thesis, Princeton University, 1984.

Chin, Hung-larm, "Intellectual Trends in the Fifteenth Century", in *Ming Studies*, No. 27(Spring 1989), pp. 1～33.

Chin, Hung-larm,"Ch'iu Chun's Ta-hsueh Yen-i Pu and its Inrluence in the Sixteenth and Seventeenth Centuries", in *Ming Studies*, No. 22(Fall 1986), pp. 1～32.

Chu, Mi Wiens, "Anti-Manchu thought during the early Ch'ing", in *paper on China*, East Asian Research Center, Harvard University, Vol. 22A (May, 1969), pp. 1～24.

Ch'u, T'ung-tsu, *Law and Society in Traditional China*, Paris: Mouton & Co., 1961.

Crawford, Robert B., Harry M. Lamley & Albert B. Mann, "Fang Hsiao-ju in the Light of early Ming Society", in *Monumenta* Serica, Vol. XV. No. 2(1956), pp. 303～327.

Dardess, John W., "Background Factors in the Rise of the Ming Dynasty", unpublished Ph. D dissertation, Columbia University, 1968.

Dardess, John W., *Conquerors and Confucians: Aspects of Political Change in late Yüan China*, New York: Columbia University Press, 1973.

Dardess, John W., "Ming T'ai-tsu on the Yüan: An Autocrat's Assessment of the Mongol Dynasty", in *The Bulletin of Sung and Yuan Studies*, No. 4 (1978), pp. 6～11.

Ditmanson, Peter, "The Yongle Reign and the Transformation of Daoxue", in *Ming Studies*, No. 39 (1998), pp. 7～31.

de Bary, Wm. Theodore, Chang Wing-tsit & Burton Watson, comps., *Sources of Chinese Tradition*, New York: Columbia University, 1960.

de Bary, W. T. & Irene Bloom, eds., *Principle and Practicality: Essays in Neo-Confucianism and Practical Learning*, New York: Columbia University Press, 1979.

de Bary, Wm. Theodore, "Chinese Despotism and the Confucian Ideal: a Seventeenth-Century View", in J. K Fairbank ed., *Chinese Thought and Institutions*, Chicago: University of Chicago Press, 1957, pp. 163~203.

de Bary, Wm, "Common Tendencies of Neo-Confucianism", in James T. C. Liu 7 Peter J. Golas, eds., *Changes in Sung China: Innovation or Renovation*, D. C. Heath & Company, 1969, pp. 89~93.

de Bary, Wm, *Neo-Confucian Orthodoxy and the Learning of Ming-and-Heart*, New York: Columbia University Press, 1981.

Dreyer, Edward L., *Early Ming China: A Political History 1355~1435*, Stanford University Press, 1982.

Eberhard, Wolfram, *Conquerors and Rulers: Social Forces in Medieval China*, Leiden: E. J. Brill, 1965.

Eberhard, Wolfram, "The Political Funtion of Astronomy and Astronomers in Han China", in J. K Fairbank, ed., *Chinese Thought and Institutions*, pp. 33~70.

Elvin, Mark, *The Pattern of the Chinese Past*, London: Eyre Methuen, 1973.

Fairbank, John K. ed., *The Chinese World Order*, Cambridge: Harvard University Press, 1968.

Fairbank, John K. ed., "Varieties of the Chinese Military Experience", in Frank A. Kierman, Jr. & J. K Fairbank, eds., *Chinese Ways in Warfare*, Harvard University Press, 1974, pp. 1~26.

Ferenczy, Mary, "Chinese Historiographers' Views on Barbarian-Chinese Relations (14th~16th C.)", in *Acta Orientalia* (Budapast), Tomus 21, Fasciculus 3 (1968), pp. 353~362.

Fincher, John, "China as a Race, Culture, and Nation: Notes on Fang Hsiao-ju's Discussion of Dynasty Legitimacy", in David C. Buxbaum & Frederick W. Mote, eds. , *Transition and Permanence*: *Chinese History and Culture*, Hong Kong: Cathay Press, 1972, pp. 59～70.

FitzGerald, C. P. , *The Chinese View of Their Place in the World*, London:Oxford University Press, 1970.

Forke, Alfred, *The World-Conception of the Chinese*, London: Arthur Probsthain,1925.

Franke, Herbet, ed. , *Sung Biographies*, Wiesbaden: Franz Steiner Verlag Brubh, 1974.

Franke, Herbet, ed. , "Could the Mongol Emperors Read and Write Chinese ?", in *Asia Major*, New Series 3(1952), pp. 28～41.

Franke, Herbet, ed. ,"Some Aspects of Chinese Private Historiography in the Thirteenth and Fourteenth Centuries", in W. G. Beasley & E. G. Pulleyblank, eds. , *Historians of China and Japan*, Oxford University Press, 1965, pp. 115～134.

Franke, Herbet, ed. , "Chinese Historiography under Mongol Rule", in *Mongolia Studia*, No. 1(1974), pp. 15～26.

Franke, Wolfgang, "Yüan Chien, Staatsman and Krieg-minister 1398～1457", *Monumenta Serica*, Vol. XI(1946), pp. 87～122.

Franke, Wolfgang, *An Introduction to the Sources of Ming History*, Kuala Lumpur:University of Malaya Press, 1968.

Franke, Wolfgang, "The Veritable Records of the Ming Dysnasty", in W. G. Beasley and E. G. Pullybank, eds. , *Historians of China and Japan*, pp. 60～77.

Fung, Yu-lan(trans. Derk Bodde), *A History of Chinese Philosophy*, New Jersey: Princeton University Press, 1953.

Gardner, Charles Sidney, *Chinese Traditional Historiography*, Harvard University Press, 1938.

Gedalecia, David, "Wu Ch'eng: A Neo-Confucian of the Yüan", unpublished Ph. D. dissertation, Harvard University, 1971.

Gedalecia, David, "Excursion into substance and function: The Development of the t'i-yung paradigm in Chu Hsi", in *Philosophy East and West*, 24:4(Oct. 1974), pp. 443～451.

Gedalecia, David, "Neo-Confucian Classicism in the Thought of Wu Ch'eng", in *The Bulletin of Sung and Yüan Studies*(1978), No. 14, pp. 12～21.

Giles, Lionel, *The Book of Mencius*, London: Bulter & Tanner Ltd., 1942.

Goodrich, Carrington & Chaoying Fang, eds, *Dictionary of Ming Biography 1368～1644*, New York: Columbia University Press, 1976.

Graham, A. C., *Two Chinese Philosophers: Ch'eng Ming-tao and Ch'eng Yi-ch'uan*, London: Lund Humphries, 1958.

Haeger, John winthrop, "The Intellectual Context of Neo-Confucian Syncretism", *Journal of Asian Studies*, Vol. XXXI, No. 3(May 1972), pp. 499～514.

Herbert, Penelope Ann, *Under the Brilliant Emperor: Imperial Authority in T'ang China as Seen in the Writings of Chang Chiu-ling*, Canberra: Australian national University Press, 1978.

Ho, Peng-yoke & Ang Tian-se, "Chinese Astronomical Records on Comets and 'Guest Stars'", *Oriens Extremus*, Jahrgang 17(1970), pp. 13～99.

Hoshi, Ayao(trans. Mark Elvin), *The Ming Tribute Grain System*, The University of Michigan Press, 1969.

Hoshi, Ayao(trans. Mark Elvin), "Transportation in the Ming period", in *Acta Asiatica*, No. 38(Mar. 1980), pp. 1～30.

Hou, Jen-chih, "Frontier Horse Markets in the Ming Dynasty", in

E-tu Zen Sun & Jphn de Francis, trans., *Chinese Social History*, American Council of Learned Society, 1972, pp. 309～332.

Hsiao, Kung-ch'uan (trans. F. W Mote), *A History of Chinese Political Thought*, Princeton University Press, 1979.

Hsü, Dau-lin, "The Myth of the Five Human Relations of Confucius", *in Monumenta Serica*, Vol XXIX(1970～1971), pp. 27～37.

Huang, Ray, "The Grand Canal During the Ming Dynasty 1368～1644", unpublished Ph. D. dissertation, The University of Michigan, 1964.

Huang, Ray, *Taxation and Government Finance in 16th Century China*, Cambridge University press, 1974.

Huang, Ray, *1587: A Year of No Significance*, New Haven: Yale University Press, 1981.

Hucker, Charles O., *The Ming Dynasty Its Origins and Evolving Institutions*, University of Ariszona Press, 1961.

Hucker, Charles O., "The Tung-lin Movement of the Late Ming Period", in John K. Fairbank, ed., *Chinese Thought and Institutions*, The University of Chicago Press, 1957. P. 130～162.

Hucker, Charles O., "Governmental Organization of the Ming Dynasty", in *Harvard Journal of Asiatic studies*, Vol. XXI(1958), pp. 1～66, Vol. XXII(1960～1961), pp. 127～151.

Hucker, Charles O., *The Censorial System of Ming China*, Stanford University Press, 1966.

Hummel, Arthur W., ed. *Eminent Chinese of the Ch'ing Period*, Washington: Library of Congress, 1944.

Jay-Preston, Jennifer Wei-yen, "Loyalist Personalities and Activities in the Sung to Yüan Transition, ca. 1273～1300", unpublished Ph. D. thesis, Australian National University, 1983.

Jagchid, Sechin, "Trade, Peace and War Between the Nomadic Altaics and the Agricultural Chinese", in *Bulletin of the Institute of China Border Area Studies*, No. 1(July 1970), pp. 35～80.

Jen, Yu-wen, "Ch'en Hsien-chang's Philosophy of the Natural", in W. T. de Bary, ed., *Self and Society in Ming Thought*, pp. 53～92.

Jiang, Yun-ming, *The Search For mind: Ch'en Pai-sa, Philosopher-Poet*, Singapore University Press, 1980.

Jiang, Yun-ming, "Self Realization in Ch'en Pai-sha Philosphy", in *Proceedings of the International conference on Sinology*, Taipei: Academia Sinica, 1981, Section on Thought and Philosophy, Vol. 1, pp. 415～435.

Ku, Chieh-kang (trans. L. C. Goodrich), "A Study of Literary Persecution During the Ming", in *Harvard Journal of Asiatic Studies*, Vol. III, No. 3(Dec. 1938), pp. 254～311.

Langlois, John D., Jr., "Chin-hua Confucianism Under the Mongols(1279～1368)", unpublished Ph. D. dissertation, Princeton University, 1973.

Langlois, John D., Jr., "The Chin-hua Tradition and the Mongol Conquest", in *China Under Mongol Rule*, Princeton University Press, 1981, pp. 137～185.

Langlois, John D., Jr., "Chinese Culturalism and the Yüan Analogy: Seventeenth-Century Perspectives", in *Harvard Journal of Asiatic Studies*, 40:2(Dex. 1980), pp. 335～398.

Lau, D. C, trans., *Lao Tzu*: *Tao Te Ching*, Penguin Books Ltd., 1972.

Lau, D. C, trans., *Confucius*: *The Analects*, Penguin Books Ltd., 1979.

Lee, Cheuk Yin, "Chiu Chün (1421～1495) and his Views on Government and History", unpublished Ph. D. Thesis, Australian National University, 1984.

Lee, Cheuk Yin, "The Works of Ch'iu Chün: A Bibliographical Study", in *Bulletin of Ming-Qing Studies*, Volume Ⅱ, 1986～1988, pp. 125～161.

Lee, Cheuk Yin, "Zhuai Xuedi and the Restoration of Cheng-Zhu Tradition in Mid Ming", *Monumenta Serica: Journal of Oriental Studies*, Vol. XL VI(1988), pp. 173～193.

Legge, James, trans., *The Text of Confucianism*; F. Max Muller, ed., *The Sacred Book of the East Edition*, Delhi: Motilal Banarsidass, 1966.

Legge, James, trans., *The Chinese Classics*, Hong Kong: Hong Kong University Press, 1960.

Levenson, Joseph R., "T'ien-hsia and kuo and the'Transvaluation of Values'", in *The Far Eastern Quarterly*, 11:4 (Aug. 1952), pp. 447～451.

Li, Chien-nung, "Price Control and Paper Currency in Ming", in E-tu Zen Sun & John de Francis, trans., *Chinese Social History*, pp. 281～298.

Li, Fu-chen(trans. Liu Shih-shun), *The Confucian Way: A New and Systematic Study of the Four Books*, Taipei: Commercial Press, 1972.

Liang, Ch'i-ch'ao(trans. L. T. Chen), *History of Chinese Political Thought*, London: Kegan Paul, Trench, Trubner & Co., Ltd., 1930.

Li, Yu-ning, *The First Emperor of China*, New York: International Arts and Science Press, 1975.

Lin, Mousheng, *Men and Ideas: An Informal History of Chinese Political Thought*, New York: The John Day Company, 1942.

Liu, T. C James, "How did a Neo-Confucian School become the state orthodoxy?", in *Philosophy East and West*, 23:4(Oct. 1973), pp. 483～505.

Liu, T. C James, "Yuen Fei(1103～1141) and China's Heritage of Loyalty", in *Journal of Asian Studies*, Vol. 31, No. 2(Feb. 1972.), pp. 291～297.

Liu Ts'un-yan, "Taoist Self-Cultivation in Ming Thought", in W. T de Bary, ed., *Self and Society in Ming Thought*, pp. 53～92.

Liu Ts'un-yan, *On the Art of Ruling a Big Country: Views of Three Chinese Emperors*, Canberra: Australian National University Press, 1974.

Liu Ts'un-yan, "The Penetration of Taoism into the Ming Neo-Confucianist Elite", in his *Selected Papers from the Hall of Harmonious Wind*, Leiden: E. J. Brill, 1976, pp. 76～148.

Liu Ts'un-yan, "Chu Hsi's influence in Yüan Times", paper contributed to Chang Wing-tsit, ed., *Collected Papers on Chu Hsi*, University of Hawaii Press, forthcoming.

Lo, Jung-pang, "The Decline of the Early Ming Navy", in *Oriens Extremus*, Jahrgang 5(1958), pp. 149～168.

Lo, Jung-pang, "Policy Formulation and Decision-Making on Issues Respecting Peace and War", in Charles O. Hucker, ed., *Chinese Government in Ming Times: Seven Studies*, pp. 41～72.

Lo, Jung-pang, "Intervention in Vietnam: A case Study of the Foreign Policy of the Early Ming Government", in the *Tsing Hua Journal of Chinese Studies*, 8:1&2(Aug. 1970), pp. 154～185.

Lo, Wan Winstonf, "Wang An-shih and the Confucian Ideal of

'Inner Sageliness'", in *Philosophy East and West* (Jan. 1976), 26:1, pp. 41～53.

Metzger, Thomas A., *Escape from Predicament: Neo-Confucianism and China's Evolving Political Culture*, New York: Columbia University Press, 1977.

Muramatsu, Yuji, "Some Themes in Chinese Rebel Idealogies", in A. F. Wright, ed., *The Confucian Persuasion*, Stanford University Press, 1960, pp. 241～267.

Murch, Christian, "Chu Yun-ming (1461～1527) and Cultural Commitment in Su-Chou", Unpublished Ph. D. dissertation, Princeton University, 1978.

Mote, Frederick W., "The Growth of Chinese Despotism", in *Oriens Extremus*, Jahrgang 8(1961), pp. 1～41.

Mote, Frederick W., "Confucian Eremitism in the Yüan period", in A. F. Wright, ed., *The Confucian Persuasion*, pp. 202～240.

Mote, Frederick W., "The T'u-mu Incident of 1449", in Frank A. Kierman Jr. & John K. Fairbank, eds., *Chinese Ways in Warfare*, Harvard University Press, 1974, pp. 243～272.

Peterson, Charles A., "First Sung Evalution of the Mongol Invasion of the North 1211～1217", in John Winthrop Haeger, ed., *Crisis and Prosperity in Sung China*, The University of Arizona Press, 1975, pp. 215～251.

Pott, William S. A., *Chinese Political Philosophy*, New York: Alfred A. Knopf, Inc., 1925.

Rachel Mary, D. W., "Basic Elements In Traditional Chinese Historiography", in *Chinese Culture*, Vol. 8, No3(1967), pp. 99～110.

Reischauer, Edwin O., *East Asia: The Great Tradition*, London: Allen & Unwin, 1960.

Rogers, M. C., "The Late China Debates on Dynastic Legitimacy", in *Sung Studies Newsletter*, No. 13(1977), pp. 57～66.

Rossabi, Morris, "Ming China's Relations with Hami and Central Asia, 1404～1513: A Re-examination of Traditional Chinese Foreign Policy", unpublished Ph. D. dissertation, Columbia University, 1970.

Rossabi, Morris, "The Tea and Horse trade with Inner Asia during the Ming", in *Journal of Asian History*, 4: 2 (1970), pp. 136～168.

Rubin, Vitaly A. (trans. Steven Levine), *Individual and State in Ancient China*, New York: Columbia University, 1976.

Sariti, Anthony William, "The Political of Ssu-ma Kuang: Bureaucratic Abolutism in the Northern Sung", unpublished Ph. D. dissertation, Georgetown University, 1970.

Schirokauer, Conrad Max, "The Political Thought and Behaviour of Chu His", unpublished Ph. D. dissertation, Stanford University, 1960.

Schirokauer, Conrad Max, "Chu His's Political Career: A Study of Ambivalence", in A. F. Wright & Denis Twitchett, eds., *Confucian Personalities*, Stanford University Press, 1962, pp. 162～188.

Schirokauer, Conrad Max, "Chu Hsi's Political Thought", in *Journal of Chinese Philosophy*, 5:2(June 1978), pp. 127～149.

Schirokauer, Conrad Max, "Chu Hsi as an Admistrators, A Preliminary Study", in *Etudes Song*, Series 1, Vol. 3 (1976), pp. 207～236.

Schirokauer, Conrad Max, "Neo-Confucians under Attack: The Condemnation of wei-hsüeh", in John Withroip Harger, ed., *Crisis and Prosperity in Sung China*, pp. 136～198.

Scwartz, Benjamin I., "The Chinese Perception of World Order,

Past and Present", in J. K Fairbank, ed., *The Chinese World Order*, pp. 276～290.

Scwartz, "Some Polarities in Confucian Thought", in David S. Nivision & Arthur F. Wright, eds., *Confucianism in Action*, Stanford University Press, 1959, pp. 50～62.

Serruys, Henry, "The Mongols in China During the Hung-wu Period (1368～1398)", *Melanges Chinois et Bouddhiques*, Vol. XI, 1956～1959.

Serruys, Henry, "Trade Relations: The Horse Fairs (1400～1600)", *Melanges Chinois et Bouddhiques*, Vol. XVII, 1975.

Serruys, Henry, "Remains of Mongols Customs in China during the Early Ming Period", in *Monumenta Serica*, Vol. XVI, Nos. 1&2 (1957), pp. 137～143.

Serruys, Henry, "Some Types of Names Adopted by the Mongols during the Yüan and the Early Ming Periods", in *Monumenta Serica*, Vol. XVII(1958), pp. 353～360.

Serruys, Henry, "Mongols Ennobled during the Early Ming", in *Harvard Journal of Asiatic Studies*, Vol. 22 (Dec. 1959), pp. 209～260.

Serruys, Henry, "Were the Ming Against the Mongols'settling in north China?", in *Oriens Extremus*, Jahrgang 6(Dec 1959), pp. 131～159.

Serruys, Henry, "Foreigners in the Metropolitan Police during the 15th Century", In *Oriens Extremus*, Jahrgang 8(1961), pp. 59～83.

Serruys, Henry, "Mongol Tribute Mission of the Ming Period", in *Central Asiatic Journal*, 11:1(1966), pp. 1～83.

Shih, Vincent Y. C., "Some Chinese Rebel Ideologies", in *T'oung-pao*, Vol. 44(1956), pp. 151～226.

Shryock, John K., *The Origin and Deveplopment of the States Cult of Confucius*, New York: Paragon Book Reprint Corp., 1966.

So, Kwan-wai, *Japanese Piracy in Ming China during the 16th Century*, Michigan State University Press, 1975.

Soothill, William Edward, *China and the West: A Sketch of their Intercourse*, London: Oxford University Press, 1925.

Sung, Z. D., *The Text of Yi King*, New York: Paragon Book Reprint Corp., 1969.

Tani, Mitustaka, "A Study on Horse Administration in the Ming Period", in *Acta Asiatica*, No. 21(Oct. 1971.), pp. 73～97.

Tao, Jin-shen, *The Jurchen in Twelfth Century China*, Settle: University of washington Press, 1976.

Taylor, Romeyn, "Social Origins of the Ming Dynasty 1351～1360", in *Monumenta Serica*, Vol. 22, Fasc. 1(1963), pp. 1～78.

Teng, Ssu-yu, "The Role of the Family in the Chinese Legal System", in *Journal of Asian History*, Vol. 11(1977), pp. 121～155.

Teng, Ssu-yu, "Wang Fu-chih's Views on History and Historical Writing", in *Journal of Asian Studies*, 28: 1 (Nov. 1968), pp. 111～123.

Thomas, Elbert Duncan, *Chinese Political Thought*, New York: Greenwood Press, 1968.

Trauzettel, Rolf, "A Discussion on the Legitimate Line of Succession in Northern Sung Time", in *Cina*, No. 8(1964), pp. 56～58.

Tu, Wei-ming, "Towards an Understanding of Liu Yin's Confucian Eremitism", in H. L. Chan & W. T. de Bary, eds., *Yüan Thought*, pp. 233～318.

Tucker, John Allen, "An Onto-hermeneutic and Historico-hermeneutic Analysis of Chu Hsi's Political Philosophy as found in the Chinssu-lu", in *Chinese Culture*, 24:4(Dec. 1983), pp. 1～25.

Twitchett, Denis, "Problems of Chinese Biography", in A. F. Wright & Denis Twitchett, eds., *Confucian Personalities*, Stanford University Press, 1962, pp. 24～42.

Wang, Chung-min, comp., T. L. Yüan, ed., *A Descriptive Catalog of Rare Chinese Books in the Library of Congress*, Washington: Library of Congress, 1957.

Wang, Gungwu, "Feng Tao: An Essay on Confucian Loyality", in A. F. Wright, ed., *Confucianism and Chinese Civilization*, Stanford University Press, 1964, pp. 188～210.

Wang, Gungwu, "Early Ming Relations with Southeast Asia: A Background Essay", in J. K Fairbank, ed., *The Chinese World Order*, pp. 34～62.

Watson, Burton, trans, *Hsün-tzu*, New York: Columbia University Press, 1963.

Wiethoff, Bado, "The Ming-Policy of Maritime Prohibition", in *Cina*, No. 8(1964), pp. 59～60.

Wilhelm, Hellmut, "On Ming Orthodoxy", in *Minumenta Serica*, Vol. 29(1970～1971), pp. 1～26.

Wittfogel, Karl A. & Feng Chia-sheng, *History of Chinese Society: Liao(907～1125)*, Philiadelphia: The American Philosophical Society, 1949.

Wright, Arthur F, "Values, Roles and Personalities", in A. F. Wright & Denis Twitchett, eds., *Confucian Personalities*, pp. 3～23.

Wu, C. H. John, "Chinese Legal and Political Philosophy", in Charles A. Moore, ed., *The Chinese Mind*, University of Hawaii Press, 1967, pp. 213～237.

Wu, Chi-hua, "Basic Foreign-policy Attitudes of the Early Ming

Dynasty", in *Ming Studies*, No. 12(Spring 1981), pp. 65～80.

Wu, Chi-hua, "The Contraction of Forward Defences of the North China Frontier during the Ming Dynasty", in *Papers on Far Eastern History*, Vol. 17(Mar. 1978), pp. 1～14.

Yang, Lien-sheng, *Money and Credit in China: A Short History*, Harvard University Press, 1971.

Yang, Lien-sheng, "The Organization of Chinese Official Historiography: Principles and Methods of the Standard Histories from the T'ang through the Ming Dynasty", in W. G. Beasley & E. G. Pulleyblank, eds., *Historians of China and Japan*, pp. 44～59.

Yang, Lien-sheng, "Historical Notes on the Chinese World Order", in J. K. Fairbank, ed., *The Chinese World Order*, pp. 20～33.

后　记

南京大学出版社的《中国思想家评传丛书》是近年深受学术界推崇的大部头丛书，也是一项伟大的工程。笔者承蒙厚爱，受邀撰写《丘濬评传》，需要感谢南京大学中国思想家研究中心主任冯致光教授、副主任周群教授的推荐和支持。书写过程中周群兄更是给予无限的关怀和鼓励，没有他的悉心规划和帮助，我相信这本书稿是没有可能如期面世的。另外，新加坡国立大学同学陈宇宁和魏月萍帮忙打字和校正，减轻了我在工作上的不少负担；南京大学出版社编辑施敏小姐的严谨和专业，使本书的出版更为顺利。他们对本书所付出的心血，衷心致谢。

我正式对丘濬的研究是从 1981 年获得英联邦奖学金到澳洲国立大学（Australian National University）修读博士学位开始，当时论文的研究焦点是丘濬的儒家政论，至 1984 年论文完成，题目为 *Ch'iu Chün*（1421～1495）*and His Views on Government and History*。之后，我对丘濬的生平及著述的关注，从没有间断，并尝试根据当时的历史背景去重构丘濬的生平事迹。这次《丘濬评传》的出版，可以说是我的博士论文的“副产品”。

我在研究丘濬的过程中，曾得到不少前辈学者和师友的指导和帮忙。已故的容肇祖教授和岛田虔次教授是最早给予提点的学者。香港大学赵令杨教授，华盛顿大学陈学霖教授，中山大学叶显恩教授，台湾中央研究院苏云峰教授，政治大学杜维运教授，文化大学吴智和教授、李纪祥教授，东京大学滨下武志教授、沟口雄三教授、田仲一成教授，东洋文库山根幸夫教授，九州大学冈田武彦教授、荒木见悟教授、福田殖教授，京都大学小野和子教授、金文京教授，普林斯顿大学余英时教授，哈佛大学杜维明教授，中国社会科学院历史研究所陈祖武教授，海南大学周伟民教授、唐玲玲教授、朱逸辉先生，图书馆馆长詹长智博士，海口市博物馆张昆荣馆长，香港中文大学朱鸿林教授、苏基朗教授，澳洲国立大学黄然伟博士、吴缉华博士、陈炎生先生、Dr. Pierre Ryckmans、Dr. Aat Vervoorn等，都曾先后提供宝贵的意见或参考材料，在此谨致谢忱。这次书稿能顺利完成，亦有赖新加坡国立大学文学暨社会科学院提供研究经费。我特别要感谢澳洲国立大学柳存仁老师的指导，使丘濬研究成为我的学术生命中一段美好的经验。今年是柳教授的八十八岁华诞，我谨以此书献给他，祝愿他身体健康，生活愉快。

李焯然谨识于新加坡国立大学中文系

图书在版编目(CIP)数据

丘濬评传 / 李焯然著. —南京:南京大学出版社,2005.6(2010.3 重印)

(中国思想家评传丛书/匡亚明主编)

ISBN 978-7-305-04425-0

Ⅰ.丘… Ⅱ.李… Ⅲ.丘濬(1421～1495)—评传 Ⅳ.K827=48

中国版本图书馆 CIP 数据核字(2005)第 031926 号

中国思想家评传丛书

丘濬评传

李焯然 著

南京大学出版社出版发行

社址:南京市汉口路 22 号 邮编:210093

电话:025-83596923 025-83592317 传真:025-83328362

网址:http://www.NjupCo.com

电子邮箱:Press@NjupCo.com

Sales@NjupCo.com(市场部)

南京爱德印刷有限公司

开本 850×1168 1/32 印张 12.25 字数 275 千

2005 年 6 月第 1 版 2010 年 3 月第 3 次印刷

印 数 3001—4000

ISBN 978-7-305-04425-0

定价:37.00 元